企业会计分岗实训
——福思特会计手工竞赛与实训指南

QIYE KUAIJI FENGANG SHIXUN
FUSITE KUAIJI SHOUGONG JINGSAI YU SHIXUN ZHINAN

主编　魏亚芳

郑州大学出版社
郑州

图书在版编目(CIP)数据

企业会计分岗实训:福思特会计手工竞赛与实训指南/魏亚芳主编. —郑州:郑州大学出版社,2016.12
ISBN 978-7-5645-3195-9

Ⅰ.①企… Ⅱ.①魏… Ⅲ.①财务软件-指南 Ⅳ.①F232-62

中国版本图书馆 CIP 数据核字(2016)第 254603 号

郑州大学出版社出版发行
郑州市大学路 40 号 邮政编码:450052
出版人:张功员 发行部电话:0371-66966070
全国新华书店经销
河南龙华印务有限公司印制
开本:787 mm×1 092 mm 1/16
印张:12.25
字数:285 千字
版次:2016 年 12 月第 1 版 印次:2016 年 12 月第 1 次印刷

书号:ISBN 978-7-5645-3195-9 定价:25.00 元

本书如有印装质量问题,请向本社调换

作者名单

主　编　魏亚芳
副主编　沈净瑄　周　睿
参　编　(以姓氏笔画为序)
　　　　　刘　晋　刘军丽　刘学昌
　　　　　孙　洁　杨书现

内容提要

本教材以广州福思特会计手工竞赛软件为蓝本,以湛江市华龙科技有限公司一个月的业务资料为依据,按照"综合性、完整性和系统性"的原则,组织了出纳、会计、会计主管等岗位的教学内容。在内容编排上,通过案例进阶与任务驱动为鲜明特色,设计了实践教学任务,每个案例都提供详细的操作步骤和软件操作截图,实现了"教、学、做"一体化,使读者在完成每阶段的任务中轻松地掌握各知识点。本教材难易程度适中,既贴近实务又适合教学。本教材实用性较强,不仅适用于高职高专、中职中专院校管理类专业学生,还适用于具备一定财务知识的读者。同时,对会计技能大赛也具有一定的参考作用。

前言 PREFACE

21世纪，我国职业教育飞速发展，而中等职业教育一直是职业教育发展的重要组成部分，围绕中等职业教育人才培养模式、教学方法、教材建设的改革发展也在各地如火如荼地展开。为了更好地总结会计专业实践性教学改革的经验，推动优秀教学成果进学校、进课堂、进课本，把会计专业改革成果转化为丰富的教学内容，郑州财税金融职业学院组织了部分资深教师和有关行业的专家能手，编写了《企业会计分岗实训——福思特会计手工竞赛与实训指南》一书，作为会计等财经类专业与软件配套的专业基础系列教材。

本教材以会计理论知识为基础，结合真实的企业案例，让学生全面地实践了出纳、会计、会计主管各个财务岗位的工作内容。本教材共有八章内容，依次为实训导读、福思特实训简介、实训企业会计主体设计、出纳岗位、会计岗位、会计主管岗位、模拟实战、手工竞赛软件常见问题及处理方案。

本书由郑州财税金融职业学院耿聪慧、魏亚芳构思设计，魏亚芳任主编，参与编写的有郑州财税金融职业学院沈净瑄、周睿、刘军丽、刘晋，河南经济贸易高级技工学校刘学昌。具体分工为：魏亚芳负责第一、二章的编写，刘军丽负责第三章的编写，周睿、刘学昌负责第四、五章的编写，沈净瑄负责第六章的编写，刘晋负责第七章的编写，刘军丽负责第八章的编写，同时参与编写的还有河南水利与环境职业学院经济管理系杨书现。孙洁为编写本教材提供了有关资料并整理了文本。全书由魏亚芳总纂审定。

郑州财税金融职业学院会计系党总支书记张春、会计与税收教研室主任周艳丽、会计教研室主任贺坤丽、会计电算化教研室主任吕永霞为本教材编写提出了宝贵建议。本书在编写过程中得到了广州市福思特科技有限公司的大力支持与帮助，在此，谨向他们一并致以最诚挚的谢意！

本教材在编写过程中参考、吸收和借鉴了一些出版著作的成果以及互联网上的一些教材及图片,在此表示感谢!

该教材实为教学改革之成果,由于时间仓促,加上编者水平有限,不妥之处在所难免,欢迎广大读者和同仁批评指正。

编者

2016 年 2 月

目 录 CONTENTS

第一章 实训导读 ... 1

任务一 了解实训目标 ... 1
一、加强理论学习,增强岗位协作能力 ... 1
二、体现企业真实感,实现学做一体化 ... 1
三、深化课堂实践,培养复合型会计人才 ... 2

任务二 了解实训内容 ... 2
一、基础会计 ... 2
二、财务会计 ... 2
三、财务管理 ... 2
四、成本会计 ... 3

任务三 了解实训总体设计 ... 3
一、基本教学原则 ... 3
二、教学组织 ... 4
三、成绩考核表 ... 4
四、参考课时 ... 5

第二章 福思特实训简介 ... 6

任务一 竞赛系统简介 ... 6
一、具体内容 ... 6
二、经济业务范围 ... 6

任务二 竞赛的操作流程 ... 7
一、竞赛材料组织 ... 7
二、竞赛安排 ... 8
三、竞赛实施 ... 8
四、竞赛评分 ... 10

任务三 竞赛实施的具体操作流程 ... 13
一、单项技能竞赛 ... 13

二、分岗协作竞赛 ··· 16

第三章　实训企业会计主体设计 ·· 40

任务一　实训企业概况 ·· 40
一、企业基本情况 ··· 40
二、企业机构设置 ··· 40
三、相关部门人员配置、岗位分工及工作程序 ··· 41

任务二　实训企业会计制度及核算方法 ·· 43
一、资产类业务核算制度及办法 ··· 43
二、负债类业务核算制度及办法 ··· 44
三、成本费用类业务核算制度与办法 ··· 44
四、销售业务核算制度与办法 ··· 45
五、其他核算制度 ··· 45

任务三　实训企业账簿及报表资料 ··· 45
一、账簿资料 ··· 45
二、报表资料 ··· 48

第四章　出纳岗位 ·· 49

任务一　出纳岗位工作职责 ·· 49
一、出纳工作岗位职责 ··· 49
二、出纳工作的基本原则 ··· 49

任务二　凭证的填制与复核 ·· 50
一、岗位选择 ··· 50
二、原始凭证的填制 ··· 51
三、记账凭证的复核 ··· 56

任务三　日记账的登记 ·· 63
一、库存现金日记账 ··· 63
二、银行存款日记账 ··· 64

第五章　会计岗位 ·· 65

任务一　会计岗位工作职责 ·· 65
一、会计工作岗位职责 ··· 65
二、会计工作的基本原则 ··· 66

任务二　记账凭证的填制 ·· 66
一、岗位选择 ··· 66
二、实训业务 ··· 67

任务三　账簿的登记 ·· 118
一、三栏式明细账 ··· 118

二、多栏式明细账 ··· 120
　　三、数量金额明细账 ··· 122

第六章　会计主管岗位 ·· 124

任务一　会计主管岗位工作职责 ··· 124
　　一、会计主管岗位职责 ··· 124
　　二、会计主管工作的基本原则 ··· 124

任务二　凭证的审核 ·· 125

任务三　账簿的登记与报表的编制 ··· 148
　　一、编制科目汇总表 ··· 148
　　二、总账的登记 ··· 150
　　三、报表的编制 ··· 153

第七章　模拟实战 ·· 155

任务一　小企业会计制度与企业会计制度的比较 ······························ 155
　　一、适用范围的比较 ··· 155
　　二、会计制度总体设计的比较 ··· 155
　　三、会计核算的比较 ··· 156
　　四、财务报告具体内容的不同 ··· 158

任务二　小企业会计准则与企业会计准则的比较 ······························ 158
　　一、应收账款 ··· 158
　　二、存货 ·· 159
　　三、短期投资 ··· 159
　　四、长期投资 ··· 160
　　五、固定资产 ··· 161
　　六、生物资产 ··· 162
　　七、无形资产 ··· 163
　　八、外币折算 ··· 163
　　九、财务报表 ··· 164

任务三　"2015年全国职业院校技能大赛"会计技能赛项规程 ········· 169
　　一、赛项名称 ··· 169
　　二、竞赛目的 ··· 169
　　三、竞赛方式和内容 ··· 169
　　四、竞赛规则 ··· 171
　　五、评分标准和方法 ··· 173
　　六、奖项设置 ··· 175
　　七、申诉与仲裁 ··· 175

第八章　手工竞赛软件常见问题及处理方案 …………………………………… 176

附录 ……………………………………………………………………………… 184

参考文献 ………………………………………………………………………… 185

第一章 实训导读

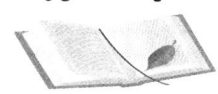

我国社会的发展、经济环境的变化,对会计教育提出了新的要求,人才市场对会计专业毕业生的要求是:不仅要有一定的理论水平,而且还要有较强的动手操作能力。

为了满足会计专业实践教学的需要,改革会计实践教学的方法与手段,本书以实践技能训练和仿真模拟实训为特色,通过会计分岗位模拟实训,对学生进行综合的职业训练。让学生了解企业组织形式,熟悉会计工作业务流程,明确各个会计岗位的职责,对职业岗位有更深刻的认识,从而强化学生的财经法规意识,提高其交流与沟通能力,为顶岗实习、零距离就业打下坚实的基础。

会计手工竞赛系统为参赛者提供一个交互式的虚拟教学、实训与竞赛场景。竞赛时,由学生扮演不同的会计岗位角色,根据会计岗位的权限划分工作内容,以会计工作内容为载体,将会计知识和实践相结合,实现学和做一体化,并通过情景展现、模拟操作、项目对抗等活动,培养学生的会计职业技能。

任务一 了解实训目标

一、加强理论学习,增强岗位协作能力

企业会计分岗实训是一项综合实训,其综合性体现在它涵盖了基础会计、财务会计、成本会计、税法、会计电算化等课程的内容。而这几门课程在前几个学期开设过,所以在进行分岗实训时,要回顾以往的专业知识,做到"温故而知新"。"福思特手工竞赛实训",是由学生扮演不同的会计岗位角色,根据会计岗位的权限划分工作内容,通过仿真演练与竞赛,加强竞赛参与者对会计理论、会计法规和准则、会计核算规程和方法的理解,培养其分析问题、解决问题和动手操作的能力,从而增强团队协作能力。

二、体现企业真实感,实现学做一体化

"福思特会计手工竞赛实训"作为企业财务仿真教学软件,除了能提高学习者的专业

知识和技能外,还可以提高学习者的综合素质,使学生学会合作。学习者根据岗位特点相互协作,各司其职,有一种置身于工作岗位的感觉。大量的、真实的会计职业的账、证、表操作,充分体现了职业教育职业性、实践性的特点。同时,"学中做,做中练"的教学组织特点,能实现学做一体化。

三、深化课堂实践,培养复合型会计人才

在"福思特会计手工竞赛实训"过程中,学习者通过理论和实践的有机结合,把自己亲身体验的宝贵经验上升为理论。操作手段设计上采用了"双轨制"。本册实训教材,首先精选出竞赛实训中的典型企业,对所提供的原始凭证按手工操作要求进行线下的操作,然后按照软件要求进行线上的操作,最后将线上和线下的操作进行对比,这样既可提高学习者对竞赛系统的处理能力,又可检验计算结果的正确与否。

任务二　了解实训内容

一、基础会计

基础会计是会计学的入门课程,主要介绍会计概述、会计要素与会计等式、账户与复式记账、借贷记账法在企业的运用、会计凭证、登记账簿、财产清查、财务会计报告、会计处理程序和会计假设与会计信息质量要求等内容。

二、财务会计

企业财务会计是应用在企业各类管理活动中的一个会计分支。从会计的角度描述的经济活动的基本内容,即财务会计要素。财务会计要素是根据交易或者事项的经济特征确定的会计核算内容的基本分类,是会计核算内容的具体化。简言之,财务会计核算的具体内容就是会计的六要素,即资产、负债、所有者权益(股东权益)、收入、费用(成本)、利润。

三、财务管理

财务管理主要阐述财务管理的基本理论、基本方法和基本操作技能,并从筹资、投资、资金运营、财务分析资金运动环节分述其原理和方法,同时对财务预测与预算、财务治理及利润分配与管理等财务活动也进行了阐述。通过此课程的学习,能进一步了解和掌握企业财务管理理论、方法和操作技能,培养学生综合分析问题和解决问题的能力,提

高学生综合运用财务知识的能力。

四、成本会计

成本会计是基于商品经济条件下,为求得产品的总成本和单位成本而核算全部生产成本和费用的会计活动。现代成本会计是在继承传统成本会计基础上发展起来的一种新型会计理论,是传统成本会计在物价变动环境下的延伸和拓展,将成本核算与生产经营有效结合,具有不同于传统成本的会计程序和会计方法,可随经济环境的改变而及时反映资产价值变化,具有高度的决策相关性。

任务三　了解实训总体设计

为了满足会计专业实践教学的需要,改革会计实践教学的方法的手段,更好地配合"福思特会计手工竞赛实训"的实用性,《企业会计分岗实训——福思特会计手工竞赛与实训指南》应运而生。考虑到职业院校学生的就业去向,本教程将一家中型的科技开发公司——湛江华龙科技有限公司作为企业会计分岗实训的会计主体,搜集了2014年4月的全部会计资料,经济业务具有典型性、代表性,与会计工作情景基本一致,在教学过程中以启发式、讲练结合式为原则,采用全面的教学组织方法,以合理的成绩考核为标准,为学生营造了一个独立的、系统的、完整的会计财务处理工作环境,以提高学生的实际操作能力。

一、基本教学原则

教学活动是一种双边活动,在规定的时间内,应保证会计分岗实训的质量。为此指导教师应合理安排教学内容,采用科学的教学方法,调动每个岗位的学习者的积极性。会计分岗实训是一门以学生实训操作为主的课程,根据这门课程的性质和教学对象的基本情况,在教学中一般应贯彻以下几个原则:

(1)启发式原则。在会计分岗实训中贯彻这一原则尤为重要,因为设置这个实训课程的目的是要培养学生在会计核算方面的实际动手能力,欲达此目的,指导教师在教学中就必须启发学生回顾基础会计、财务会计、成本会计等相关的知识,同时指导学生认真操作,通过实践将理论与实训有机结合起来,找到客观存在的东西。指导教师在实训中的作用主要是组织、启发、辅导等。

(2)讲练结合原则。实训课程要以学生操作为主,指导教师讲授为辅,讲和练结合起来。在所有的会计分岗实训课程中,学生动手操作的时间应占80%以上。至于分岗实训的组织方式,可按实训动员大会的角色定位来自动划分为小组,按照会计岗位分别操作。并且在完成一个企业的整体账务流程后,可以进行轮岗操作。这样既有利于提高学生团队协作能力,又利于学生感受不同会计岗位会计处理的特点。

会计分岗实训课程是一项综合实训,其综合性体现在它涵盖了基础会计、财务会计、成本会计、会计电算化等课程的内容,而这些课程在前几个学期开设过,但有些知识、方法及有关规定容易被忘记,为了使分岗实训能够正常进行,不走过场,必要的回顾是不可少的。如果多数学生不清楚怎样操作,或涉及重点、难点时,教师应带领学生回顾相关知识,为实训顺利进行做好铺垫,讲练结合。

二、教学组织

(1)知识准备。因为企业会计分岗实训是综合模拟实训,所以要求学生必须在学完基础会计、财务会计等课程的基础上,再进行分岗实训。

(2)师资准备。为了使分岗实训顺利进行,应配备专职的模拟实训指导老师。实训可以采取"单班"授课实训,也可采取"合班"授课实训。建议分岗实训配备专业实训指导老师2名或3名。指导老师既要引导学生回顾有关课程中的相关知识,还要指导学生分岗实训的程序和方法,并根据学生完成分岗实训的认真程度、实训成果及操作能力等情况,给予综合评分。

(3)实训形式。企业会计分岗实训可分两个阶段进行:第一阶段为讲练结合,学生完成指定企业的财务运营;第二阶段为拓展分岗,学生分组完成另外一个企业的财务运营。

会计分岗实训在进行之前,首先由学生自由组队,确定会计主管、会计、出纳三个角色。其次按照各自扮演的角色,建账(包括部分日记账、明细账和总账);填制会计凭证(原始凭证和通用记账凭证),编制科目汇总表;登记账簿(包括登账、对账、结账);编制会计报表(包括资产负债表、利润表)。为了使学生对会计分岗实训的全过程有完整的认识,学生可以进行轮岗,这样可使学生了解到各会计岗位的职责、会计核算的程序等。

三、成绩考核表

见表1-1。

表1-1 课程考核与评价指标

项目	得分	考核对象	评分人
履行岗位情况	30	团队	教师
团队精神与合作精神	20	团队	教师
工作态度与工作绩效	20	个人	主管、教师
提交实训相关资料	20	个人	教师
实训总结汇报	10	团队	主管、教师
合计	100	—	—

四、参考课时

见表1-2。

表1-2 参考课时

实训内容	课时	备注
准备工作	2	1.实训动员(实训的意义、要求、注意事项等)。 2.实训分组(三人一组,三个岗位分别是出纳、会计、会计主管)。 3.了解实训系统,介绍实训内容的会计主体概况、会计核算制度及办法
出纳——原始凭证填制	2	1.根据经济业务,填写空白原始凭证,并确保原始凭证填写完整、正确。 2.完成的原始凭证必须传递,才能作为下一环节的资料,只有传递之后才能统计填制成绩。 3.上一个步骤传递上来的原始凭证,需要填制得100分,复核之后才能得分
出纳——账簿、日记账	2	1.出纳根据填写完整的记账凭证登记银行存款日记账和库存现金日记账。 2.根据系统要求,登账时,不是所有的账目都必须登账,但是蓝字的账目必须登账
会计——原始凭证填制	5	1.根据经济业务,填写空白原始凭证,并确保原始凭证填写完整、正确。 2.完成的原始凭证必须传递,才能作为下一环节的资料,只有传递之后才能统计填制成绩。 3.上一个步骤传递上来的原始凭证,也需要先填制得100分
会计——原始凭证审核、记账凭证填制	5	1.会计需要对填写完整的原始凭证进行审核并传递。 2.如果审核时单据需要盖章,必须先盖章,再审核。 3.原始凭证审核时,外来的原始凭证只能审核正确性,无须退回。错误的外来单证,不应该审核。 4.会计根据填写完整的原始凭证编制完成记账凭证。若会计分录存在一借多贷、多借多贷或是多借一贷,学生可以根据自身习惯调整。 5.会计分录计分规则:总账科目+明细账科目+借贷方向+金额,都必须正确,分录才能得分。 6.填写完成的记账凭证必须传递。这样才能作为下一环节的资料
会计——明细账	7	1.会计根据填写完整的记账凭证登记各类明细分类账。 2.根据系统要求,登账时,不是所有的账目都必须登账,但是蓝字的账目必须登账
会计主管——凭证审核	1	上一个步骤传递上来的记账凭证,需要填制得100分,会计主管才能审核并传递
会计主管——总账	4	1.会计主管根据填写完整的科目汇总表登记总账。 2.根据系统要求,登账时,不是所有的账目都必须登账,但是蓝字的账目必须登账
会计主管——报表、纳税申报表	4	1.会计主管根据明细账、总账填写报表、纳税申报表。 2.根据系统要求,填写时,不是所有的账目都必须填写,但是蓝字的账目必须填写完成
实训课总结	4	可进行实务考试,可进行小组成果展示,可写实训报告,确定实训成绩
合计	36	

第二章 福思特实训简介

任务一 竞赛系统简介

会计手工竞赛系统为参赛者提供一个交互式的虚拟教学、实训与竞赛场景。竞赛时,由学生扮演不同的会计岗位角色,根据会计岗位的权限划分工作内容,以会计工作内容为载体,将会计知识和实践相结合,实现学做一体化,并通过情景展现、模拟操作、项目对抗等活动,使学生掌握会计职业技能。

通过会计手工模拟仿真演练与竞赛,加强竞赛参与者对会计理论、会计法规和准则、会计核算过程和方法的理解,培养分析问题、解决问题和动手操作的能力。

一、具体内容

(1)建账。按指定的账页建账,包括部分日记账、明细账和总账。

(2)填制会计凭证。根据经济业务,填制原始凭证和通用记账凭证;月末,编制科目汇总表。

(3)登记账簿,包括登账、对账、结账。

(4)编制会计报表,包括资产负债表、利润表。

二、经济业务范围

(1)货币资金:库存现金、银行存款、其他货币资金。

(2)应收款项:应收票据、应收账款、预付账款及其他应收款、应收款项减值。

(3)存货(实际成本计价):原材料、周转材料、委托加工物资、存货清查。

(4)固定资产:固定资产增加、固定资产减少、固定资产折旧、固定资产清查。

(5)流动负债:短期借款、应付账款、应付票据、预收账款、其他应付款、应付职工薪酬、应交税费。

(6)费用和成本：要素费用、制造费用、完工产品与在产品成本分配、产品成本核算品种法。

(7)所有者权益：实收资本、资本公积、盈余公积和未分配利润。

(8)收入、利润和利润分配：销售商品收入、销售材料收入、让渡资产使用权收入、期间费用、营业利润、营业外收支、所得税费用、利润分配。

(9)财务报表：资产负债表的编制、利润表的编制。

任务二　竞赛的操作流程

福思特会计手工竞赛系统分为"竞赛材料组织""竞赛安排""竞赛"与"评分"四个步骤。

竞赛流程：竞赛材料组织→竞赛安排→竞赛实施→竞赛评分。

一、竞赛材料组织

竞赛材料组织由主办方设置，竞赛试题包括单项技能竞赛试题和分岗协作竞赛试题。每一套竞赛试题都由业务和答案两部分组成。组织的流程依次为：设计试题、制作单据资料、根据设计的试题录入福思特会计手工竞赛系统、对所录入的试题进行检测。在这里只做简单介绍。

首先，广州市福思特科技有限公司工作人员根据真实的企业资料进行整理，模拟出某企业一个月内发生的经济业务，包括企业的有关财务制度、职务说明，整合成一个试题案例。

其次，广州市福思特科技有限公司工作人员根据设计的试题案例中的业务制作所需要的单据资料，主要是根据实际的业务处理判断业务所需要的单据资料，扫描真实的单据，利用图片处理软件制作单据资料，力求单据的高仿真性。

然后，根据设计的试题案例，由广州市福思特科技有限公司工作人员录入福思特会计手工竞赛系统，试题案例可通过会计手工竞赛系统教务管理系统的"课程数据管理"界面录入。

最后，试题录入完成以后应对试题及手工竞赛系统的正确性进行检测。检测主要由福思特科技有限公司专业工作人员模拟学生竞赛，在做题的过程中发现问题并改正问题，包括试题正确性问题和系统正确性问题。

二、竞赛安排

竞赛安排也是由主办方设置,在这里只简单介绍一下。

会计手工竞赛安排包括竞赛人员分组和竞赛试题。首先,竞赛人员分组主要通过"会计手工竞赛系统教务管理"界面的"教师管理""行政班管理"及"教学班管理"功能进行。其次,竞赛试题设置主要包括竞赛试题选择,添加财务制度,结转损益、生成账簿及报表,设置评分关键点,将试题案例加入竞赛等,竞赛组织单位可根据竞赛规则通过会计手工竞赛系统中教务管理系统设置竞赛安排。

三、竞赛实施

竞赛实施共分为两部分:单项技能竞赛和分岗协作竞赛。单项技能竞赛指三名选手按照出纳、会计、会计主管三个确定的岗位分工,按要求独立完成比赛内容并由竞赛平台和裁判人员分别评分。分岗协作竞赛指三名选手按照出纳、会计、会计主管三个岗位进行分工,按要求协作完成比赛内容,并由竞赛平台和裁判人员给出整体评分。

两种竞赛的流程如图2-1和图2-2所示。

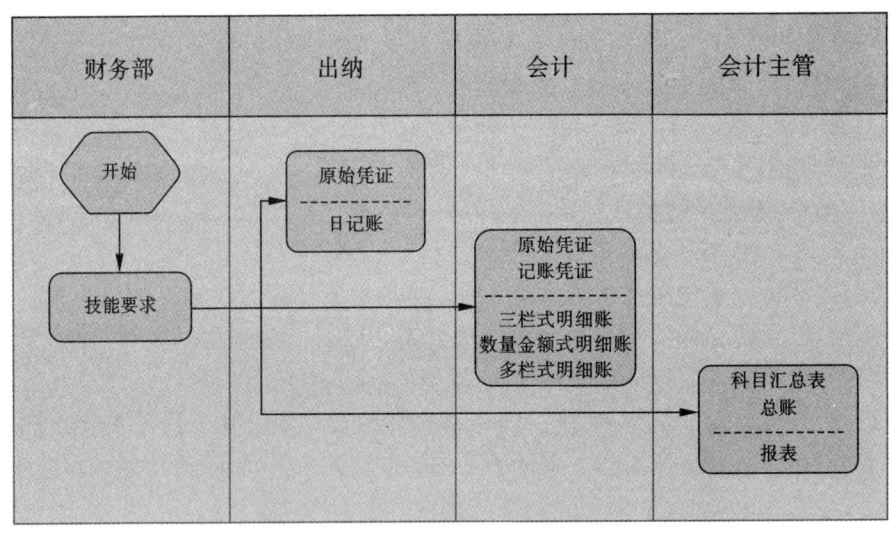

图2-1　单项技能竞赛流程

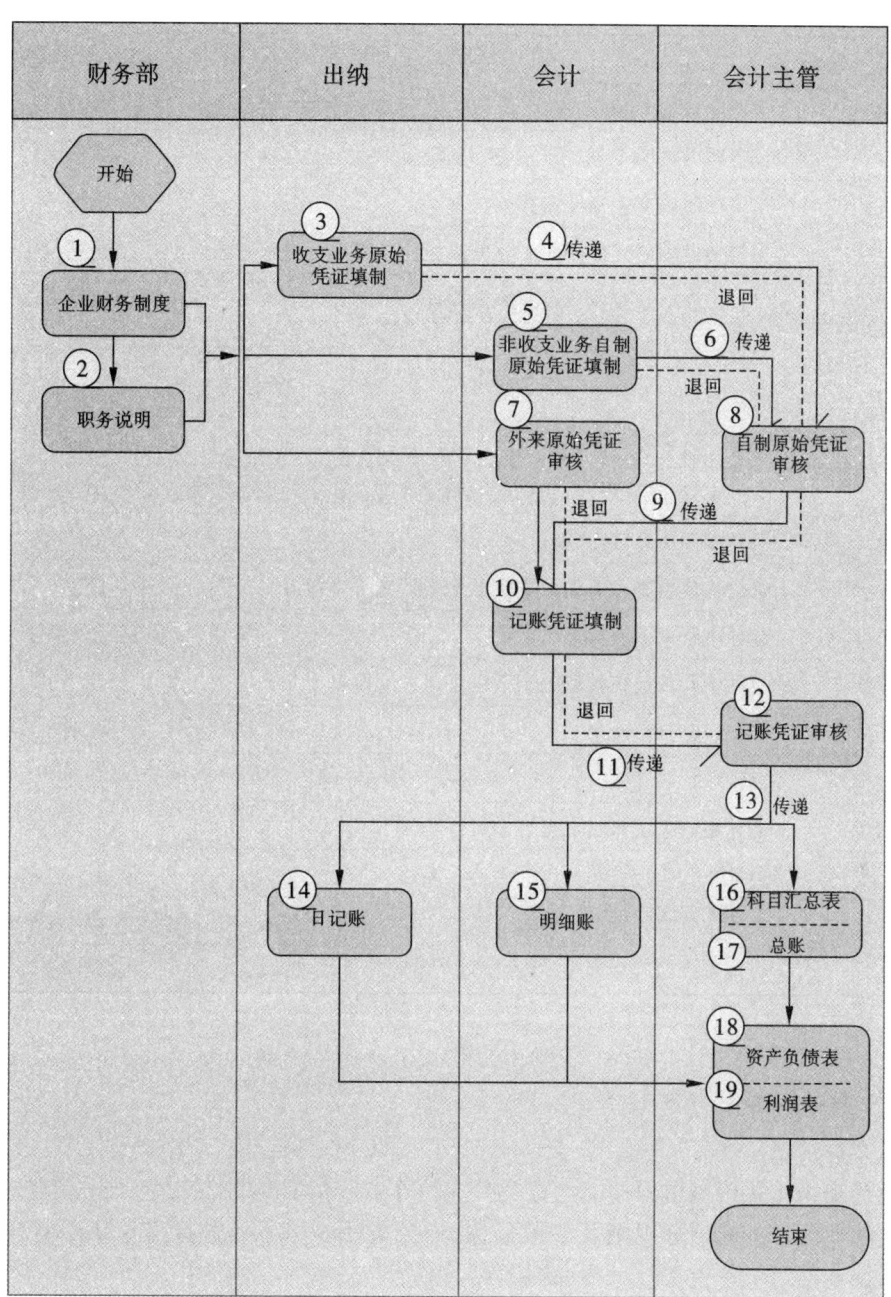

图 2-2 分岗协作竞赛流程

图例说明:上图顶行代表部门和岗位,矩形框代表需要点击进行操作的流程,圆圈中的数字代表操作的步骤流程,实线箭头代表必经的流程,虚线箭头表示上一个流程填制(或者审核)错误被退回上一个流程。

竞赛流程说明(表 2-1):

表 2-1　会计手工模拟竞赛操作流程说明

步骤流程	内容	岗位角色
第一步	浏览企业财务制度	所有岗位
第二步	浏览职务说明	所有岗位
第三步	出纳填制收支业务原始凭证	出纳
第四步	出纳传递填制完成的收支业务原始凭证交会计主管审核	出纳
第五步	会计填制非收支业务自制原始凭证	会计
第六步	会计传递填制完成的非收支业务自制原始凭证交会计主管审核	会计
第七步	会计审核所有外来原始凭证	会计
第八步	会计主管审核自制原始凭证	会计主管
第九步	会计主管传递审核后的自制原始凭证交会计填制记账凭证	会计主管
第十步	会计填制所有记账凭证	会计
第十一步	会计传递填制完成的记账凭证交会计主管审核	会计
第十二步	会计主管审核所有记账凭证	会计主管
第十三步	会计主管传递审核后的记账凭证以登记账簿	会计主管
第十四步	出纳登记日记账	出纳
第十五步	会计登记明细账	会计
第十六步	会计主管登记科目汇总表	会计主管
第十七步	会计主管登记总账	会计主管
第十八步	会计主管编制资产负债表	会计主管
第十九步	会计主管编制利润表	会计主管

四、竞赛评分

竞赛组织单位根据单项技能竞赛及分岗协作竞赛的具体内容制定评分规则,包括各个岗位的业务任务的评分规则及参考分值、评分方法。以下评分标准可供参考,具体标准可根据竞赛组织单位实际竞赛规则确定。

(一)单项技能竞赛

单项技能竞赛参考评分标准表见表 2-2。

表2-2 单项技能竞赛参考评分标准表

竞赛内容	分工	评分规则	参考分值/分	评分方法
办理现金、银行结算业务；登记现金、银行存款日记账；编制银行存款余额调节表；会计凭证整理、装订等	出纳	按照填制支票、银行汇票、商业汇票、汇兑、委托收款等银行转账结算凭证,登记现金、银行存款日记账,编制银行存款余额调节表,会计凭证整理、封皮填写和装订等内容的正确性和规范性评分	30	系统20分
				人工10分
编制记账凭证；登记明细分类账；产品成本计算等	会计	按照编制记账凭证,登记三栏式、多栏式、数量金额式明细分类账,产品成本等内容的正确性和规范性评分	30	系统20分
				人工10分
登记总账；编制资产负债表、利润表；编制纳税申报表等	会计主管	按照登记总账,编制资产负债表、利润表、所得税、增值税、地方税申报表等内容的正确性和规范性评分	30	系统20分
				人工10分
合计			90	

（二）分岗协作竞赛

分岗协作竞赛参考评分标准表见表2-3。

表2-3 分岗协作竞赛参考评分标准表

竞赛内容	分工	评分规则	参考分值/分	评分方式
会计凭证编制与审核	会计	按照编制会计凭证的正确性和规范性评分	150	系统
	出纳			
	会计主管			
科目汇总表编制	会计主管	按照科目汇总表编制的正确性评分	10	系统
现金日记账、银行存款日记账的设置与登记	出纳	按照日记账登记的正确性和规范性评分	10	系统

续表 2-3

竞赛内容	分工	评分规则	参考分值/分	评分方式
明细分类账的设置与登记	会计	按照明细分类账登记的正确性与规范性评分	10	系统
总账的设置与登记	会计主管	按照总账登记的正确性与规范性评分	10	系统
资产负债表和利润表	会计主管	按照报表各项目指标的计算与填写的正确性评分	20	系统
合计			210	

(三)评分要点

评分要点见表 2-4。

表 2-4 评分要点

序号	内容	评分要点
1	原始凭证填制	1. 原始凭证必须填写完整、正确。 2. 章必须盖在指定的区域,如果是多个联次的,必须考虑其他联次是否需要盖章。 3. 多联次的必须"传递联次"设置正确,否则票据传递得分为 0。 4. 涉及多联次的,填写只在第一联次,盖章可以在任意的联次。 5. 完成的原始凭证必须传递,才能作为下一环节的资料,只有传递之后才能统计填制成绩。 6. 原始凭证的摘要和金额提供模糊答案功能,只要包含关键字系统就认为是正确的
2	原始凭证审核	1. 上一个步骤传递上来的原始凭证,需要填制得 100 分,审核传递之后才能得审核分。 2. 如果审核时单据需要盖章,必须先盖章,再审核,否则审核得 0 分。 3. 原始凭证审核时,外来的原始凭证只能审核正确性,无须退回。 4. 错误的外来单证,不应该审核,如果审核,则不得审核分
3	原始凭证出纳复核	上一个步骤传递上来的原始凭证,需要填制得 100 分,复核之后才能得分

续表 2-4

序号	内容	评分要点
4	记账凭证填制	1. 记账凭证必须填写完整、正确。 2. 记账凭证存在一借多贷、多借多贷或是多借一贷，学生答案顺序可与标准答案不同，系统会针对此情况智能判断。 3. 分录计分规则：规则一是总账科目+明细账科目+借贷方向+金额都必须正确，分录才能得分；规则二是总账科目+借贷方向+金额都必须正确，分录才能得分；在竞赛时确定使用哪种计分规则。 4. 完成的记账凭证必须传递，才能作为下一环节的资料，只有传递之后才能统计填制成绩
5	记账凭证审核	上一个步骤传递上来的记账凭证，需要填制得 100 分，审核传递之后才能得审核分
6	记账凭证出纳复核	上一个步骤传递上来的记账凭证，需要填制得 100 分，复核之后才能得分
7	账簿	登账时，不是所有的账目都必须登账，但是蓝字的账目必须登账，算分时，只计算蓝字的账目
8	报表	按照资料必须填写完整、正确才能得满分

● **注意**

1. 凭证(含原始凭证)：可以对凭证的每一项填写内容进行分值设置。
2. 如果勾中按完整性评分(单据的完整是指单据上的所有关键点全部填写正确)，则若一个关键点错误，即认为该单据不完整，按完整性评分时，不完整的单据得 0 分。如果不勾中完整性评分，则在单据评分时，只扣除未填写正确的分值。

任务三　竞赛实施的具体操作流程

本部分操作由参赛选手完成，属于整个流程中最重要的部分，下面对此进行详细介绍。

一、单项技能竞赛

流程：学生登录→选择岗位→单项技能竞赛。

(一)学生登录

打开 IE，输入会计竞赛系统的网址，如"http://192.168.6.135:8086/qcpt"。在图 2-3 会计手工竞赛系统登录页面输入账号、密码，然后点"登录"按钮进入会计手工竞赛系统的办公区。

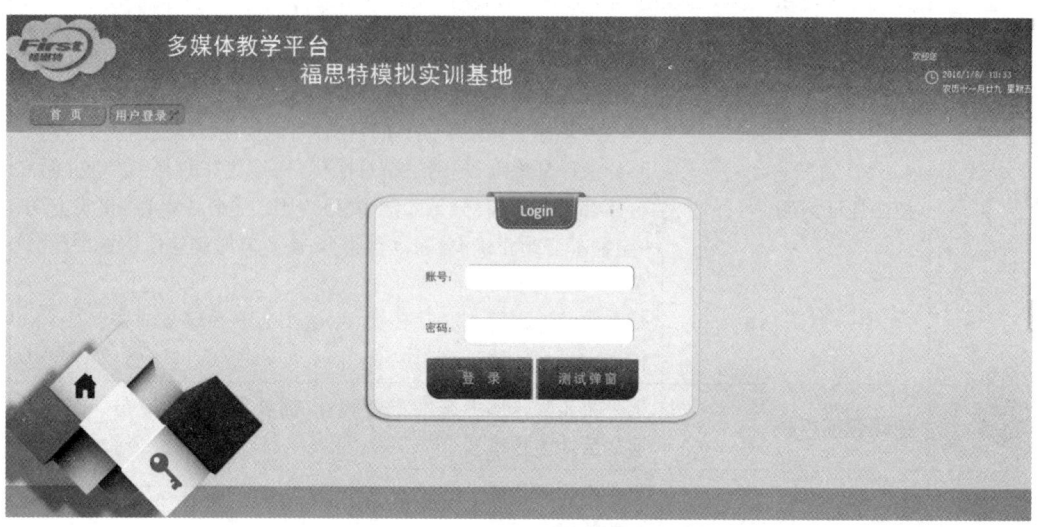

图 2-3　会计手工竞赛系统登录页面

在图 2-4 所示办公区,点击资料柜上的"技能要求"进入图 2-5,可以查看单项技能竞赛的岗位技能要点说明。

图 2-4　办公区

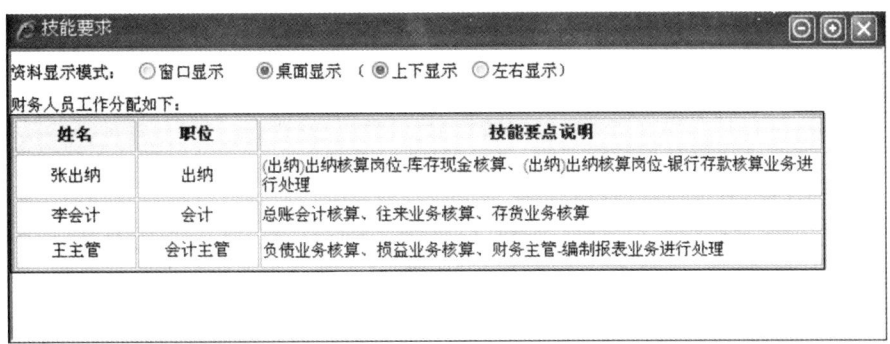

图 2-5 技能要求

(二)选择岗位

在图 2-4 办公区点击桌子上面的牌子对号入座进入单项技能竞赛工作区,点击办公区的门返回到会计手工竞赛登录界面。

(三)单项技能竞赛

进入图 2-6 单项技能工作区,选择业务,根据业务进行单据填制工作,填制完毕后保存。

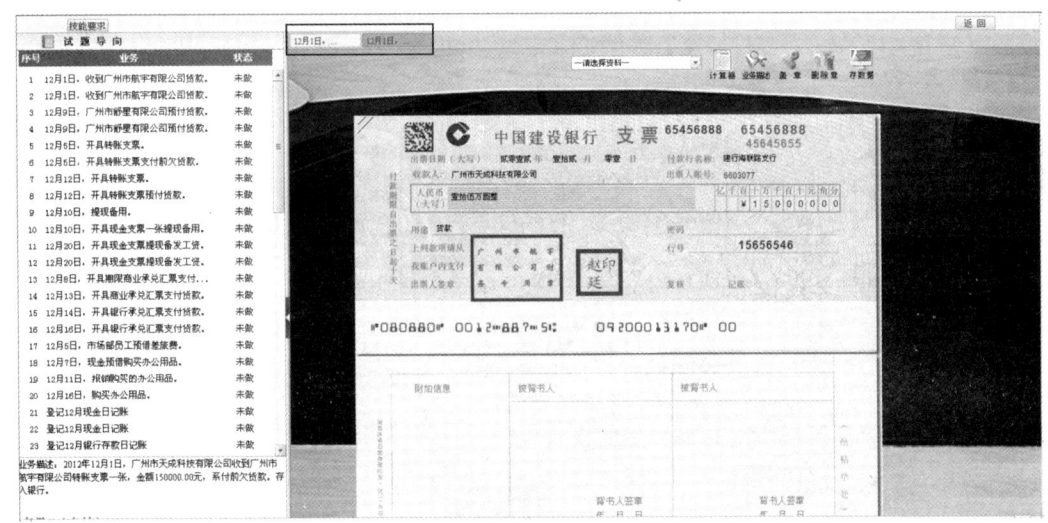

图 2-6 单项技能工作区

1. 状态说明

(1)如果尚未进入业务,查看业务内容,则状态显示为"未做"。

(2)如果进入业务,查看或填写业务内容,点击凭证"退出"(账簿或报表"保存并退出"),则状态显示为"已做"。

(3)如果一笔业务中包含多张凭证,如果只填写了其中一部分凭证,则状态显示为"未完成"。

2. 岗位技能说明

(1)出纳。

业务:库存现金核算、银行存款核算。

业务任务:填制原始凭证、登记日记账。

(2)会计。

业务:总账会计核算、往来业务核算、存货业务核算、无形资产核算、负债业务核算、所有者权益业务核算。

业务任务:填制原始凭证、记账凭证,登记三栏式明细账、数量金额式明细账、多栏式明细账。

(3)会计主管。

业务:损益业务核算、编制报表。

业务任务:登记科目汇总表、总账,编制报表。

在图2-6点击"返回",返回会计手工竞赛岗位选择界面。

二、分岗协作竞赛

流程:学生登录→选择岗位→分岗协作竞赛。

(一)学生登录

(1)打开IE,输入会计竞赛系统的网址,如"http://192.168.6.135:8086/qcpt"。在图2-3会计竞赛系统登录页面输入账号、密码,然后点"登录"按钮进入办公区。

(2)在图2-7办公区,点击资料柜上的"财务制度"进入图2-8,可以查看分岗协作竞赛模拟企业的财务制度。

图2-7 分岗协作办公区

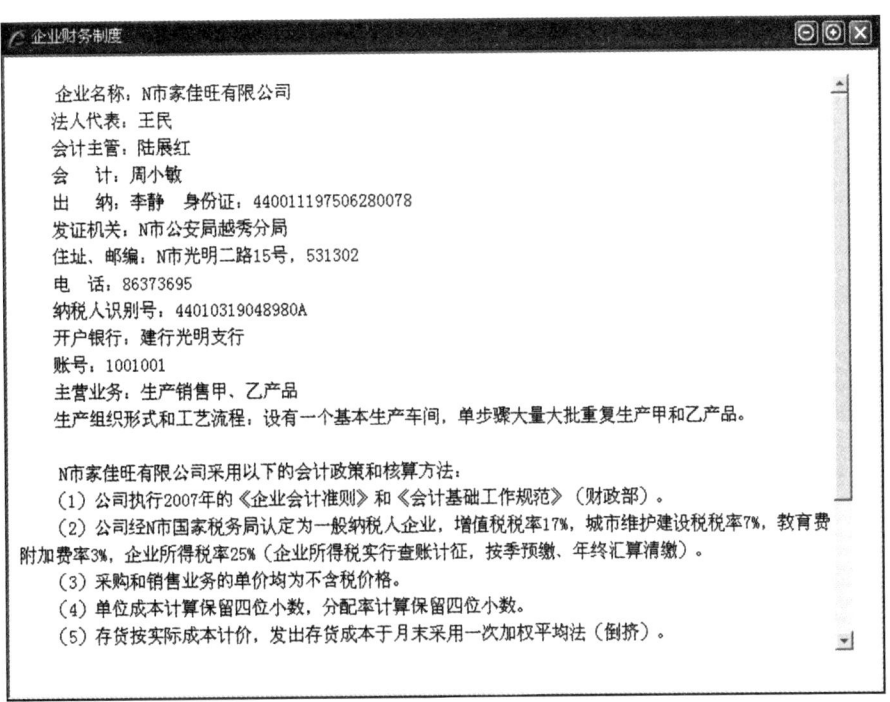

图 2-8　企业财务制度

（3）点击图 2-7 办公区的"职务说明"进入图 2-9（告诉用户当前操作员），可以查看分岗协作竞赛的业务操作流程和岗位流程。

资料显示方式设置：如果选择了"窗口显示"，则在进行业务处理时，需要点"资料查看"按钮才会显示资料（图 2-10）。如果选择了"桌面显示"，则在业务处理时，资料可罗列在桌面上（图 2-11），无须再点"资料查看"按钮。

● 注意

选择"窗口显示"后，只有账簿和报表中可使用窗口显示模式。

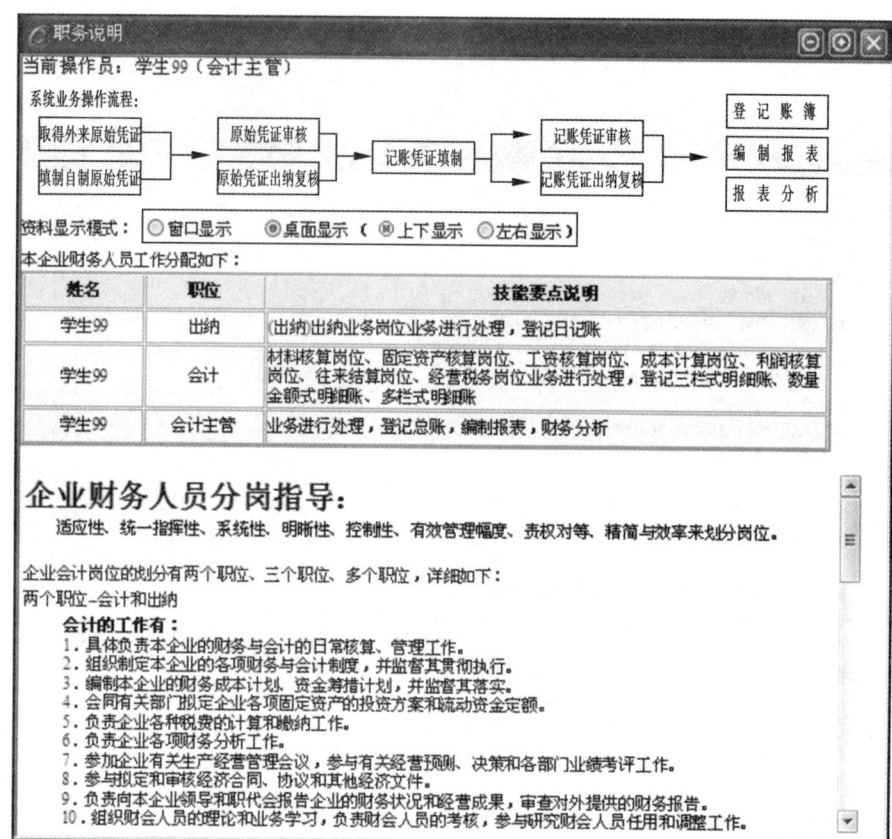

图 2-9　职务说明

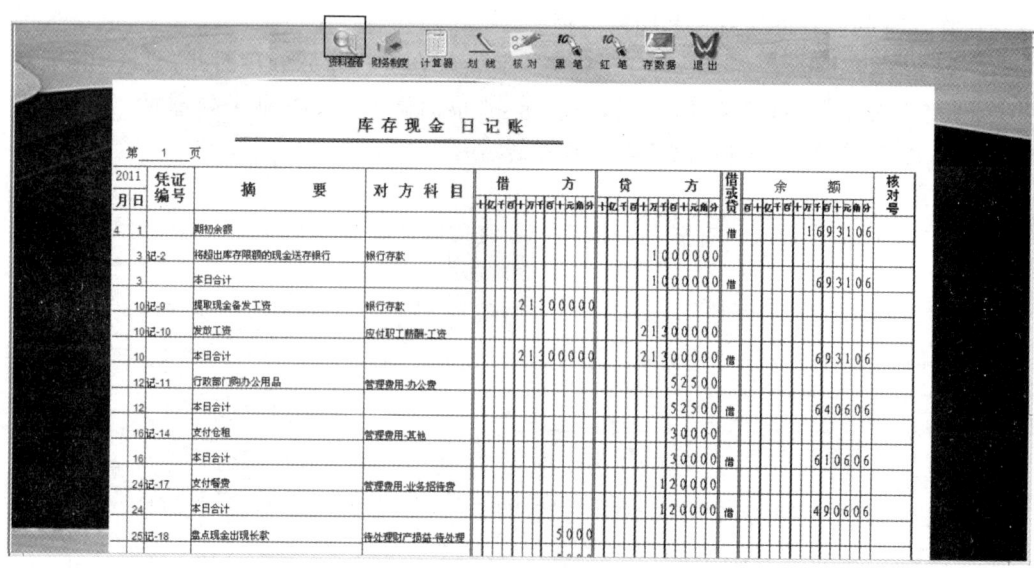

图 2-10　窗口显示

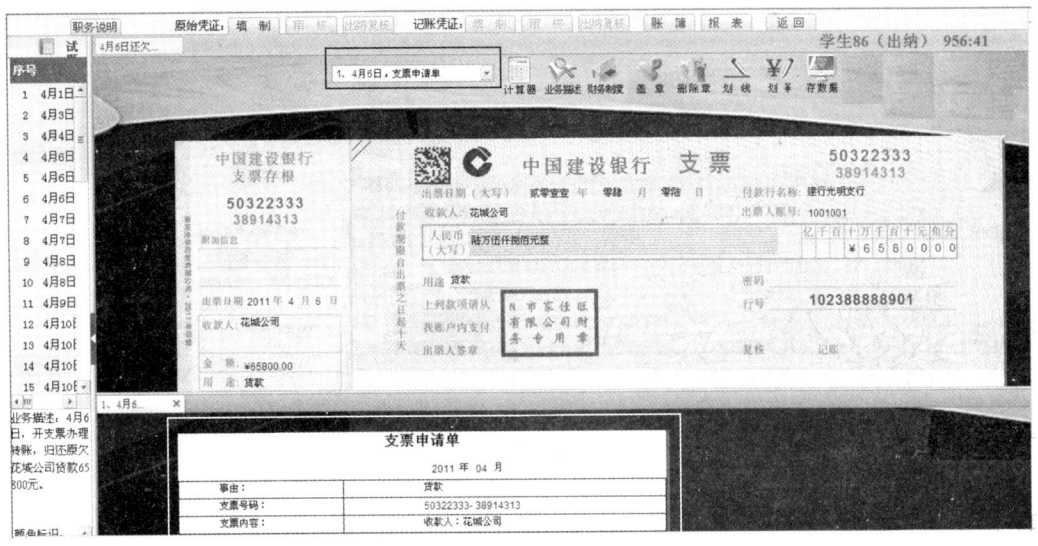

图 2-11 桌面显示

(二)选择岗位

在图 2-7 办公区,选择岗位进入工作区,如图 2-12 所示。

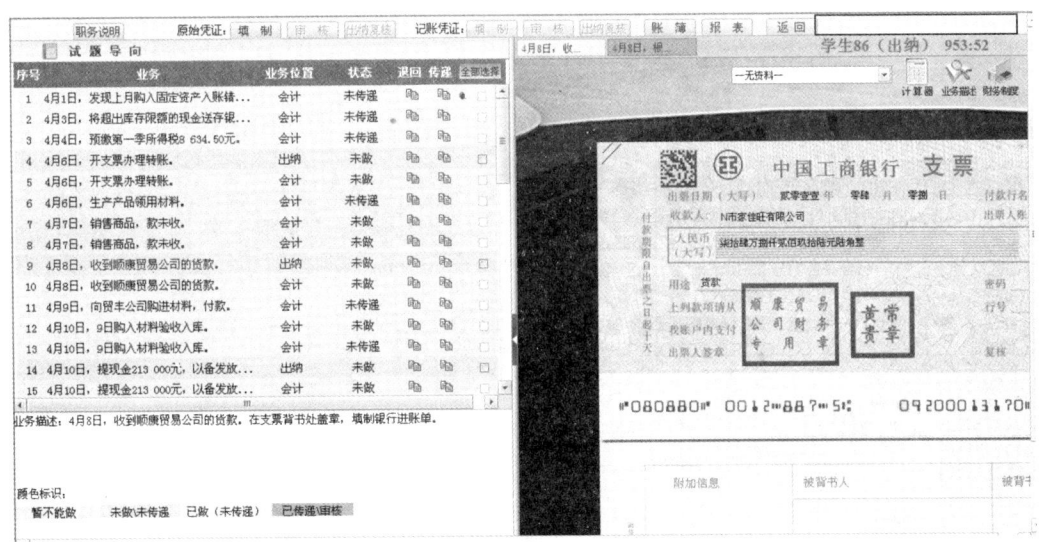

图 2-12 工作区

进入分岗竞赛工作区,工作区功能介绍如下:

(1) **学生86(出纳) 953:52** :竞赛倒计时,方便学生把握竞赛时间,该文本块可以随意拖动。

(2)图 2-12 左侧"试题导向"可以查看所有岗位的业务任务,包括暂不能做的业务、未做\未传递的业务、已做(未传递)的业务和已传递\审核的业务,点击当前业务位置可查看相应业务内容。

- **注意**

试题导向可显示所有岗位业务任务列表,但每个岗位只可查看进入竞赛界面时选择岗位的业务,点击其他岗位业务没有反应。

点击图2-12工作区的"返回",可以退出工作区界面,回到会计手工竞赛岗位选择界面。

(三) 分岗协作竞赛

下面按照试题导向中的业务类型分岗位介绍处理流程。

1. 出纳填制收支业务自制原始凭证业务处理流程

流程:出纳选择业务→出纳填制收支业务的原始凭证、保存→传递→会计主管审核自制原始凭证→传递(退回)→会计填制记账凭证、保存→传递→会计主管审核记账凭证→传递(退回)→登账→会计主管编制报表。

- **注意**

如没有特殊说明,退回表示业务存在问题或者错误,需要退回;传递表示业务正确无误,可以传递到下一岗位。

操作步骤:

(1)出纳选择业务:选择出纳岗位,进入分岗协作操作界面后,查看图2-12工作区试题导向的任务列表,根据当前所在业务位置(出纳)选中支付业务,以开具支票为例,界面上方显示业务任务(原始凭证:填制),此时选中的业务文字显示为蓝色字体,如图2-13所示。

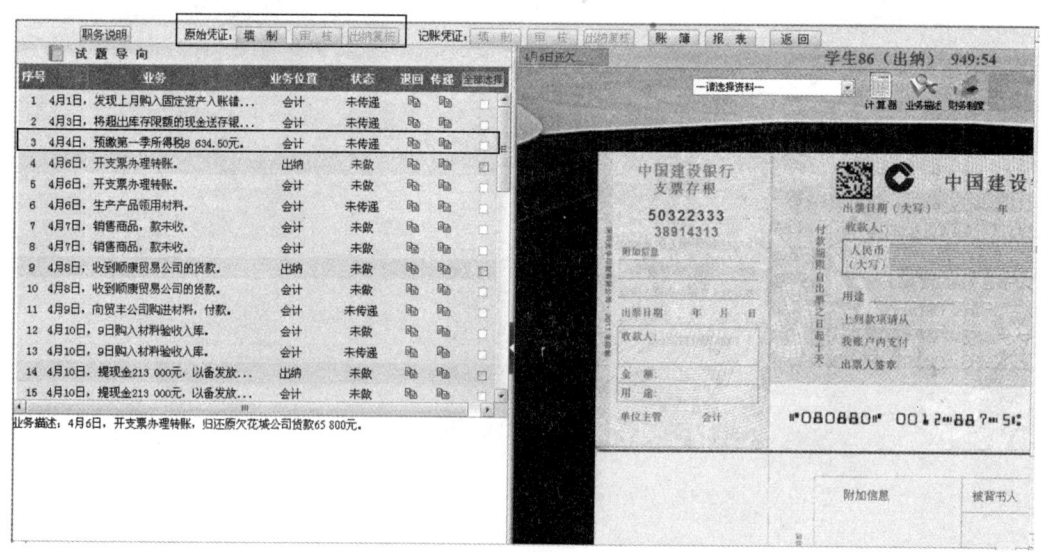

图2-13 出纳选择业务

点击中间的 按钮可暂时隐藏业务状态栏,将工作界面放至最大,之后再点击 按钮恢复业务状态栏。

（2）出纳填制收支业务的原始凭证、保存：以图2-14填制支票为例。

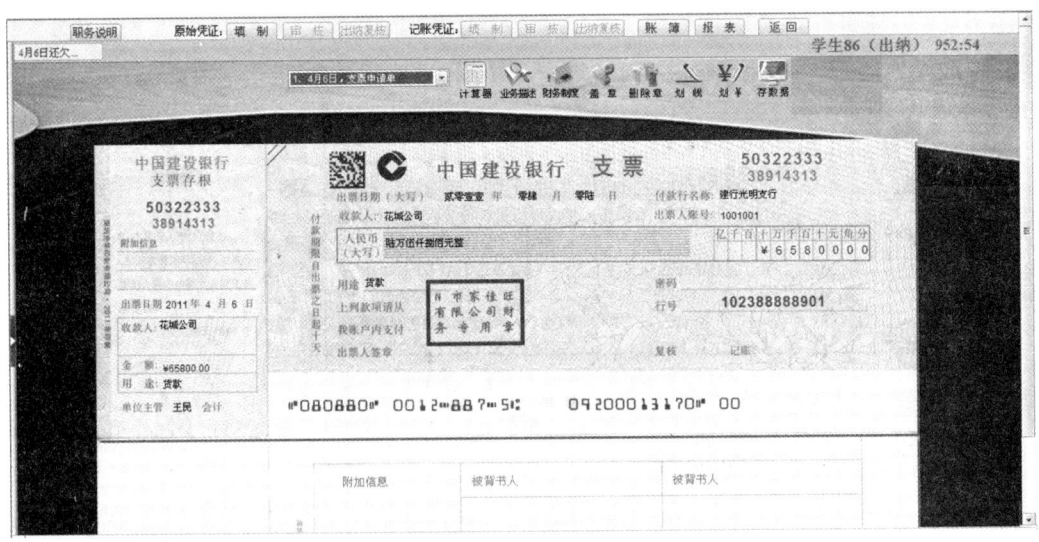

图2-14 填制支票

—请选择资料—：点击下拉菜单，查看与填写本张凭证的相关单据（图2-15），点击资料上方的关闭按钮，关闭业务查看。

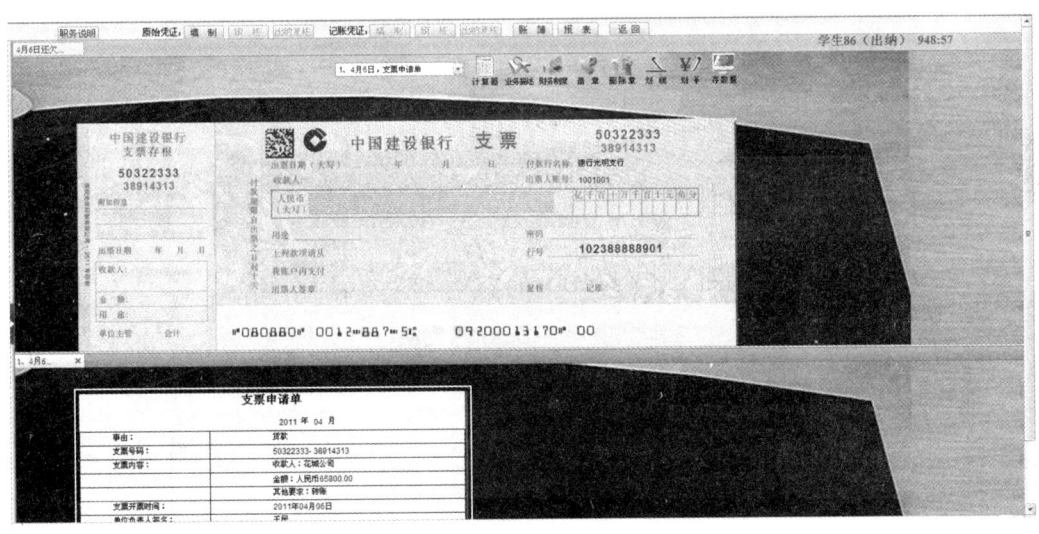

图2-15 资料查看

计算器：点击此图标后，弹出计算器，用户可以根据需要用计算器来计算要填写的数据，点击计算器右上角的关闭按钮关闭计算器。

业务描述：点击此图标后，弹出本笔业务处理的描述，点击右上角的关闭按钮关闭业务描述。

财务制度：显示财务制度说明，点击右上角的关闭按钮，关闭财务制度窗口。

▓ :在单据上盖章,点此图标时,弹出盖章页面,选择企业、章类型后显示章,选择一个章(用鼠标左键移到图片上进行单选),选中的章边框变成黄色,在选中章后,点"盖章"按钮,此时选中的章会跟随鼠标,将鼠标移到要盖章的位置,再点鼠标左键,章就会盖在指定位置。如果需要移动章的位置,先选择要移动的章,用鼠标将章拖拉到指定位置即可。

▓ :删除一个已盖在界面上的章,首先选中要删除的章,再点此图标即可。

▓ :点击该图标,可以在支票左上方添加双斜线,再点 ▓ ,会把刚才画的双斜线清除掉。

▓ :点击该图标,可以在指定输入数字的前面填上人民币符号,再点 ▓ ,会把刚才画的人民币符号清除掉。

▓ :点击此图标,保存数据。

(3)出纳传递收支业务原始凭证:当前业务所有单据填写完整后,即可选中业务,然后点"传递"按钮,在弹出提示页面点"确定",如图2-16所示。传递当前业务,则此业务传递至会计主管,传递后业务状态改变,如图2-17所示。

图2-16 出纳传递原始凭证

图 2-17 业务转变状态

如果需要批量传递,请在图 2-16 勾中需要传递的业务,然后点"批量传递"按钮,执行批量传递操作。在选择业务的时候,有一个"全部选择"按钮,点击此按钮,能够全部选中业务列表中的业务。如果想取消全部选择的业务,点击"全部取消"按钮,能够全部取消所选业务。

(4)会计主管审核自制原始凭证:当出纳将支付业务原始凭证填制完毕进行传递后,会计主管选择出纳传递的业务(图 2-18),界面上方显示业务任务(原始凭证:审核)。

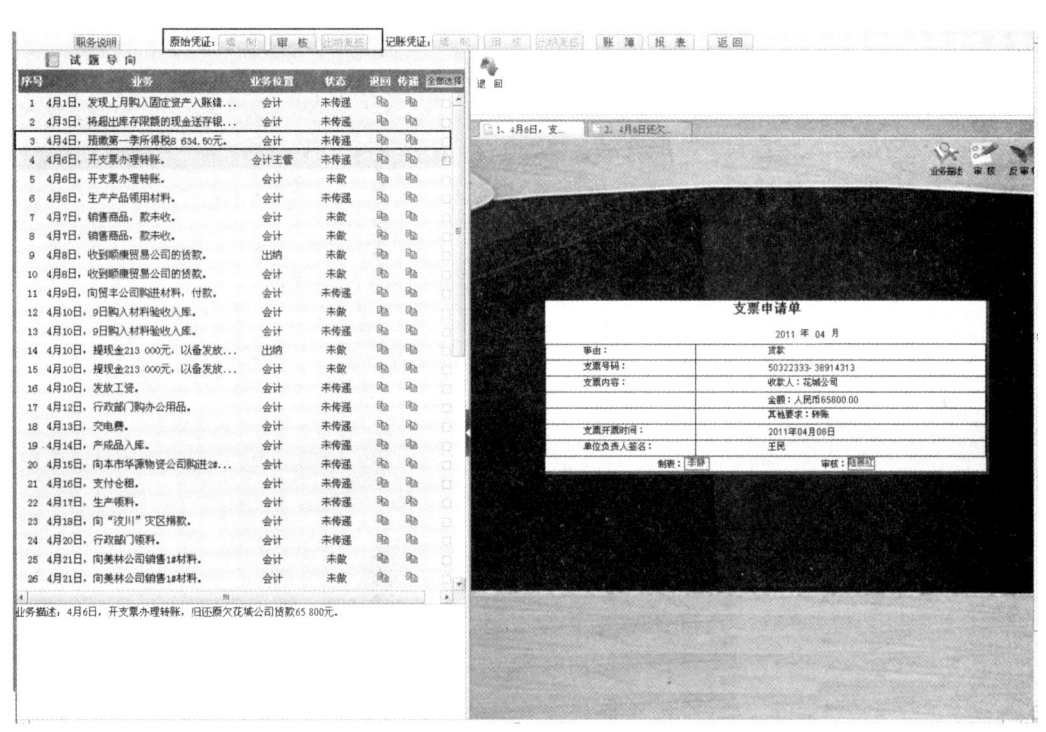

图 2-18 会计主管选择原始凭证审核业务

选择业务后,进行自制原始凭证审核工作,如图 2-19 所示。

:点击此图标后,会显示工具条上各个按钮的操作说明。

:用来审核正确的原始凭证,在该笔业务传递后,审核通过的原始凭证可作为该笔业务记账凭证的资料进行查看,未通过的原始凭证不会在资料中显示出来。点击图标即可完成审核,已经审核过的凭证不能再次审核,审核后会打上审核标记。

:已经审核过的原始凭证如果需要取消审核,则点击 图标,即可取消审核。

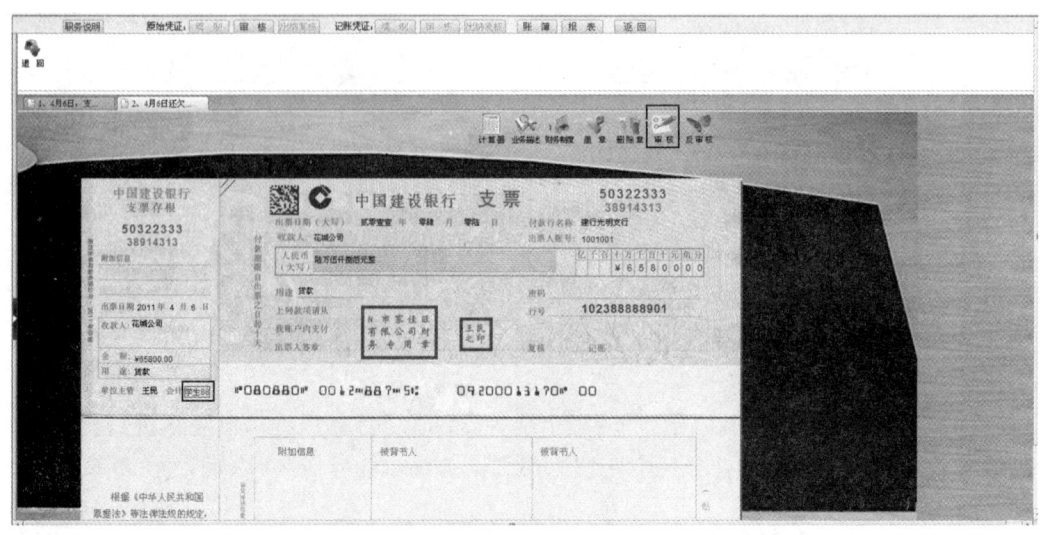

图 2-19 会计主管审核自制原始凭证

（5）会计主管传递（退回）原始凭证、保存：当原始凭证审核后，即可以在图 2-18 选中业务后，点"传递"按钮，在弹出提示页面输入审核意见后点"确定"传递当前业务，以传递给会计进行记账凭证填制工作，如图 2-20 所示。

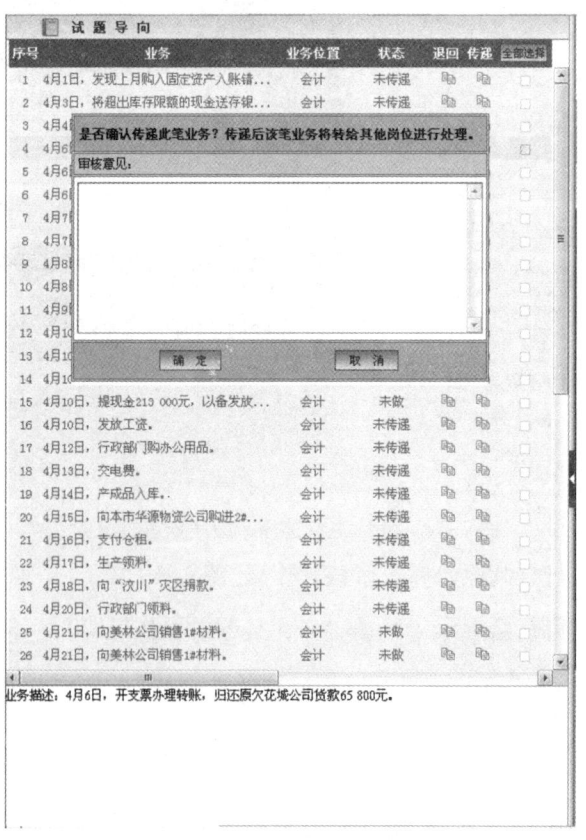

图 2-20 传递已审核原始凭证

当某笔原始凭证审核不通过,即可以在图 2-18 选中业务,然后点业务后"退回"按钮(或点击图 2-19"退回"按钮),在弹出提示页面输入退回意见后点"确定"退回当前业务。

(6)会计填制记账凭证、保存:当会计主管将自制原始凭证审核完毕进行传递后,会计选择会计主管传递的业务(图 2-21),界面上方显示业务任务(记账凭证:填制)。

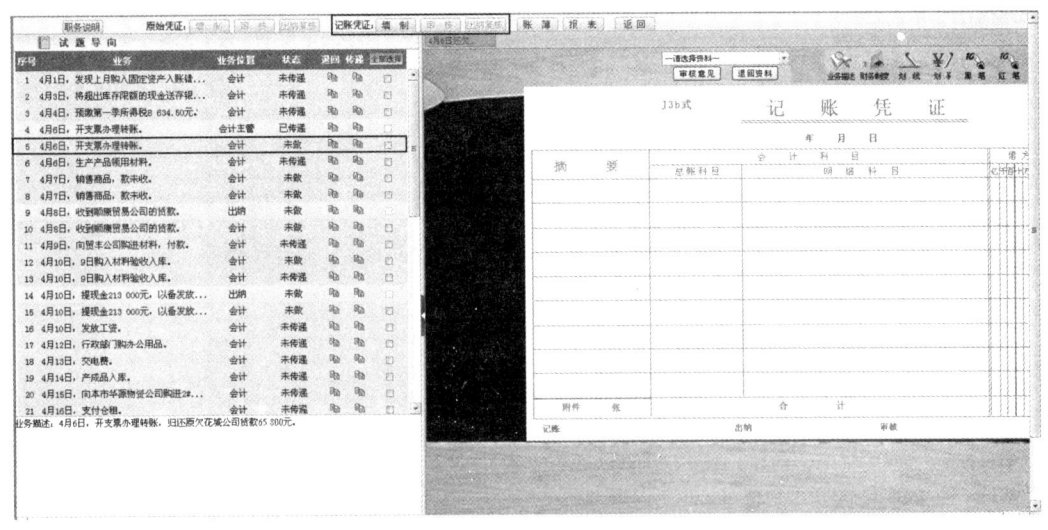

图 2-21 会计选择记账凭证填制业务

选择业务后,进行记账凭证填制工作,如图 2-22 所示。

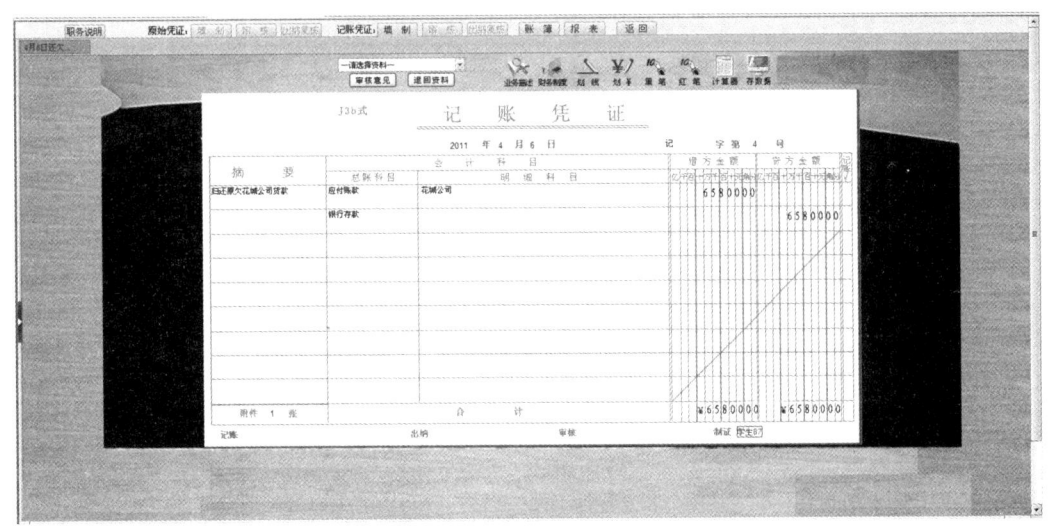

图 2-22 会计填制记账凭证

划线:点击该图标,会在记账凭证需要画线的地方自动画线,再点划线,会把刚才画的线清除掉。

![黑笔图标]:点击此图标,则录入金额时的字体为黑色,这里表示是正数的金额。

![红笔图标]:点击此图标,则录入金额时的字体为红色,这里表示是负数的金额。

![存数据图标]:点击此图标后,保存数据。

(7)会计传递记账凭证:当会计填写记账凭证完成后,可选中该笔业务,然后点传递按钮,在弹出提示页面点"确定"(图2-23)传递当前业务,以传递给会计主管进行记账凭证审核工作。

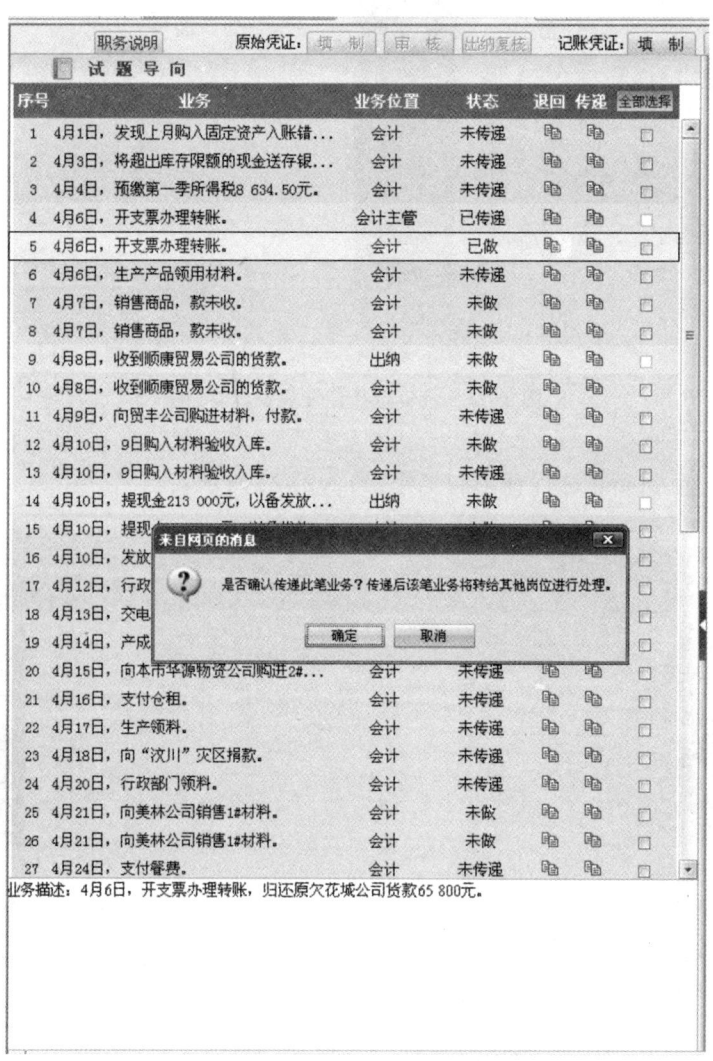

图2-23 会计传递记账凭证

当某笔记账凭证上一环节提供的原始凭证错误或者无资料提供,可点选中某笔业务,然后点"退回"按钮,在弹出提示页面点"确定"退回当前业务。

(8)会计主管审核记账凭证:当会计将记账凭证填制完毕进行传递后,会计主管选择会计传递的业务(图2-24),界面上方显示业务任务(记账凭证:审核)。选择业务后,进行记账凭证审核工作,如图2-25所示。

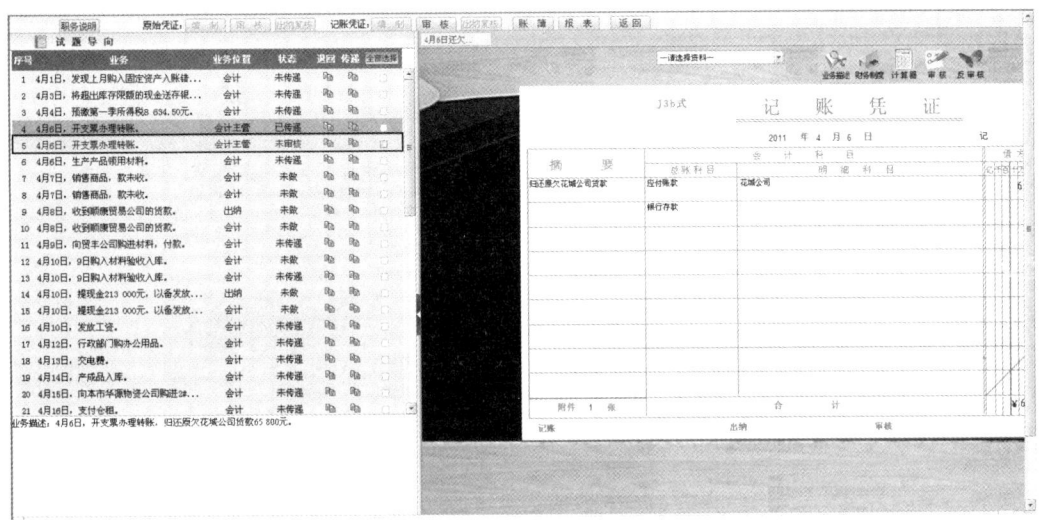

图2-24　会计主管选择记账凭证审核业务

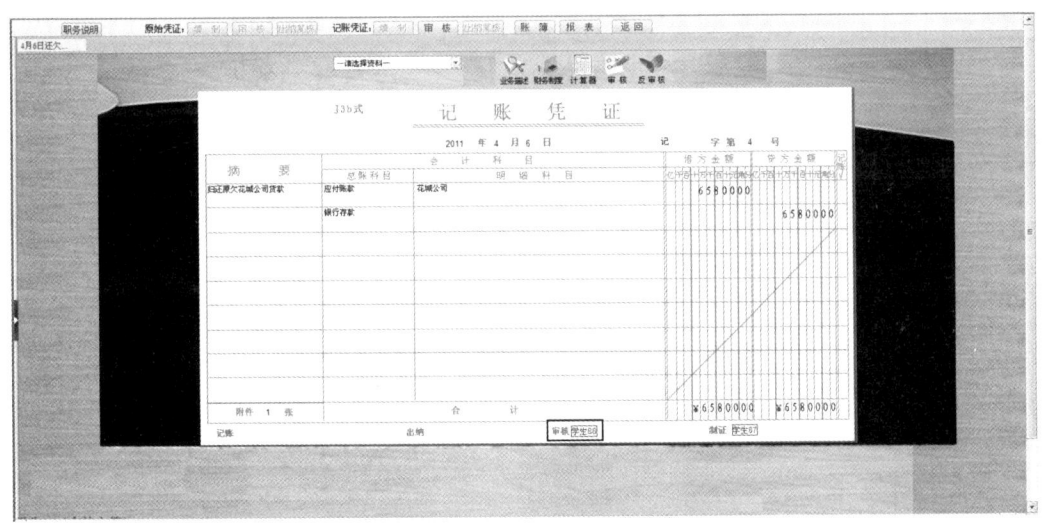

图2-25　会计主管审核记账凭证

:用来审核记账凭证,点击 图标即可完成审核,已经审核过的记账凭证会签上审核人的姓名。

:已经审核过的记账凭证如果需要取消审核,则点击 图标,即可取消审核人的姓名。

(9)会计主管传递(退回)记账凭证:当会计主管审核记账凭证后,点击传递按钮,在弹出提示页面点"确定"传递当前业务,传递之后,状态变为"已传递",此时相关的单据转变为查看状态。

若某笔记账凭证审核不通过,即可以在图2-26点选该业务,然后点退回按钮,在弹出提示页面点"确定"退回当前业务。

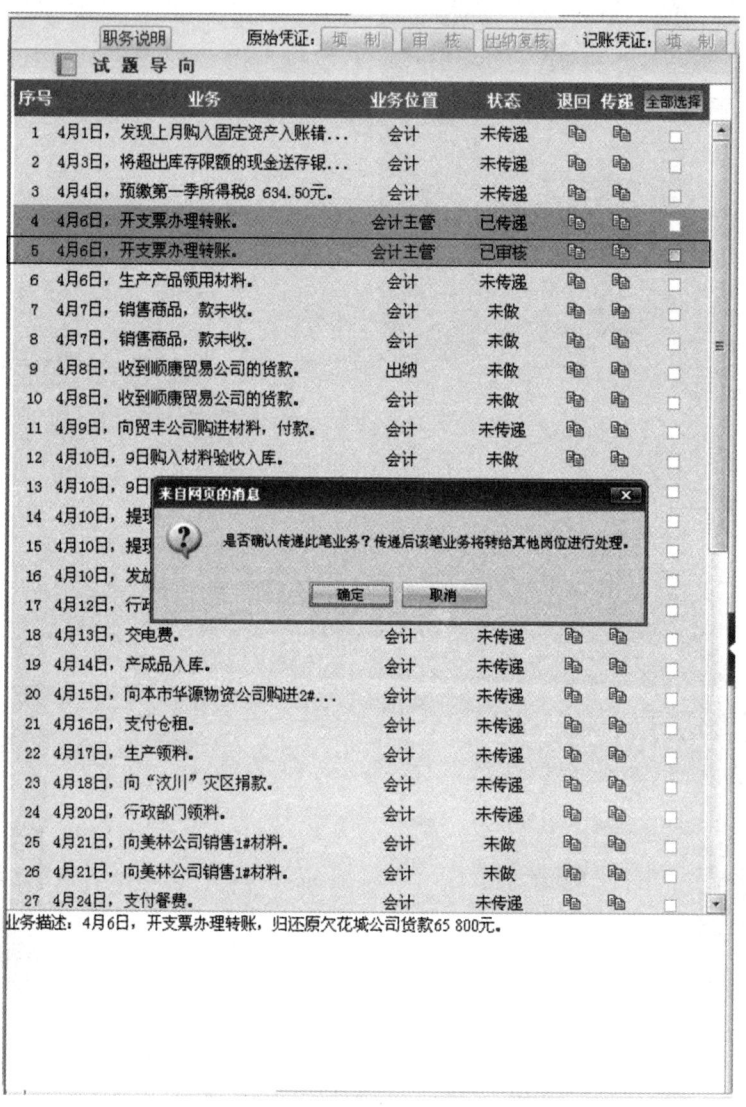

图2-26 会计主管传递记账凭证

(10)登记账簿。

出纳:登记日记账。

会计:登记三栏式明细账、数量金额式明细账、多栏式明细账。

会计主管:登记科目汇总表、总账。

以出纳登记日记账为例:

1)出纳选择登记现金日记账:光标选中图2-12工作区上方的"账簿",点击进入到账簿列表,如图2-27所示,在账簿列表中选中"现金日记账"进行登账。

图2-27　账簿

2)浏览账簿(图2-28)。

有浏览权限的学生可以浏览总账、明细账、多栏账、日记账、数量金额明细账。

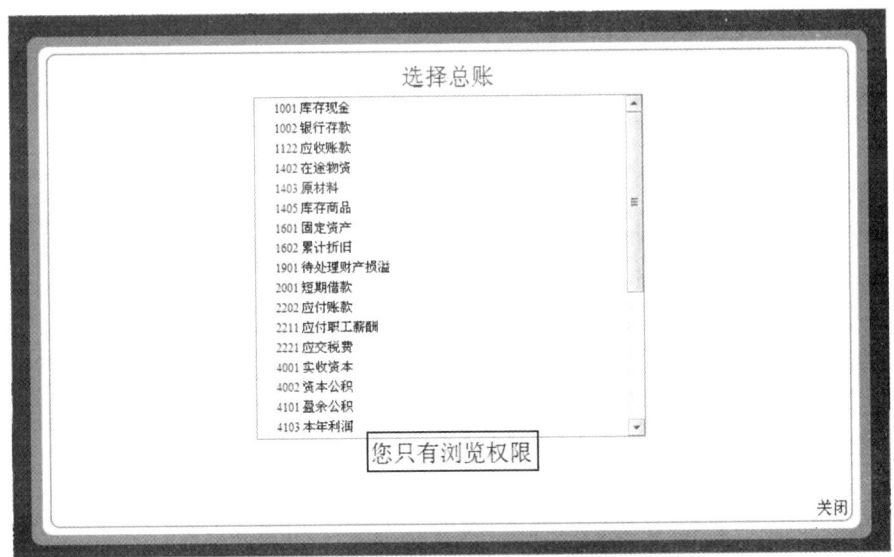

图2-28　浏览账簿

3）登记账簿、存数据、退出：以图 2-29 出纳登记库存现金日记账为例。

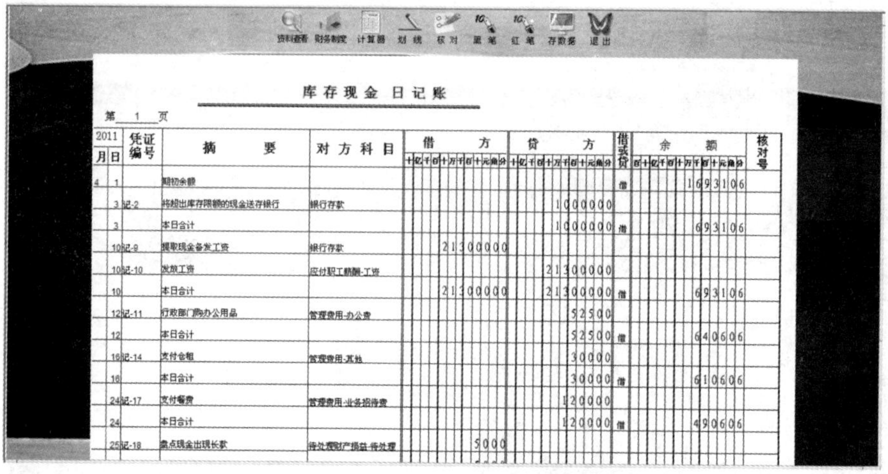

图 2-29　出纳登记库存现金日记账

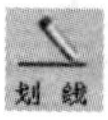

划线：点击该图标，出现 红单线／红双线／黑单线／黑双线／清除划线 线型选择框，根据账簿需要，点击相应线类型，在账簿需要画线的地方自动画线，再点清除画线，会把刚才画的线清除掉。

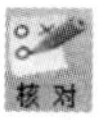

核对：点击该图标，会在账簿"核对号"栏指定的位置打上√，再点 核对，会把刚才画的√清除掉。

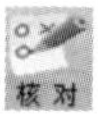

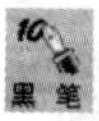

黑笔：点击此图标，则录入金额时的字体为黑色，这里表示是正数的金额。

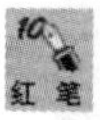

红笔：点击此图标，则录入金额时的字体为红色，这里表示是负数的金额。

摘要选择：点击某一行时，将弹出摘要选择列表，双击某行即选中该摘要。

● 注意

① 查看账簿时，必须由相应的岗位先建账，其他岗位才可查看。

② 登账时，不是所有的账目都必须登账，但是蓝字（如图 2-28 所示的"原材料"）账目必须登账。

（11）会计主管编制报表。

1）会计主管选择需要编制的报表：光标选中图 2-12 工作区上方的"报表"，点击进入到报表列表，如图 2-30 所示。在报表列表中选中某一报表进行编制。

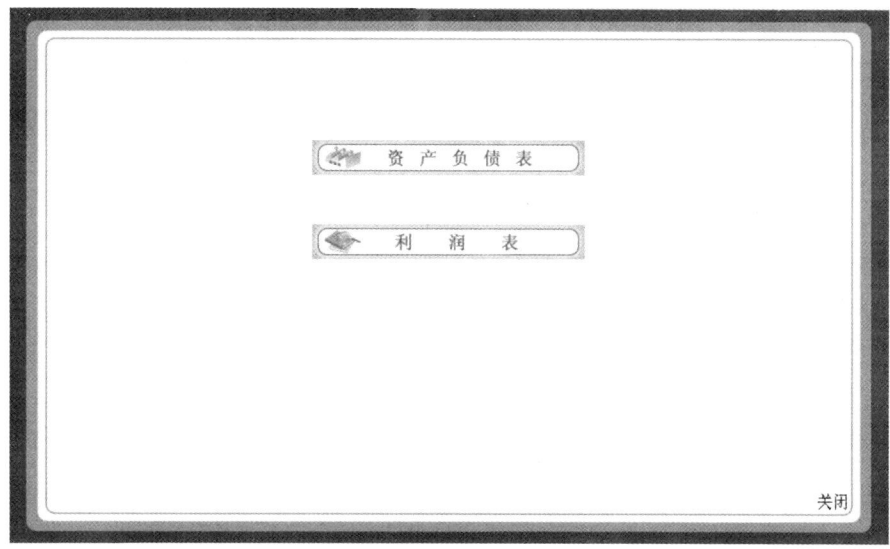

图 2-30 报表

2）浏览报表（图 2-31）。只有浏览权限的学生可以浏览资产负债表、利润表。

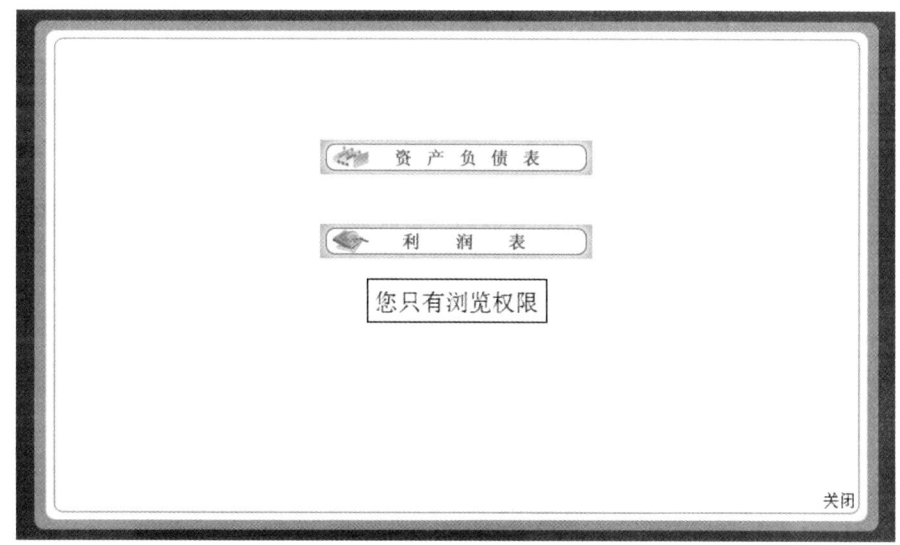

图 2-31 浏览报表

3）编制报表、存数据、退出：当会计主管进入后，即可以编制报表，图 2-32 为编制资产负债表。

资产负债表

2011 年 4 月 30 日

会企 01表

企业名称：

单位：元

资产	期末余额	年初余额	负债和股东权益	期末余额	年初余额
流动资产：			流动负债：		
货币资金	1293048.18		短期借款		
交易性金融资产			交易性金融负债		
应收票据			应付票据		
应收账款	11700.00		应付账款	8668.45	
预付款项			预收款项		
应收利息			应付职工薪酬		
应收股利			应交税费	80235.33	
其它应收款			应付利息		
存货	446277.60		应付股利		
一年内到期的非流动资产			其他应付款		
其他流动资产			一年内到期的非流动负债		
流动资产合计	1751025.78		其他流动负债		
非流动资产：			流动负债合计	88903.78	
可供出售金融资产			非流动负债：		
持有至到期投资			长期借款		
长期应收款			应付债券		
长期股权投资			长期应付款		
投资性房地产			专项应付款		
固定资产	586296.92		预计负债		
在建工程			递延所得税负债		
工程物资			其他非流动负债		
固定资产清理			非流动负债合计		
生产性生物资产			负债合计		
油气资产			股东权益		
无形资产			股本		

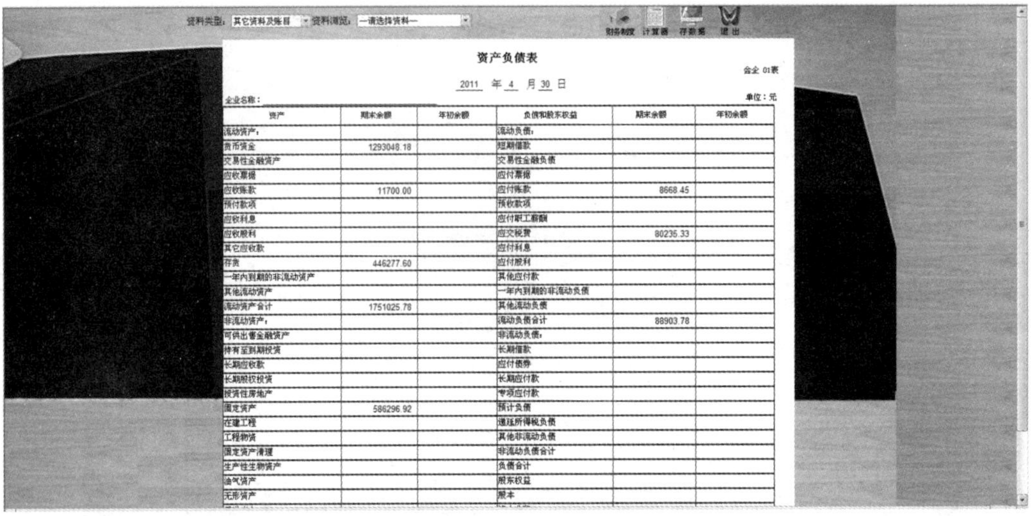

图 2-32　编制资产负债表

编制资产负债表的时候可以查看总账、三栏式明细账、外币三栏式明细账、外币日记账、其他资料及账目。

2. 会计填制非收支业务自制原始凭证业务处理流程

流程：会计填制非收支业务自制原始凭证、保存→传递→会计主管审核自制原始凭证→传递（退回）→会计填制记账凭证、保存→传递→会计主管审核记账凭证→传递（退回）→登账→会计主管编制报表。

（1）会计填制非收支业务自制原始凭证。

多联次原始凭证填制及传递，以图 2-33 增值税专用发票的填制为例。

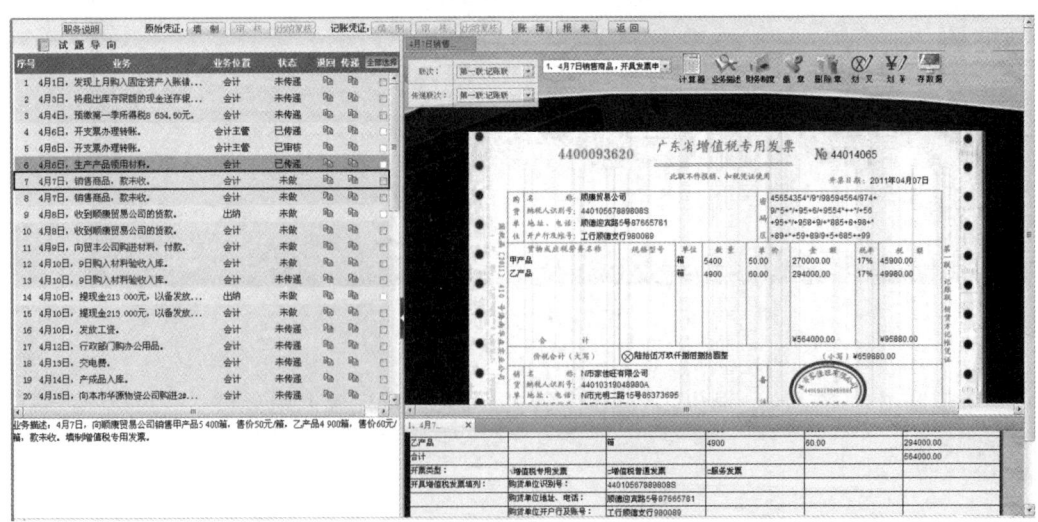

图 2-33　填制增值税专用发票

:如果需要在其他的联次盖章,请先在联次下拉列表中选中该联次,然后再执行盖章操作。

联次:填写时,只能在第一联次;盖章可以在任意的联次,可以点联次后面的 按钮,查看其他联次。

传递联次:可以点传递联次后面的 按钮,确定需要传递到下一环节的联次。

(2)会计传递原始凭证(图2-34)。

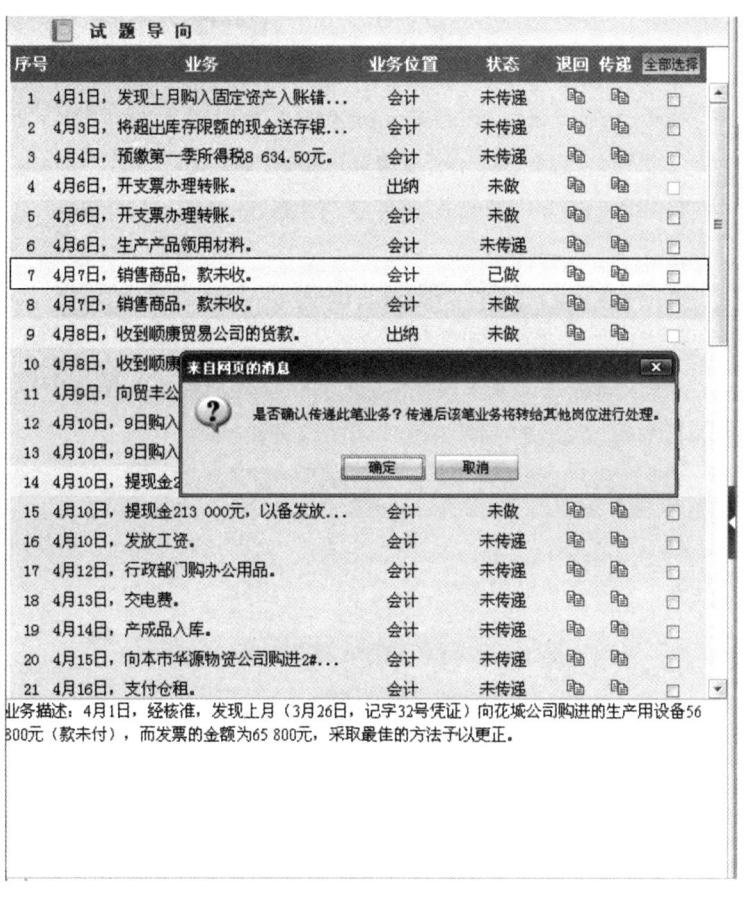

图2-34　会计填制完成原始凭证传递

(3)会计主管审核会计自制原始凭证(图2-35)。

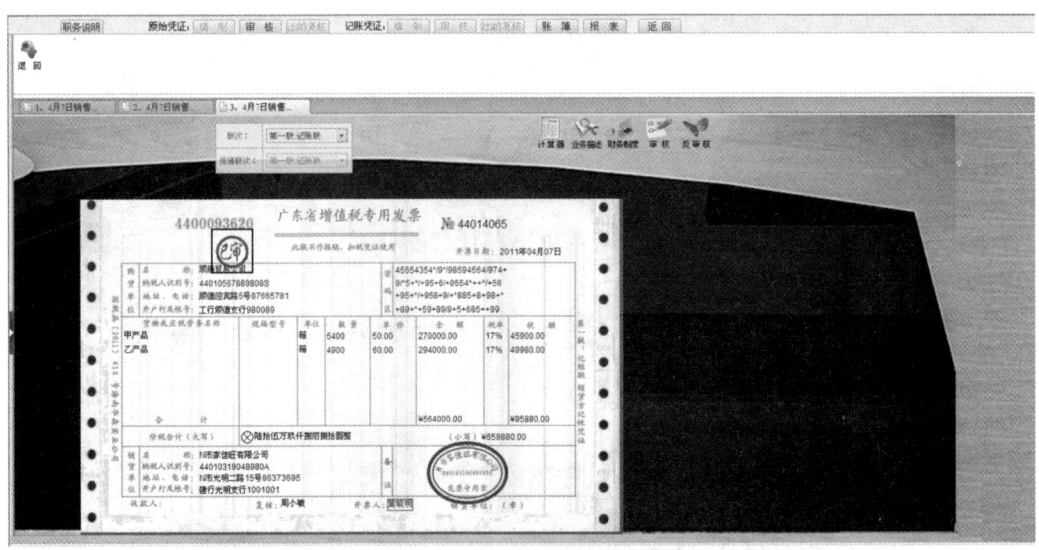

图 2-35 会计主管审核自制原始凭证

（4）会计主管审核后传递（退回）原始凭证（图 2-36）。

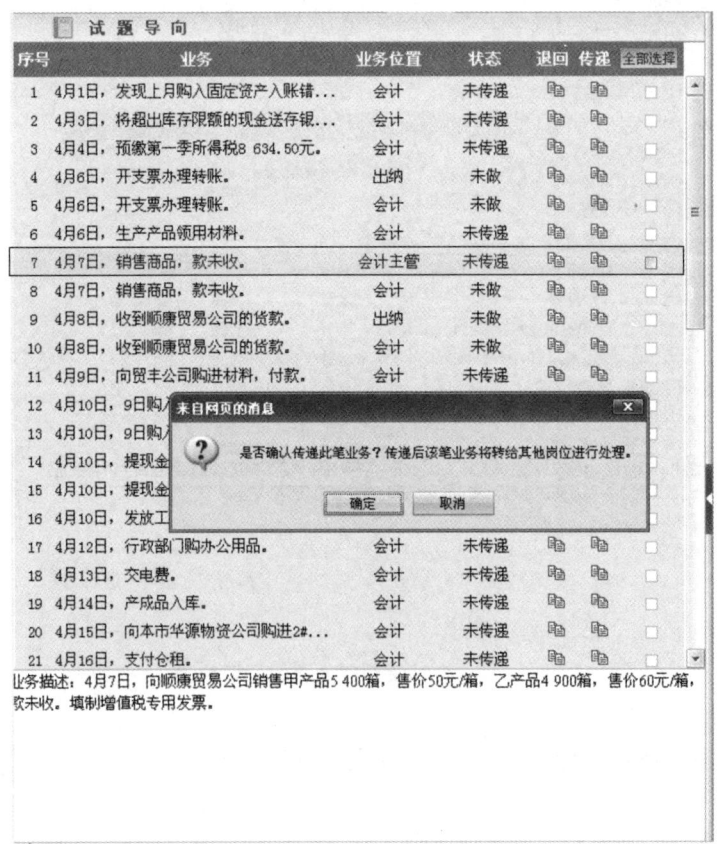

图 2-36 会计主管传递原始凭证

(5)会计填制记账凭证(图2-37)。

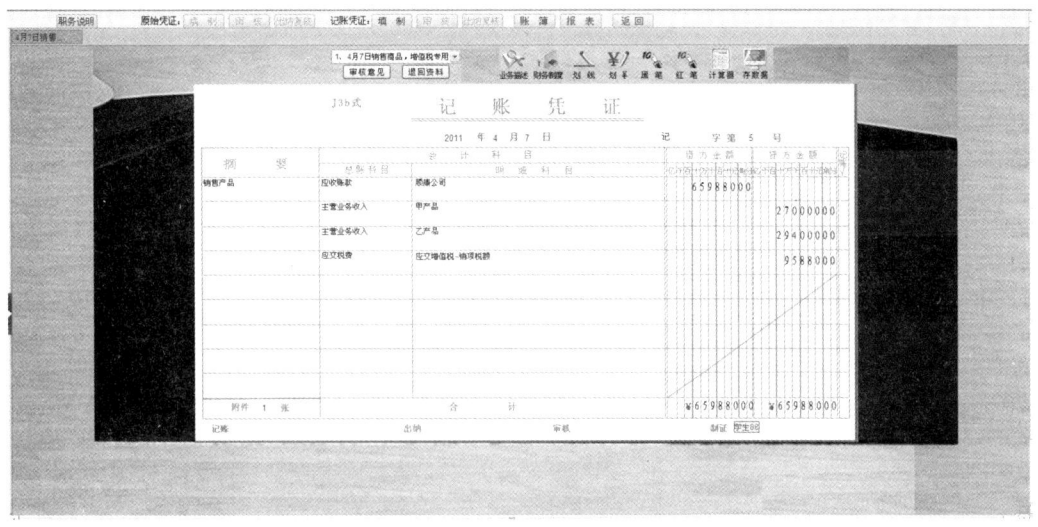

图2-37 会计填制记账凭证

(6)会计传递记账凭证(图2-38)。

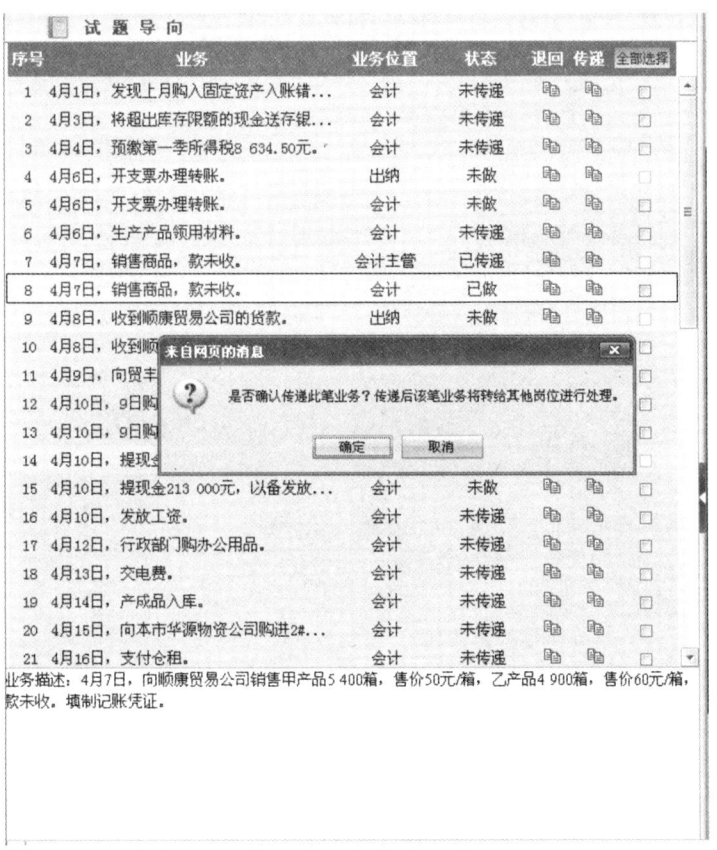

图2-38 会计传递记账凭证

(7)会计主管审核记账凭证(图2-39)。

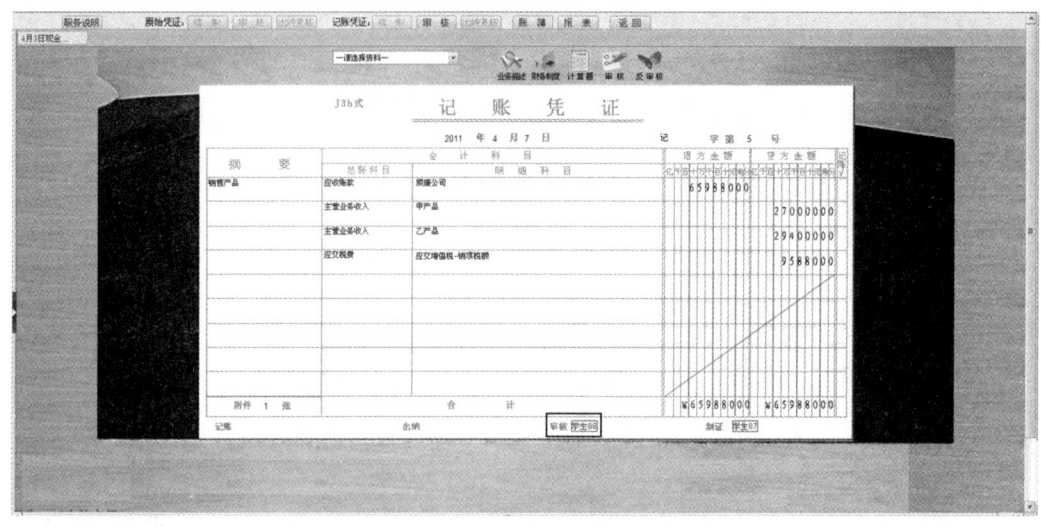

图 2-39　会计主管审核记账凭证

(8)会计主管审核后传递(退回)记账凭证(图2-40)。

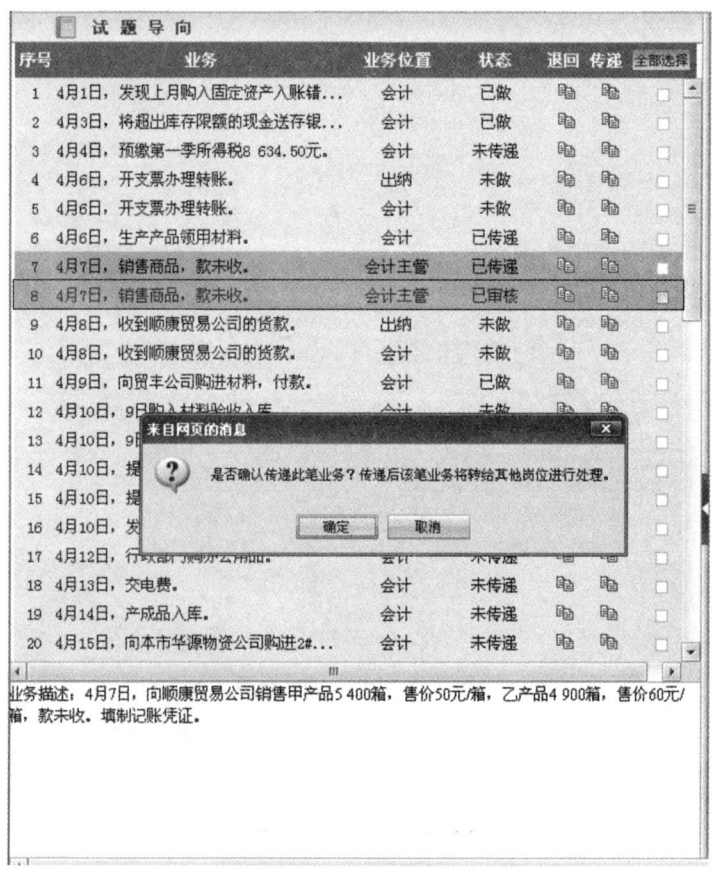

图 2-40　会计主管传递记账凭证

(9)登账。

(10)会计主管编制报表。

3. 外来原始凭证编制记账凭证业务处理流程

流程：会计审核外来原始凭证→会计填制记账凭证、保存→传递→会计主管审核记账凭证→传递(退回)→登账→会计主管编制报表。

(1)会计审核外来原始凭证(图2-41)。

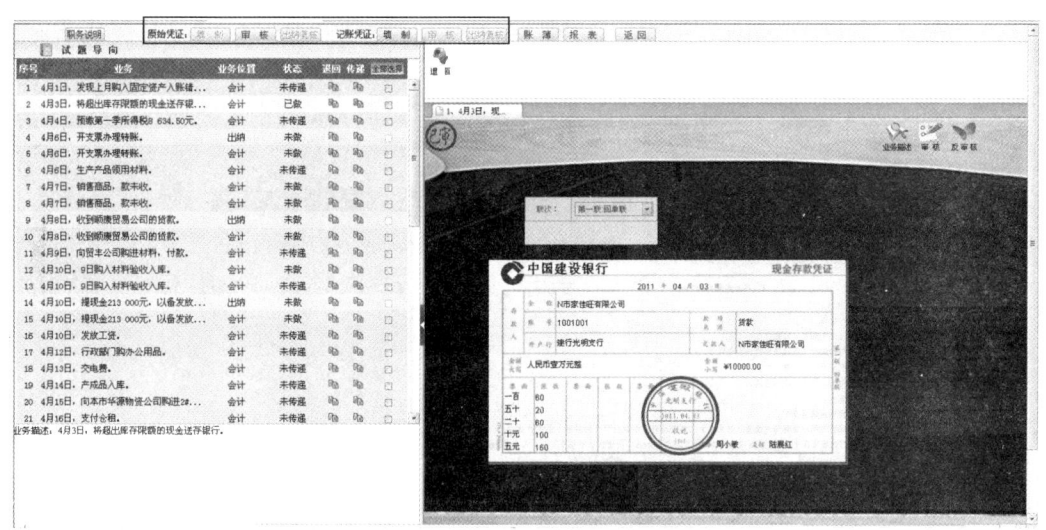

图2-41　会计审核外来原始凭证

(2)会计填制记账凭证(图2-42)。

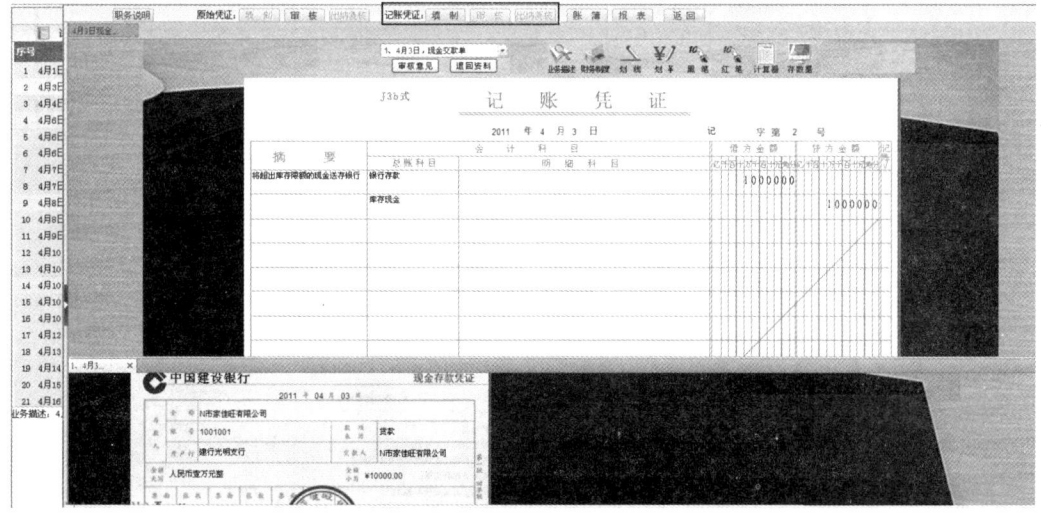

图2-42　会计填制记账凭证

(3) 会计传递记账凭证(图2-43)。

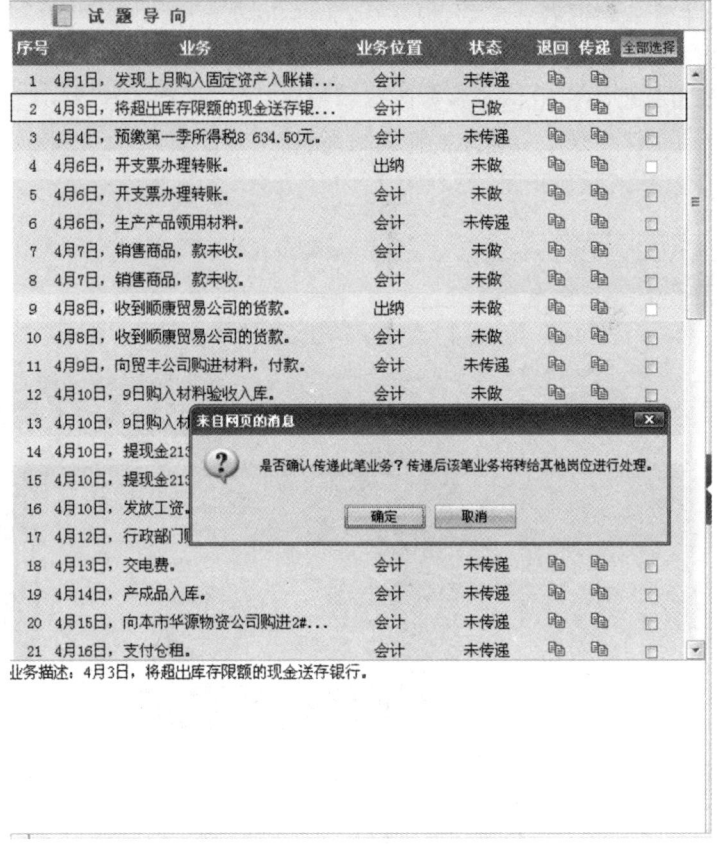

图2-43　会计传递记账凭证

(4) 会计主管审核记账凭证(图2-44)。

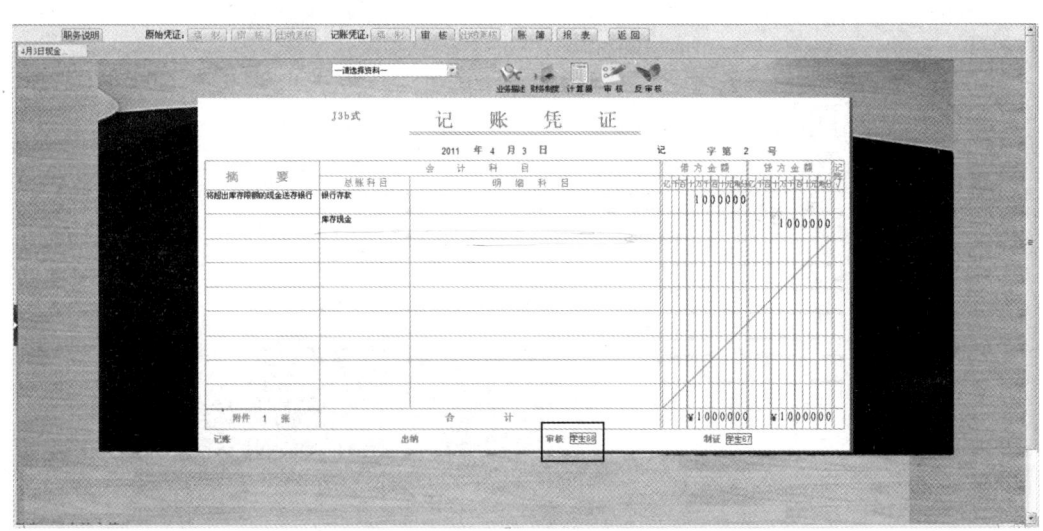

图2-44　会计主管审核记账凭证

(5)会计主管审核后传递(退回)记账凭证(图2-45)。

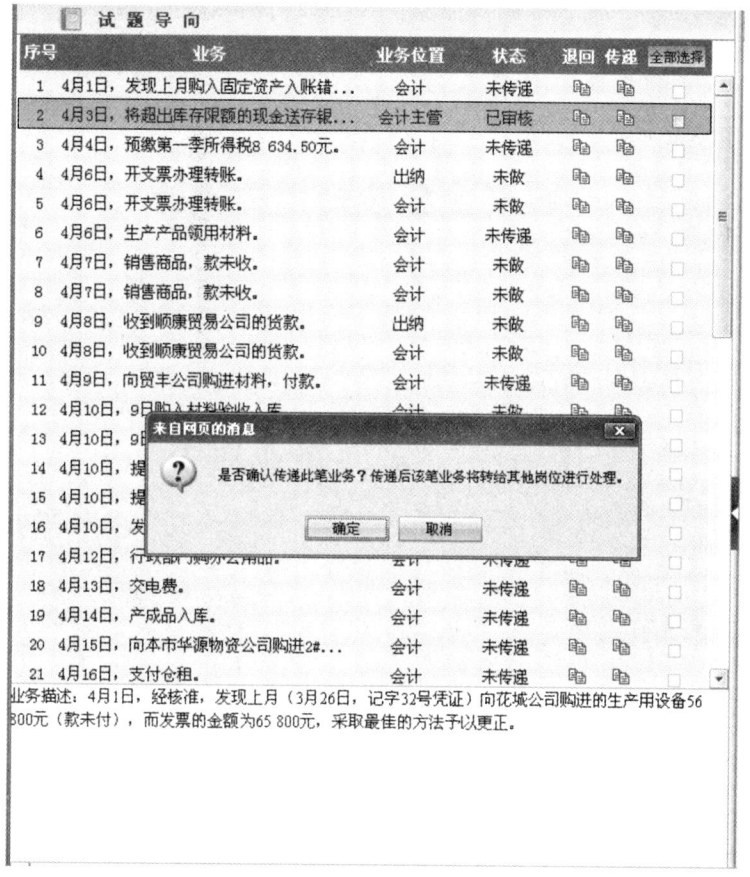

图2-45　会计主管传递记账凭证

(6)登账。

(7)会计主管编制报表。

4.其他业务类型处理流程

填制银行存款调节表等。

流程:出纳(会计)填制银行存款调节表、保存→传递→会计主管审核银行存款调节表→传递(退回)。

第三章 实训企业会计主体设计

任务一 实训企业概况

一、企业基本情况

企业名称:湛江市华龙科技有限公司;
法人代表:万 勤;
地　　址:广东省湛江市柳花路16号;
邮　　编:531302;
开户银行:中国建设银行湛江市柳花支行;
银行账号:3003003;
纳税人识别号:440836095721305;
银行预留印鉴(图3-1和图3-2):

图3-1　企业财务专用章

图3-2　法定代表人章

二、企业机构设置

湛江市华龙科技有限公司,是一家生产和销售A、B两种产品的制造性企业。该区域在册职工人数108人,注册资本800万元。

公司设有采购部、生产部、销售部、劳资部、财务部和办公室6个部门。采购部下设原材料库；销售部下设产成品库；生产部下设一个基本生产车间和两个辅助生产车间。基本生产车间单步骤大量大批重复生产A、B两种产品，两个辅助生产车间分别为动力车间和维修车间，以配合企业的生产，为全厂提供服务。企业内部组织机构见图3-3。

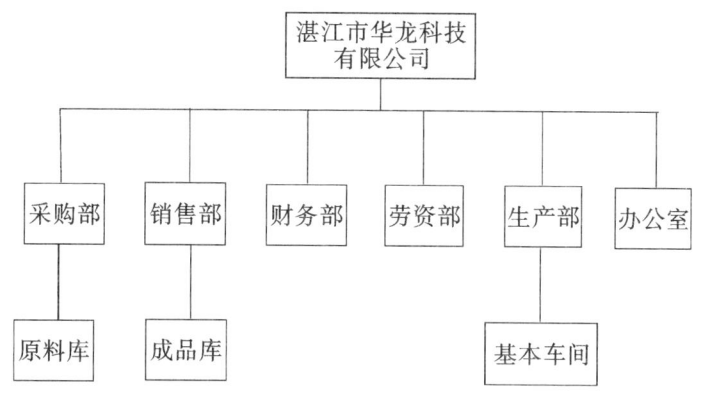

图3-3 企业内部组织机构图

公司的生产类型为单步骤生产企业，根据订单由生产部和财务部共同制订生产计划，生产车间按生产计划组织生产。生产用原材料系车间在生产开始时一次性投入。

三、相关部门人员配置、岗位分工及工作程序

公司按照适应性、统一指挥性、系统性、明晰性、控制性、有效管理幅度、责权对等、精简与效率的原则来划分岗位。

1. 财务部门的人员配置、岗位分工及工作程序

会计岗位的划分有两个职位、三个职位、多个职位，该公司财务部配有3名会计人员，其分工如下文所述。

（1）会计主管。

会计主管杨飞扬，负责财务处的全面工作，制订公司财务计划，分析财务报表及做相关的投资、融资分析，协调企业内外部各部门有关单位的业务往来。具体来讲，其工作主要有：

1）具体负责本企业的财务与会计的日常核算、管理工作。

2）组织制定本企业的各项财务与会计制度，并监督其贯彻执行。

3）编制本企业的财务成本计划、资金筹措计划，并监督其落实。

4）会同有关部门拟定企业各项固定资产的投资方案和流动资金定额。

5）负责企业各种税费的计算和缴纳工作。

6）负责企业各项财务分析工作。

7）参加企业有关生产经营管理会议，参与有关经营预测、决策和各部门业绩考评工作。

8）参与拟定和审核经济合同、协议和其他经济文件。

9）负责向本企业领导和职代会报告企业的财务状况和经营成果，审查对外提供的财

务报告。

10)组织财会人员的理论和业务学习,负责财会人员的考核,参与财会人员任用和调整工作。

11)领导交办的其他与财务、会计有关的管理工作。

12)负责保管、加盖银行预留章法人章。

(2)出纳。

出纳彭天,负责货币资金的收付,相关凭证的编制及库存现金日记账和银行存款日记账的登记,编制银行存款余额调节表。具体来讲,其工作主要有:

1)现金收付和银行结算业务。

2)办理各种票据的收付业务。

3)登记现金日记账、银行存款日记账和票据备查簿。

4)保管库存现金和各种有价证券。

5)填写支票、本票和汇票,并负责加盖银行预留章财务专用章。

6)保管有关印章、空白收据和空白支票。

7)具体办理各种税金的申报和扣缴业务。

8)其他与现金、银行存款收付有关的业务。

(3)会计。

会计何冰,其工作包括资金会计和成本会计两个方面的内容。资金会计方面,负责销售、往来款项、借款、税金、所有者权益、利润计算与分配等业务日常核算,编制转账凭证及相关明细账的登记,定期汇总编制科目汇总表,登记总分类账、编制会计报表、填制纳税申报表以及提供各种会计信息,整理装订会计凭证等。成本会计方面,负责材料采购、入库、领用和固定资产、无形资产等业务记账凭证的填制及相关明细账的登记;负责各种成本、费用的归集、分配及成本计算等业务记账凭证的填制与相关明细账的登记。具体来讲,其工作主要有:

1)会计的日常核算工作(审核原始凭证、填制记账凭证)。

2)定期进行财务成本完成情况的分析。

3)领导交办的其他与总账业务有关的工作。

除上述职位外,还针对综合核算岗位、流动资产核算岗位、固定资产核算岗位、总账报表核算岗位、工资核算岗位、成本核算岗位、收入利润核算岗位、往来核算岗位增设相关职位。

财务部门分工时,出纳人员不得兼管稽核、会计档案保管,也不能兼收入、费用、债权债务账目的登账工作。出纳复核往往是在大中型企业设置的一个控制环节,对涉及货币资金、有价证券、各种票据业务的原始凭证的合法性、真实性进行复核,对涉及上述业务的核算记账凭证进行金额的复核。

2.采购部的人员配置、岗位分工及工作程序

采购部配有3名工作人员,部长刘小强,采购员梁涛,材料保管员彰小红。其工作程序如下:

材料验收入库业务,由保管员彰小红填制收料单,由经办人梁涛签字后,彰小红登记

材料保管账;材料出库业务,由生产部门人员填制领料单,保管员彭小红签字发料后登记材料保管账,会计何冰登记明细账,月末保管账与明细账进行核对。

3. 销售部的人员配置、岗位分工及工作程序

销售部配有5名工作人员,部长魏一,销售员吴天、沈东、宋歌,成品库保管员李冰。

产品入库业务,由生产车间核算员填制入库单,成品库保管员李冰验收入库;产品销售时由成品库保管员李冰填制出库单,由相关人员签字后,登记产成品保管账,由会计何冰登记明细账,月末保管账与明细账进行核对。

任务二　实训企业会计制度及核算方法

湛江市华龙科技有限公司采用借贷记账法进行会计核算,使用财政部统一制定的会计科目,执行《小企业会计准则》和《会计基础工作规范》。

一、资产类业务核算制度及办法

(1)公司的库存现金限额按照《现金管理暂行条例》及实施细则规定,由开户银行和开户单位商定,银行根据实际需要核定3~5天的日常零星开支数额作为公司的库存现金限额。经批准,湛江市华龙科技有限公司的库存现金限额为5000元,超过该限额的资金收付需用银行存款,库存现金不足限额时,由出纳彭天向银行提取现金。

(2)坏账损失采用备抵法转销,坏账准备的计提采用"应收账款余额百分比法",以年末"应收账款"、"应收票据"、"其他应收款"账户的余额为基数。1年以内的账龄,计提比例为3%;1年至2年的账龄,计提比例为10%;3年至5年的账龄,计提比例为15%;5年以上的账龄,计提比例为50%。

(3)材料采用实际成本核算。材料明细账按材料品种设置,共同发生的采购费用按材料的质量比例分配;平时根据"收料单"和"领料单"逐笔登记明细账;其发出材料单价采用月末一次加权平均法,月末编制"收料凭证汇总表"和"发出材料汇总表",并据此编制记账凭证。发出材料单位成本采用月末一次加权平均法(倒挤法),误差计入管理部门。

(4)库存商品采用实际成本法成本核算。库存商品明细账与生产成本明细账都按品种设置,其借方金额从"生产成本"科目的贷方转入,发出库存商品的单位成本采用月末一次加权平均法(倒挤法),误差计入管理部门。

(5)固定资产折旧方法采用年限平均法,按月综合折旧率计提,生产车间设备折旧率0.51%,行政管理部门设备折旧率0.5%。

(6)无形资产摊销按预计使用年限平均摊销,预计净残值是零。无形资产摊销年限为:专利权和非专利技术10年,商标权20年,土地使用权50年。

(7)各项资产如出现减值迹象时,应计提减值准备,其数额采用单项比较法确定。

二、负债类业务核算制度及办法

(1)职工工资采用月薪制,满勤工资按21天计算,各种扣款在发放工资时代扣,各种代发款项随同工资一并发放。

(2)"五险一金"、工会经费、职工福利费与职工教育经费的账务处理办法共有三种:第一种是"先提后用",即月末先提取计入"应付职工薪酬"账户,下月再按照规定使用或上交,如未用完则要冲减,冲减后其明细账户应无余额;第二种是"先用后提",即发生时先计入"应付职工薪酬"账户的借方,到月末时,再按已确定的本月发生的费用数额计提,月末计提后,其明细账户应无余额;第三种是"不予计提",即发生时直接计入相关费用账户,该方法不通过"应付职工薪酬"账户核算。

无论采用哪种方法,总的原则是按实际发生额在税前抵扣,不能超过抵扣限额,如果超支则在计算所得税时调增所得税。

在本实训中,应付职工薪酬的核算采用的是第二种方法。

(3)社会保险费及住房公积金的计提。

企业应缴纳的部分:养老保险费按应付工资的20%计提;失业保险费按应付工资的20%计提;医疗保险费按应付工资的7%计提;住房公积金按应付工资的10%计提。

职工个人缴纳的部分:养老保险按应付工资的8%计提;失业保险按应付工资的1%计提;医疗保险费按应付工资的2%计提;住房公积金按应付工资的10%计提。

计提基数是计税工资总额,即税前允许扣除的工资总额。如果企业的工资总额没有不允许税前扣除的,则计算基数就是"应付职工薪酬——工资"的贷方发生额。

(4)应交税费采用月末计提,次月10日内缴纳。

公司经湛江市国家税务局认定为一般纳税人企业,增值税税率17%,城市维护建设税税率7%,教育费附加费率3%,企业所得税率25%(企业所得税实行查账计征,按季预缴、年终汇算清缴)。

房产税按房屋类固定资产的月初原值扣减30%后的余额,以年税率1.2%按月缴纳。

土地使用税按企业占地面积乘以适用纳税标准按月缴纳。湛江华龙科技有限公司占地面积26000平方米,纳税标准为每平方米12元。

三、成本费用类业务核算制度与办法

产品生产成本计算采用单步骤"品种法"核算。

"生产成本"账户下按照A、B两种产品分别设置"生产成本——A产品"和"生产成本——B产品"两个账户,并根据构成成本的项目设置直接材料、直接人工和制造费用三个三级账户。另外,在本实训企业中,生产成本账户不设"燃料及动力"明细,直接用于产品生产的燃料动力费用计入"直接材料"明细核算。

产品成本计算单中的成本项目设置如下:

(1)直接材料:为生产产品耗用的原材料、辅助材料费用和燃料及动力费用。

(2)直接人工：产品生产工人的工资、福利费、社会保险及住房公积金等职工薪酬。

(3)制造费用：生产车间为组织和管理车间生产所发生的间接费用，即月末分配计入的由产品负担的制造费用。

湛江市华龙科技有限公司生产用材料全部外购，直接人工和制造费用按产品生产工时比例分配，月末无在产品，制造费用分配至生产成本时的尾差由 B 产品承担。

特别注意：在本实训企业成本的计算中，单位成本计算保留四位小数，分配率计算保留四位小数，加权平均单价保留四位小数，其他会计核算保留两位小数。

四、销售业务核算制度与办法

产品销售采用交接方式。本地销售采用提货制，外地销售采用发货制。

结算方式采用支票、银行汇票、商业承兑汇票、银行承兑汇票、委托收款及托收承付等方式结算货款。

销售程序为产品发出后由销售部开出销售单，财务部根据销售单开具发票，并根据销售部传来的托运时收取的有关费用单据办理销售业务的核算。

五、其他核算制度

本案例业务发生时间为 2014 年 4 月。

损益结转、利润总额和净利润的计算采用账结法。

记账凭证的明细科目需要根据企业预设科目填列，记账凭证填制完毕后，采用科目汇总表核算形式登记账簿，全月汇总一次。

库存现金日记账需要日结，银行存款日记账无须日结。往来明细账（应收/应付账款、预收/预付账款）不需要本月合计。

任务三　实训企业账簿及报表资料

一、账簿资料

公司开设日记账、总账、明细账。

日记账、总账、往来款项等不需提供数量指标的明细账等采用"三栏式"账页；存货类、固定资产等明细账采用"数量金额式"账页；管理费用、制造费用、财务费用、销售费用等明细账采用"多栏式"账页；应交增值税、生产成本等明细账采用专用格式账页。

湛江市华龙科技有限公司根据国家统一的会计制度和财政部统一制定的总账会计科目，结合企业的日常经济业务情况设置了明细科目。其经济业务常用的会计科目代码及名称如表 3-1 所示。

表 3-1　湛江市华龙科技有限公司会计科目表

资产类		负债类	
科目代码	科目名称	科目代码	科目名称
1001	库存现金	2001	短期借款
1002	银行存款	200101	建行柳花支行
1012	其他货币资金	2201	应付票据
1101	短期投资	2202	应付账款
1121	应收票据	220201	羊城公司
1122	应收账款	220202	长发商行
112201	强生公司	220203	湛江市供电公司
112202	美林公司	2203	预收账款
1123	预付账款	2211	应付职工薪酬
1131	应收股利	221101	工资
1132	应收利息	2221	应交税费
1221	其他应收款	222102	应交所得税
1401	材料采购	222103	应交增值税
1402	在途物资	22210301	进项税额
140201	乐之源有限公司	22210302	已交税金
1403	原材料	22210304	出口抵减内销产品应纳税额
140301	1#1 材料	22210306	销项税额
140302	1#2 材料	22210307	出口退税
140303	1#3 材料	22210308	进项税额转出
140304	原料及主要材料	222104	应交城建税
1404	材料成本差异	222105	应交教育费附加
1405	库存商品	2231	应付利息
140501	A 产品	2232	应付利润
140502	B 产品	2241	其他应付款
1406	发出商品	2401	递延收益
1407	商品进销差价	2501	长期借款
1408	委托加工物资	2701	长期应付款
1409	委托代销商品	所有者权益类	
1411	周转材料	3001	实收资本
1421	消耗性生物资产	3002	资本公积
1501	长期债券投资	3101	盈余公积

续表 3-1

资产类		负债类	
科目代码	科目名称	科目代码	科目名称
1511	长期股权投资	3103	本年利润
1601	固定资产	3104	利润分配
1602	累计折旧	损益类	
1604	在建工程	5001	主营业务收入
1605	工程物资	500101	A产品
1606	固定资产清理	500102	B产品
1621	生产性生物资产	5051	其他业务收入
1622	生产性生物资产累计折旧	5111	投资收益
1701	无形资产	5301	营业外收入
1702	累计摊销	5401	主营业务成本
1801	长期待摊费用	540101	A产品
1901	待处理财产损溢	540102	B产品
190101	待处理流动资产损溢	5402	其他业务成本
成本类		5403	营业税金及附加
4001	生产成本	5601	销售费用
400101	A产品	560101	广告费
40010101	直接材料	5602	管理费用
40010102	直接人工	560201	办公费
40010103	制造费用	560202	业务招待费
400102	B产品	560203	职工薪酬
40010201	直接材料	560204	水电费
40010202	直接人工	560205	折旧费
40010203	制造费用	560206	其他
4101	制造费用	5603	财务费用
410101	职工薪酬	5711	营业外支出
410102	水电费	571101	捐赠支出
410103	折旧费	571102	现金短款
410104	结转	5801	所得税费用
4301	研发支出		
4401	工程施工		
4403	机械作业		

二、报表资料

湛江市华龙科技有限公司的实训时间为2014年4月,各账户2014年4月的期初余额如表3-2所示。

表 3-2　期初余额表

科目编号	科目名称	币别	方向	本币期初余额
1001	库存现金	人民币	借	16,931.06
1002	银行存款	人民币	借	1,284,830.27
1122	应收账款	人民币	借	88,416.60
112201	强生公司	人民币	借	88,416.60
1403	原材料	人民币	借	89,119.50
140301	1#1 材料	人民币	借	21,056.00
140302	1#2 材料	人民币	借	46,963.50
140303	1#3 材料	人民币	借	21,100.00
1405	库存商品	人民币	借	505,664.35
140501	A 产品	人民币	借	241,136.35
140502	B 产品	人民币	借	264,528.00
1601	固定资产	人民币	借	945,600.00
1602	累计折旧	人民币	贷	363,530.08
2001	短期借款	人民币	贷	120,000.00
200101	建行柳花支行	人民币	贷	120,000.00
2202	应付账款	人民币	贷	137,468.45
220201	羊城公司	人民币	贷	56,800.00
220202	长发商行	人民币	贷	8,668.45
220203	湛江市供电公司	人民币	贷	72,000.00
2211	应付职工薪酬	人民币	贷	102,000.00
221101	工资	人民币	贷	102,000.00
2221	应交税费	人民币	贷	5,980.96
222102	应交所得税	人民币	贷	8,634.50
222103	应交增值税	人民币	贷	2,653.54
22210301	进项税额	人民币	借	2,653.54
3001	实收资本	人民币	贷	2,000,000.00
3002	资本公积	人民币	贷	27,230.00
3101	盈余公积	人民币	贷	19,425.00
3103	本年利润	人民币	贷	151,441.71
3104	利润分配	人民币	贷	3,485.58

第四章 出纳岗位

任务一 出纳岗位工作职责

出纳是国家机关、企事业单位严格按照国家有关现金管理制度和银行结算办法,办理单位的现金收付、银行结算及有关账务,保管库存现金、有价证券及相关票据等核算工作的总称。出纳的主要工作对象是货币资金的收付与保管,是单位财务工作的重要基础。做好出纳工作,组织好资金的收支和调动,可以有效地监督单位的各项经济互动,提高单位的财务管理水平。

一、出纳工作岗位职责

(1)严格按照国家现金管理和银行结算制度的规定,办理现金收付和银行结算业务。
(2)办理现金和银行存款收付业务时,要严格审核有关原始凭证,根据编制的收款凭证或付款记账凭证,逐笔顺序登记现金日记账与银行存款日记账。
(3)按照国家外汇管理和结汇、购汇制度的规定及有关批件,办理外汇出纳业务。
(4)掌握银行存款余额,不准签发空头支票,不准出租、出借银行账户给其他单位办理结算。
(5)保管库存现金和各种有价证券。
(6)保管有关印章、空白收据(发票)和空白支票。

二、出纳工作的基本原则

出纳工作的基本原则是内部牵制原则或钱账分管原则。《中华人民共和国会计法》第二十一条第二款、第三款规定:会计机构内部应当建立稽核制度;出纳人员不得兼管稽核、会计档案保管和收入、支出、费用、债权债务账目的登记工作。内部牵制原则是指凡是涉及款项和财务收付、结算及登记的任何一项工作,必须由两人或两人以上分工办理,以起到相互制约作用。例如,现金和银行存款的支付,应由会计主管人员或其授权的代理人审核、批准,由出纳人员付款,由记账人员记账。又如,企业每发生一笔货币资金收付业务,必然引起收入、费用或债权债务等账簿记录的变化,如果这些账簿登记工作都由出纳员办理,会给贪污舞弊行为以可乘之机。同样道理,如果稽核、内部档案保管工作也由出纳员经管,也难以防止利用抽换单据、涂改记录等手段进行舞弊的行为。因此,实务中各单位都应严格遵守这一原则,防止营私舞弊行为的发生,维护国家和单位财产的安全。

任务二 凭证的填制与复核

一、岗位选择

在图4-1办公区点击桌子上面的牌子对号入座进入竞赛选择界面,点击办公区的门返回到会计手工竞赛登录界面。

图4-1 办公区

选择出纳岗位,进入分岗协作操作界面后,查看图4-2工作区试题导向的任务列表,根据当前所在业务位置(出纳)选中业务。

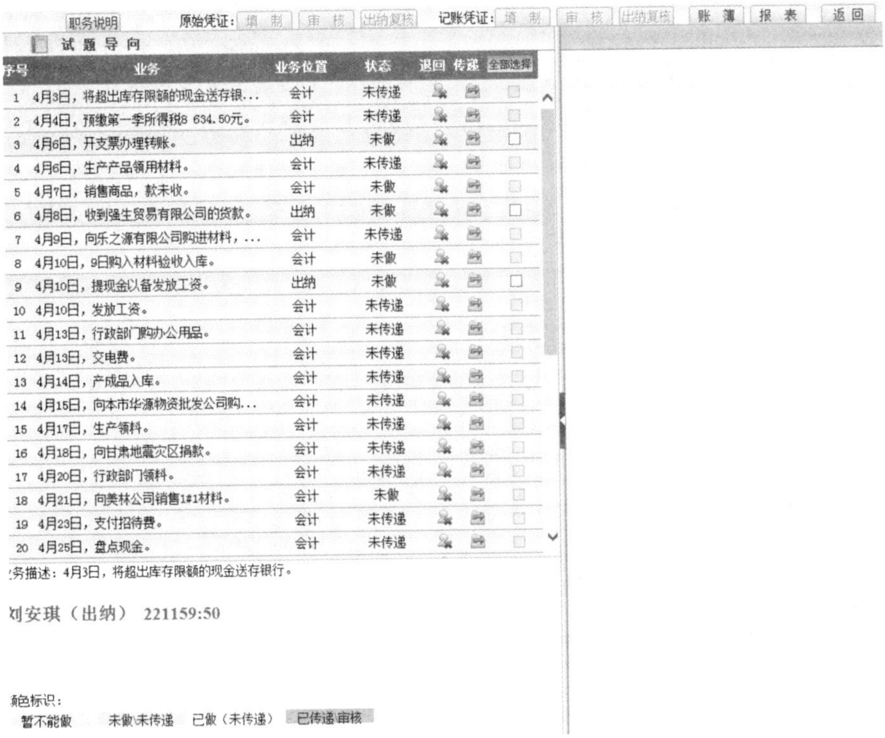

序号	业务	业务位置	状态
1	4月3日，将超出库存限额的现金送存银...	会计	未传递
2	4月4日，预缴第一季所得税8 634.50元。	会计	未传递
3	4月6日，开支票办理转账。	出纳	未做
4	4月6日，生产产品领用材料。	会计	未传递
5	4月7日，销售商品，款未收。	会计	未做
6	4月8日，收到强生贸易有限公司的货款。	出纳	未做
7	4月9日，向乐之源有限公司购进材料，...	会计	未传递
8	4月10日，9日购入材料验收入库。	会计	未做
9	4月10日，提现金以备发放工资。	出纳	未做
10	4月10日，发放工资。	会计	未传递
11	4月13日，行政部门购办公用品。	会计	未传递
12	4月13日，交电费。	会计	未传递
13	4月14日，产成品入库。	会计	未传递
14	4月15日，向本市华源物资批发公司购...	会计	未传递
15	4月17日，生产领料。	会计	未传递
16	4月18日，向甘肃地震灾区捐款。	会计	未传递
17	4月20日，行政部门领料。	会计	未传递
18	4月21日，向美林公司销售1#1材料。	会计	未做
19	4月23日，支付招待费。	会计	未传递
20	4月25日，盘点现金。	会计	未传递

业务描述：4月3日，将超出库存限额的现金送存银行。

刘安琪（出纳） 221159:50

颜色标识：
暂不能做 未做\未传递 已做（未传递） 已传递\审核

图 4-2 试题导向

二、原始凭证的填制

支票是银行的存款人签发给收款人办理结算或委托开户银行将款项支付给收款人的票据。支票分为现金支票和转账支票两种，前者只能用于支取现金，不能用于转账，后者只能转账，不能支取现金。支票起点金额为100元。支票付款期为10天。签发支票应使用墨汁或碳素墨水填写，未按规定填写，被涂改，冒领的，由签发人负责。已签发的现金支票遗失，可以向银行申请挂失。挂失前已经支付，银行不予受理。已签发的转账支票遗失，银行不受理挂失，可请求收款人协助防范。支票上印有“转账”字样的为转账支票，转账支票只能用于转账。支票上印有“现金”字样的为现金支票，现金支票只能用于支取现金。支票上未印有“现金”或“转账”字样的为普通支票，普通支票可以用于支取现金，也可以用于转账。在普通支票左上角划两条平行线的，为画线支票，画线支票只能用于转账，不得支取现金。支票的出票人预留银行签章是银行审核支票付款的依据。银行也可以与出票人约定使用支付密码，作为银行审核支付支票金额的条件。支票上的出票人签章，出票人为单位的，为与该单位在银行预留签章一致的财务专用章或者公章加其法定代表或者其授权的代理人的签名或者盖章；出票人为个人的，为与该个人在银行预留签章一致的签名或者盖章。出票人不得签发与其预留银行签章不符的支票；使用支付密码的出票不得签发支付密码错误的支票。

出票日期栏:按开票日期如实填写,不得跳号、提前开具,不得过期开具。注意用大写。为防止编造支票的出票日期,在填写月、日时,月为壹、贰和壹拾的,日为壹至玖和壹拾、贰拾和叁拾的,应在其前加"零";日为拾壹至拾玖的,应在其前加"壹"。

收款人栏:填写收款人或收款单位名称的全称,不得简写或盖章代替。

人民币(大写)栏:填写人民币大写金额(零、壹、贰、叁、肆、伍、陆、柒、捌、玖、拾);其后的金额栏用阿拉伯数字填写,后者的数字与前面的人民币大写金额必须一致,并且其最高位前要用人民币符号封顶。

用途栏:填写该支票的款项的用途。

金额栏:用阿拉伯数字填写该支票的金额,并在最后填上"元"字。

单位主管栏:填写本单位主管的姓名。

会计栏:填写本单位会计的姓名。

背书:第一个被背书人签章指的是收款人到银行支取现金时,给银行留下的取款凭证。如果是企业,则盖银行预留章,如果是个人,则写上身份证号码,并带身份证原件以备银行验证。

(1)4月6日,开支票办理转账,归还原欠羊城公司货款56800元。

如图4-3所示,点击"请选择资料",页面下方出现"支票申请单",根据背景资料"支票申请单"填写中国建设银行支票(图4-4)。

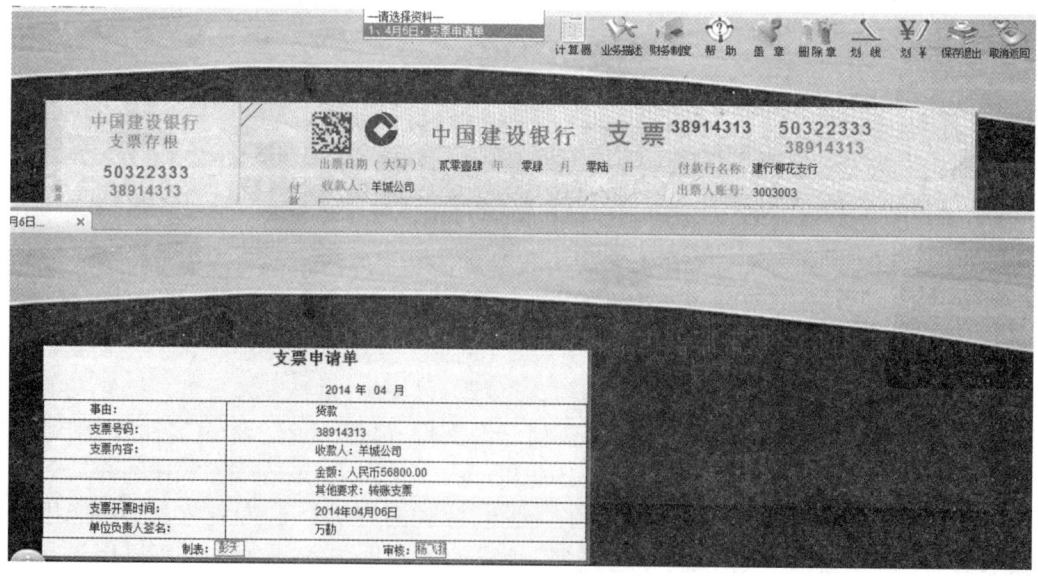

图4-3 资料查看

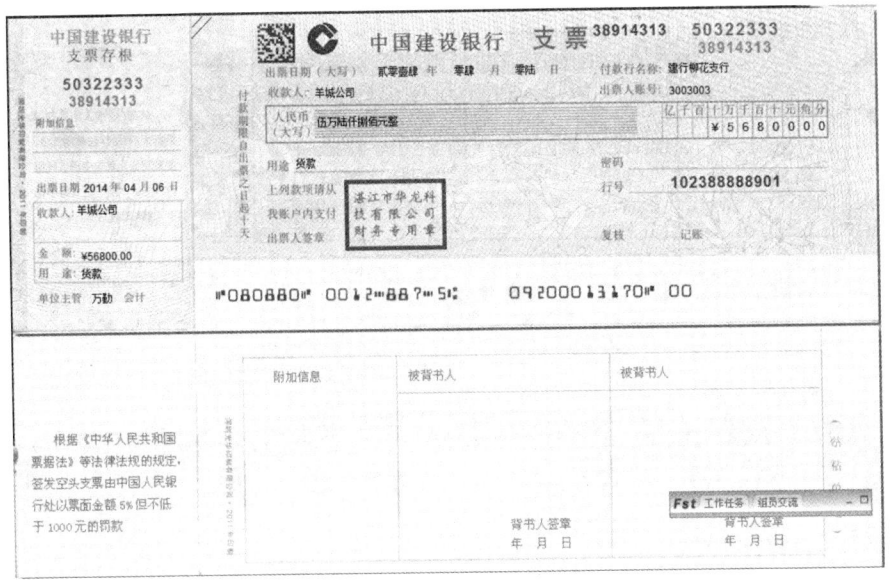

图 4-4 填写中国建设银行支票

(2)4 月 8 日,收到强生贸易公司的货款。在支票背书处盖章,填制银行进账单。
1)对收到的支票进行处理(图 4-5)。

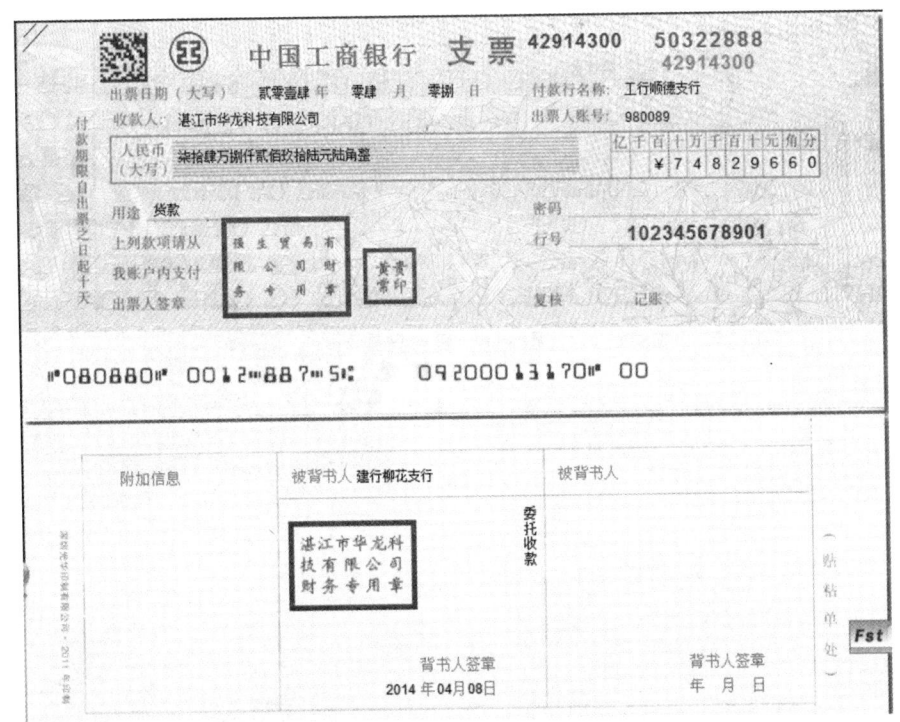

图 4-5 处理中国工商银行支票

2)填写进账单。如图4-6所示,点击"请选择资料",页面下方出现"中国工商银行支票"正联。根据背景资料中国工商银行支票正联填制银行进账单,如图4-7所示。

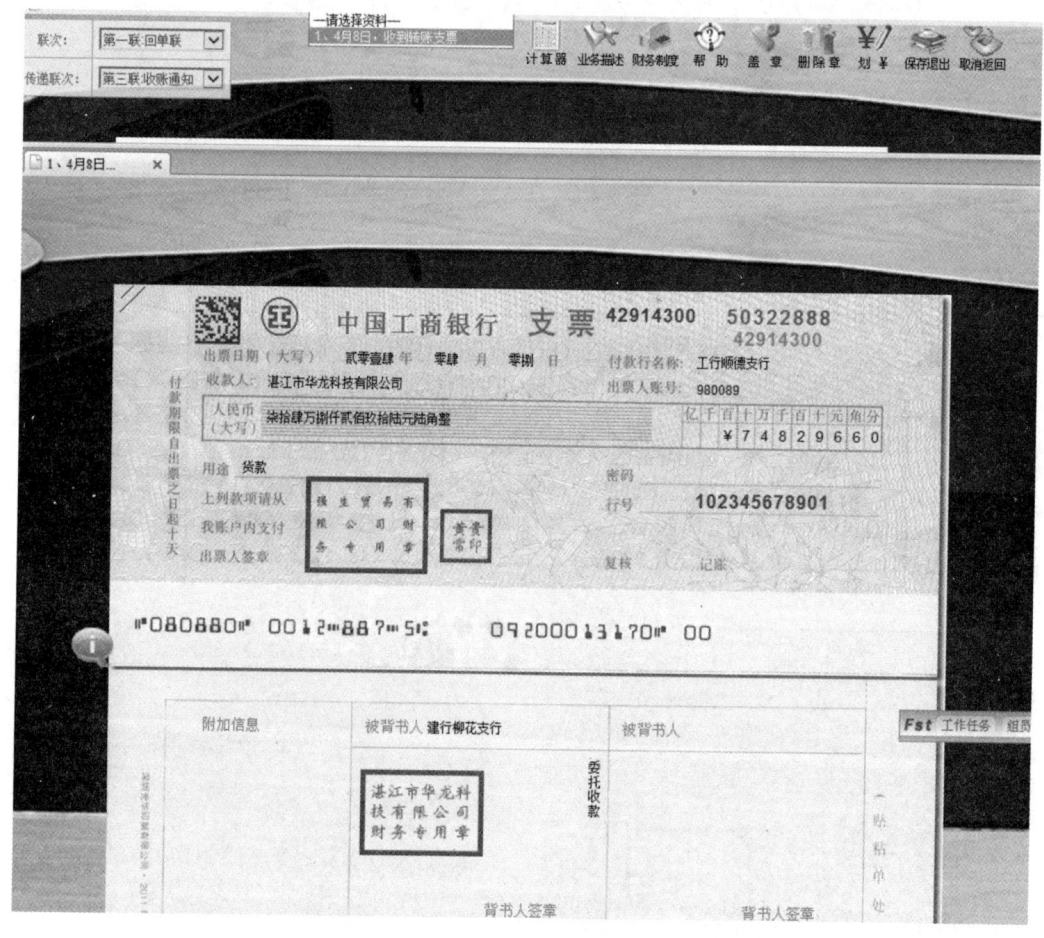

图4-6 资料查看

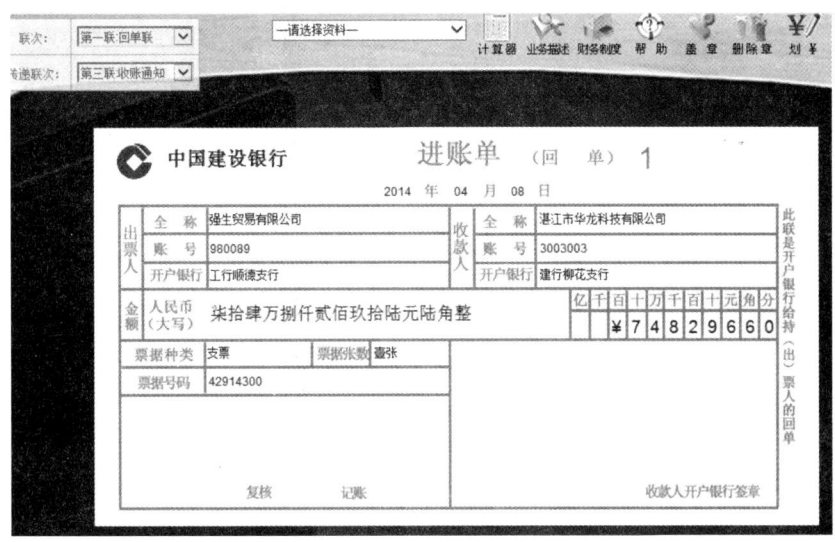

图4-7 进账单

(3)4月10日,提现金以备发放工资。开具现金支票。

点击"请选择资料",页面下方出现"支票申请单",如图4-8所示。根据背景资料"支票申请单",填制中国建设银行支票,如图4-9所示。

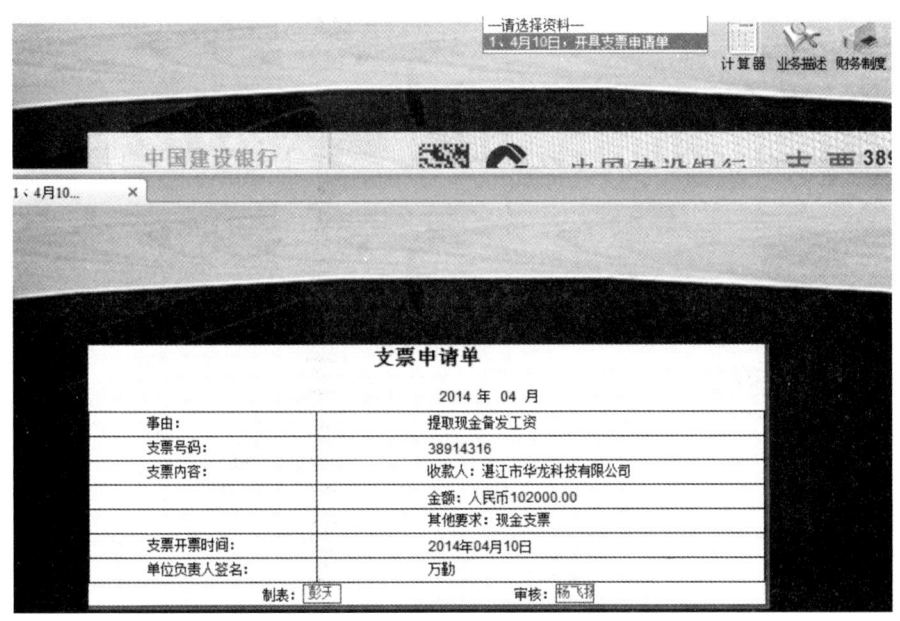

图4-8 资料查看

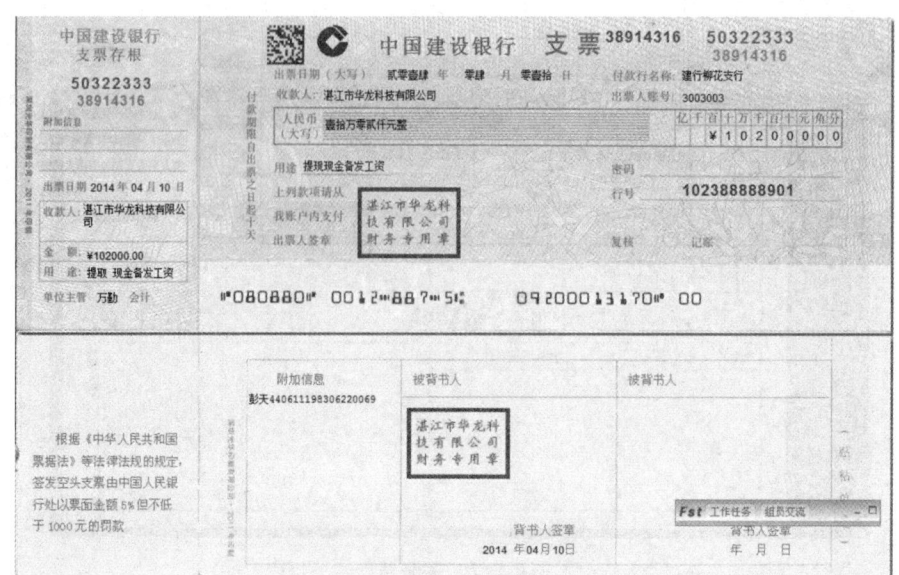

图 4-9 填制中国建设银行支票

完成上述题目之后,点击左侧出现试题导向,依次传递或批量传递上述题目至会计主管复核。

三、记账凭证的复核

(1)4月3日,将超出库限额的现金送存银行。

出纳复核记账凭证,如图 4-10 所示。

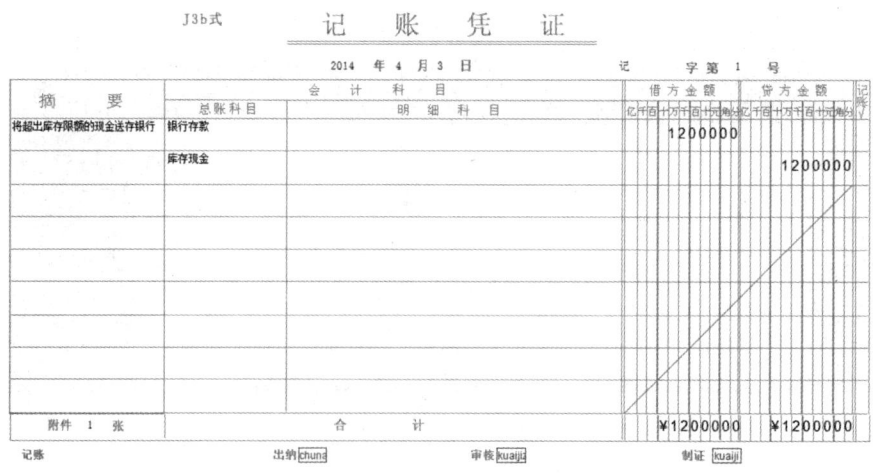

图 4-10 记账凭证

(2)4月4日,预缴第一季所得税8634.50元

出纳复核记账凭证,如图4-11所示。

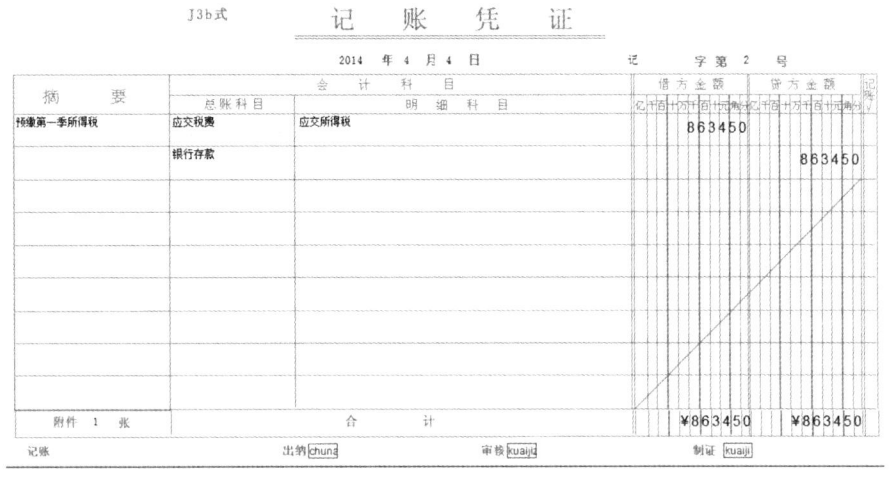

图4-11 记账凭证

(3)4月6日,开支票办理转账,归还原欠羊城公司货款。

出纳复核记账凭证,如图4-12所示。

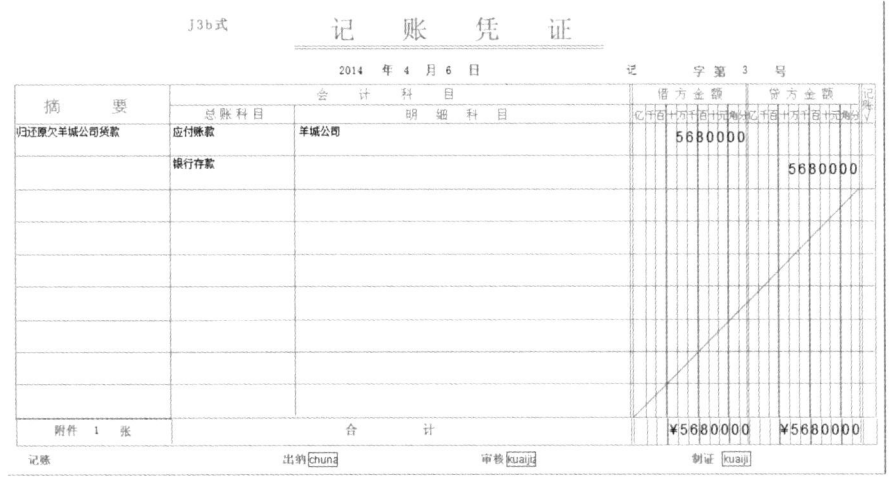

图4-12 记账凭证

(4) 4月8日,收到强生贸易公司的货款。
出纳复核记账凭证,如图4-13所示。

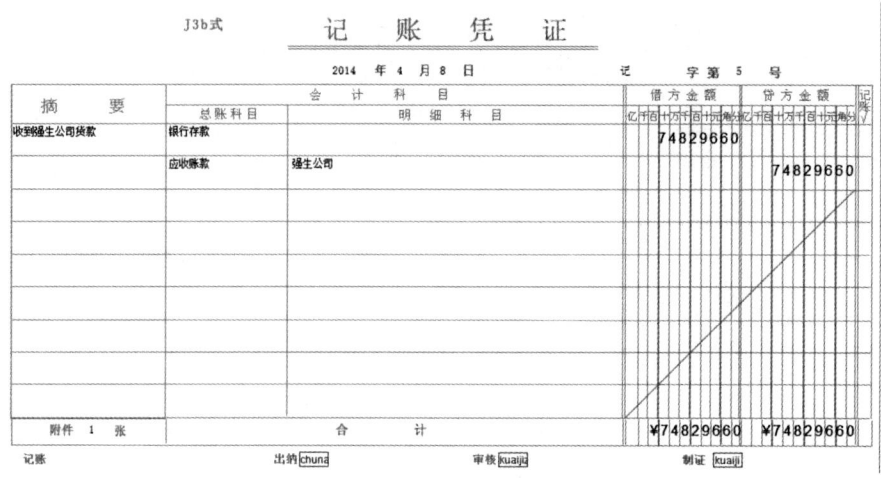

图4-13 记账凭证

(5) 4月9日,向乐之源有限公司购进材料,付款。
出纳复核记账凭证,如图4-14所示。

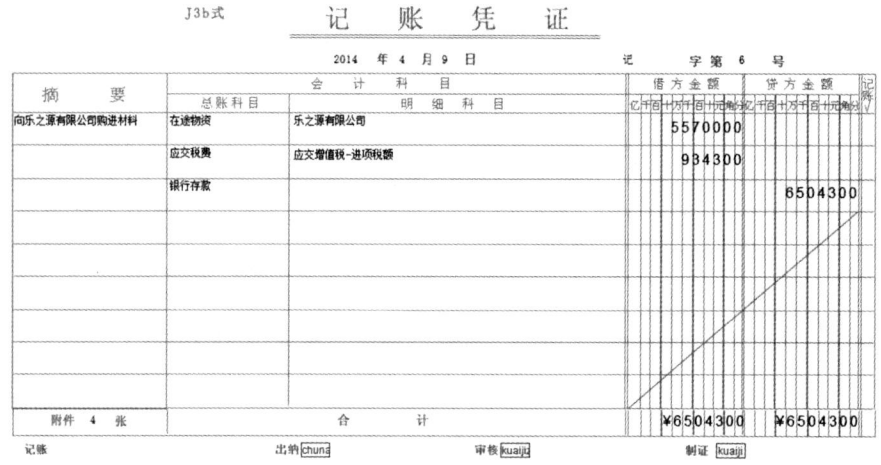

图4-14 记账凭证

(6)4月10日,提现金以备发放工资。

出纳复核记账凭证,如图4-15所示。

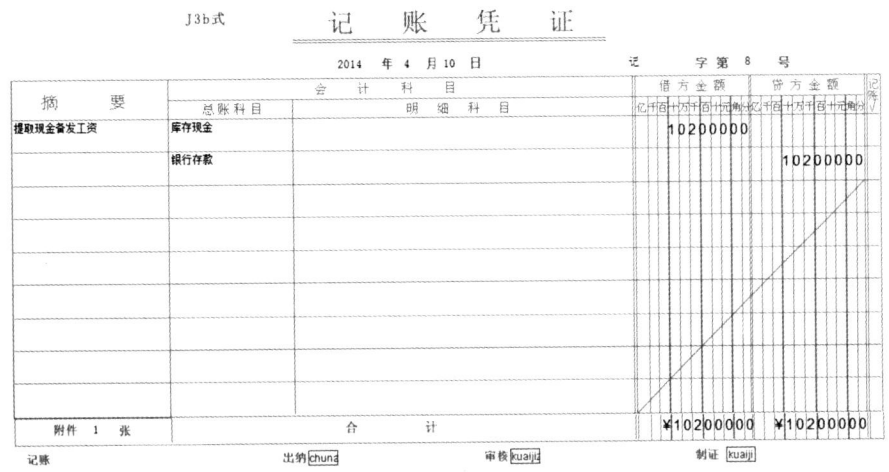

图4-15 记账凭证

(7)4月10日,发放上月工资。

出纳复核记账凭证,如图4-16所示。

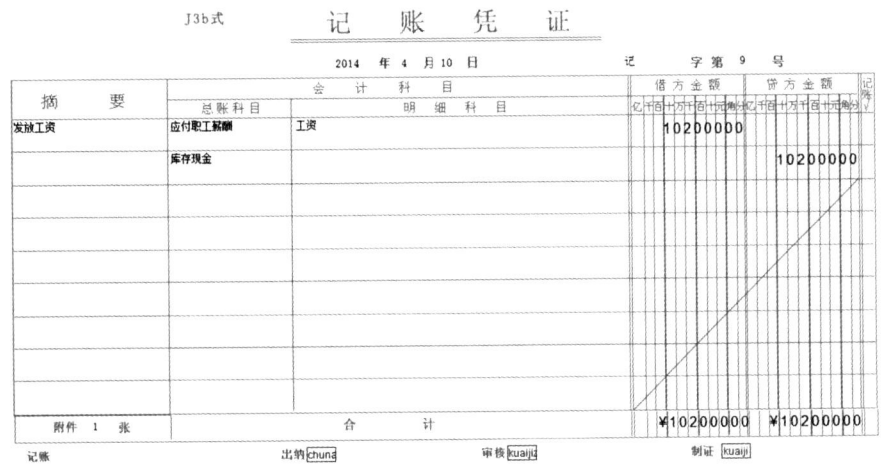

图4-16 记账凭证

(8)4月13日,行政部门购办公用品。
出纳复核记账凭证,如图4-17所示。

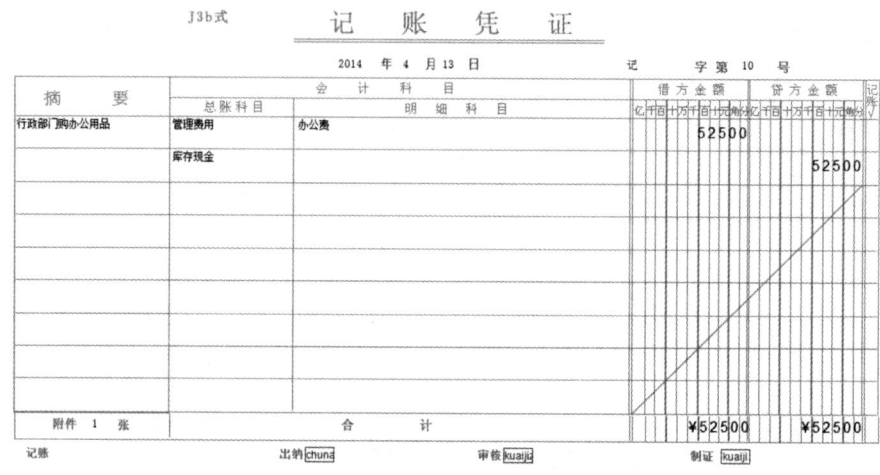

图4-17 记账凭证

(9)4月13日,交电费。
出纳复核记账凭证,如图4-18所示。

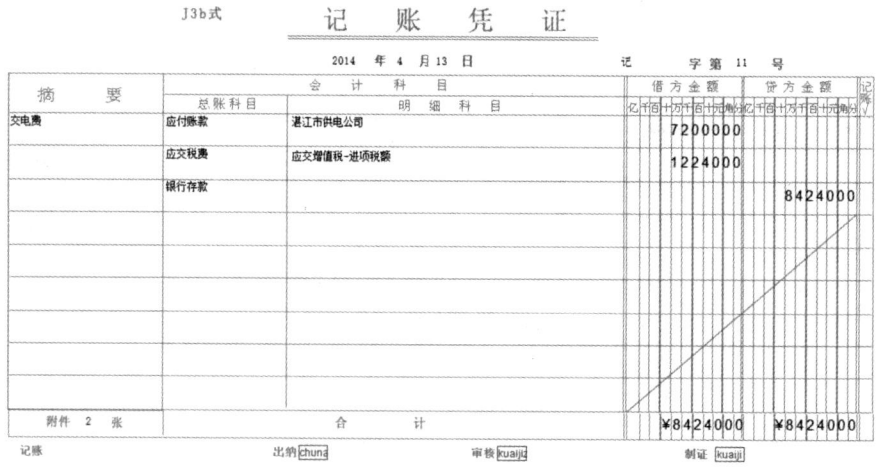

图4-18 记账凭证

(10)4月15日,向本市华源物资批发公司购进1#2材料。
出纳复核记账凭证,如图4-19所示。

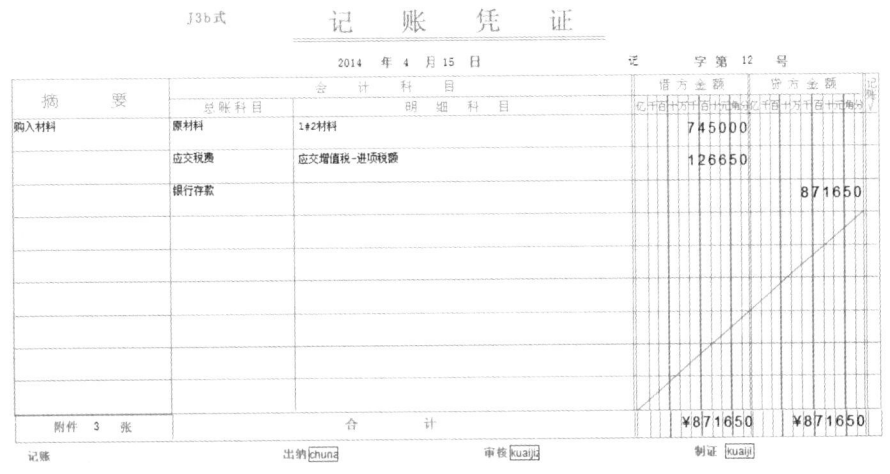

图4-19 记账凭证

(11)4月18日,向甘肃地震灾区捐款。
出纳复核记账凭证,如图4-20所示。

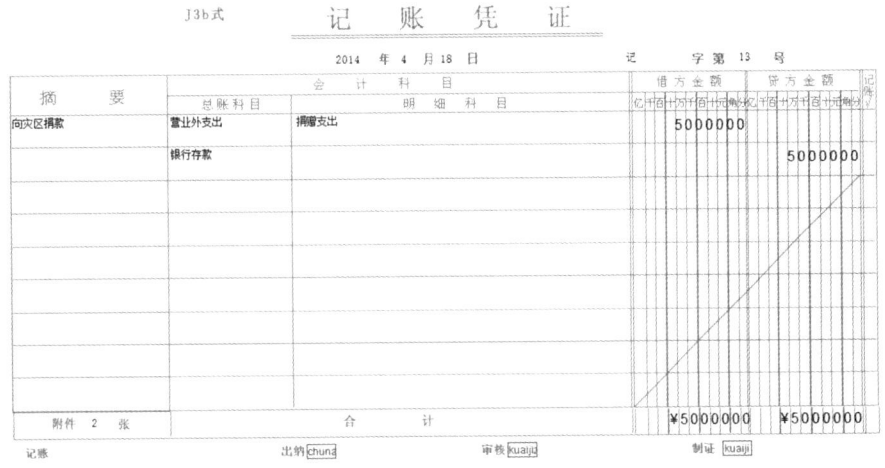

图4-20 记账凭证

(12)4月23日,支付招待费。

出纳复核记账凭证,如图4-21所示。

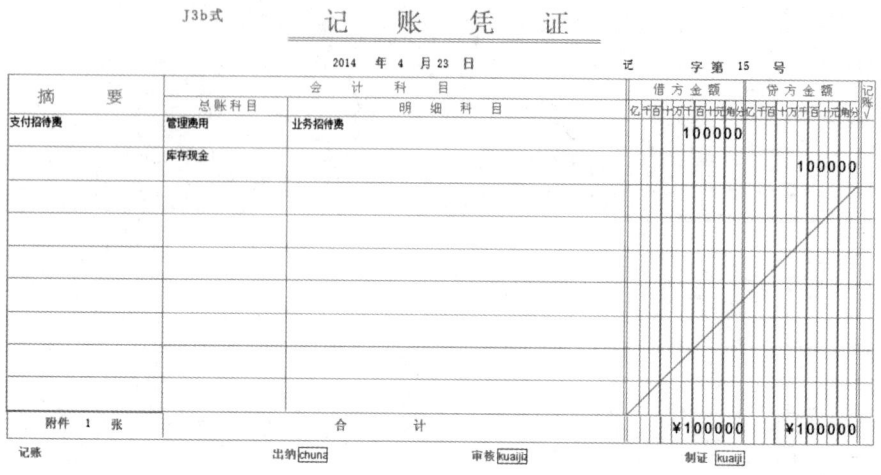

图4-21 记账凭证

(13)4月25日,盘点现金。

出纳复核记账凭证,如图4-22所示。

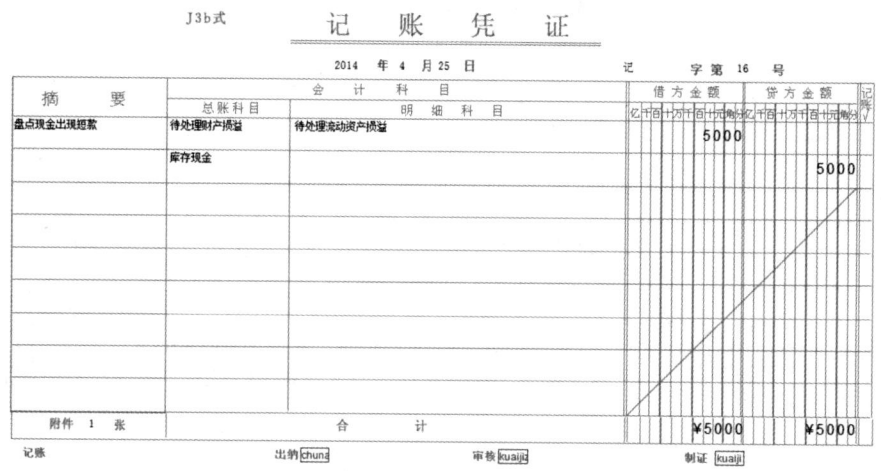

图4-22 记账凭证

(14)4月28日,用建行存款支付广告费。

出纳复核记账凭证,如图4-23所示。

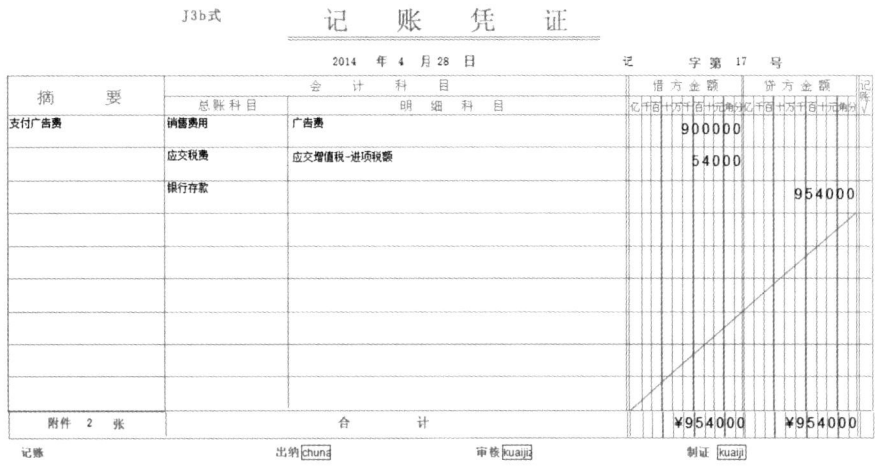

图4-23 记账凭证

任务三 日记账的登记

一、库存现金日记账

点击"资料浏览",出现记账凭证如图4-24所示,根据记账凭证登记日记账。库存现金日记账需要日结,如图4-25所示。

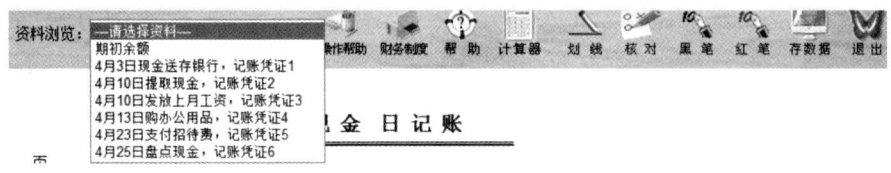

图4-24 背景资料

库存现金 日记账

第 1 页

2014		凭证编号	摘要	对方科目	借方									贷方									借或贷	余额									核对号
月	日				亿	千	百	十	万	千	百	十	元	角	分	亿	千	百	十	万	千	百	十	元	角	分		亿	千	百	十	万	千	百	十	元	角	分	
4	1		期初余额																								借					1	6	9	3	1	0	6	
	3	记-1	将超出库存限额的现金送存银行																	1	2	0	0	0	0	0													
	3		本日合计																	1	2	0	0	0	0	0								4	9	3	1	0	6	
	10	记-8	提取现金备发工资						1	0	2	0	0	0	0	0																							
	10	记-9	发放工资																	1	0	2	0	0	0	0													
	10		本日合计						1	0	2	0	0	0	0	0				1	0	2	0	0	0	0								4	9	3	1	0	6	
	13	记-10	行政部门购办公用品																			5	2	5	0	0													
	13		本日合计																			5	2	5	0	0								4	4	0	6	0	6	
	23	记-15	支付招待费																		1	0	0	0	0	0													
	23		本日合计																		1	0	0	0	0	0								3	4	0	6	0	6	
	25	记-16	盘点现金出现溢款																				5	0	0	0													
	25		本日合计																				5	0	0	0								3	3	5	6	0	6	
	30		本月合计						1	0	2	0	0	0	0	0				1	1	5	5	7	5	0								3	3	5	6	0	6	

图 4-25 库存现金日记账

二、银行存款日记账

点击"资料浏览",出现记账凭证如图 4-26 所示,根据记账凭证登记日记账。银行存款日记账无须日结,银行存款日记账如图 4-27 所示。

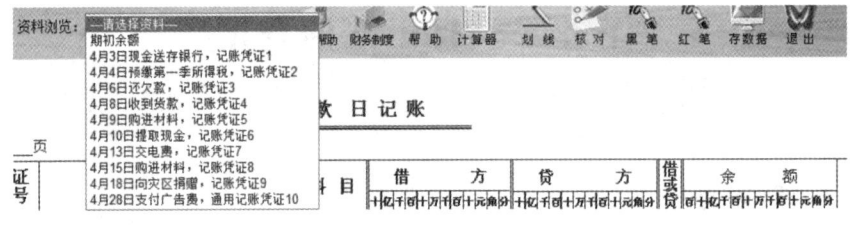

图 4-26 背景资料

银行存款 日记账

第 1 页

2014		凭证编号	摘要	对方科目	借方											贷方											借或贷	余额											核对号
月	日				亿	千	百	十	万	千	百	十	元	角	分	亿	千	百	十	万	千	百	十	元	角	分		亿	千	百	十	万	千	百	十	元	角	分	
4	1		期初余额																								借			1	2	8	4	8	3	0	2	7	
	3	记-1	将超出库存限额的现金送存银行						1	2	0	0	0	0	0															1	2	9	6	8	3	0	2	7	
	4	记-2	预缴第一季所得税																			8	6	3	4	5	0				1	2	8	8	1	9	5	7	7	
	6	记-3	归还历久平城公司货款																		5	6	8	0	0	0	0				1	2	3	1	3	9	5	7	7	
	8	记-5	收到强生公司货款						7	4	8	2	9	6	6	0														1	9	7	9	6	9	2	3	7	
	9	记-6	向乐之醇有限公司购进材料																		6	5	0	4	3	0	0				1	9	1	4	6	4	9	3	7	
	10	记-8	提取现金备发工资																		1	0	2	0	0	0	0				1	8	1	2	6	4	9	3	7	
	13	记-11	交电费																			8	4	2	4	0	0				1	7	2	8	4	0	9	3	7	
	15	记-12	购入材料																			8	7	1	6	5	0				1	7	1	9	6	9	2	8	7	
	18	记-13	向灾区捐款																			5	0	0	0	0	0				1	6	6	9	6	9	2	8	7	
	28	记-17	支付广告费																			9	5	4	0	0	0				1	6	6	0	1	5	2	8	7	
	30		本月合计						7	6	0	2	9	6	6	0				3	8	4	9	7	4	0	0			1	6	6	0	1	5	2	8	7	

图 4-27 银行存款日记账

第五章 会计岗位

任务一 会计岗位工作职责

会计工作岗位,是一个单位会计机构内部根据业务分工而设置的职能岗位。会计工作岗位可以一人一岗、一人多岗或者一岗多人。但出纳人员不得兼管稽核、会计档案保管和收入、费用、债权债务账目的登记工作。在会计机构内部设置会计工作岗位,有利于明确分工和确定岗位职责,建立岗位责任制;有利于会计人员钻研业务,提高工作效率和质量;有利于会计工作的程序化和规范化,加强会计基础工作;还有利于强化会计管理职能。

一、会计工作岗位职责

(1)按照国家会计法,在公司财务主管的指导、监督下做好记账、付账、报账工作。

(2)按照财务制度审核原始凭证和记账凭证,建立并完善财务凭证。

(3)在财务经理的监督下进行财务核算、计划、控制工作,编制各种财务会计报表,组织公司日常会计核算工作,发现问题及时查实和向有关领导汇报。

(4)认真执行会计制度,按时做好记账、算账、报账工作,全面如实地反映公司资金活动情况,做到手续完备,内容真实,数据准确,账目清楚,按期结报。

(5)负责公司费用、销售成本及利润的核算,计提各类应交税金,办理纳税工作。

(6)定期核对往来账款,及时清算应收应付款。

(7)妥善保管财务账簿,会计报表和会计资料,保守财务秘密。

(8)按照规定,定期(月、季、年)核对账目、结账、编制会计报表,并做到报表数字真实、计算准确、内容完整、说明清楚。任何人都不得审改或授意、指使他人审改会计报表数字。

(9)按公司领导的要求,有计划地合理使用资金,随时进行控制,向领导提供资金执行情况的分析和考核,以利于公司领导采取措施,保证资金有效使用。

(10)保管好所有财务凭证,按照规定对各种会计资料,定期收集、审查、核对,整理立卷、编制目录、装订成册并妥善保管,防止丢失损坏。

二、会计工作的基本原则

财政部颁布的《内部会计控制规范——基本规范(试行)》第七条中已经明确规定:"单位办理货币资金业务,应当配备合格的人员,并根据单位具体情况进行岗位轮换。"随着财务数据信息质量对企业的影响日渐加深,内部会计控制在企业经营管理中的作用日益彰显,因此,越来越多的企业开始主动关注自身内部会计控制体系的建设。在设计内部会计控制制度时,一般都会建立包括原始记录、凭证传递、账务处理程序、财产管理、信用担保、商品销售与往来款项、货币资金管理、费用支出管理、会计报表及财务分析等制度,这些制度共同构成了完整严密的内控制度体系。但是,仅有完善的制度而缺乏有效的保障执行手段,也并非一定能达到预期效果。会计控制的主体是会计人员,实行会计人员的岗位轮换制度即是保障内部会计控制制度有效运行的基本方法之一。中国航天科技集团公司下发的《会计基础工作规范达标标准》中也明确规定:"各单位必须建立岗位轮换制度,根据实际情况和工作需要,对会计人员的工作岗位有计划地进行定期轮换。"

任务二 记账凭证的填制

一、岗位选择

在图5-1办公区点击桌子上面的牌子对号入座进入竞赛选择界面,点击办公区的门返回到会计手工竞赛登录界面。

图5-1 办公区

选择会计岗位，进入分岗协作操作界面后，查看图 5-2 工作区试题导向的任务列表，根据当前所在业务位置（会计）选中业务，会计的任务为深绿色区域显示。

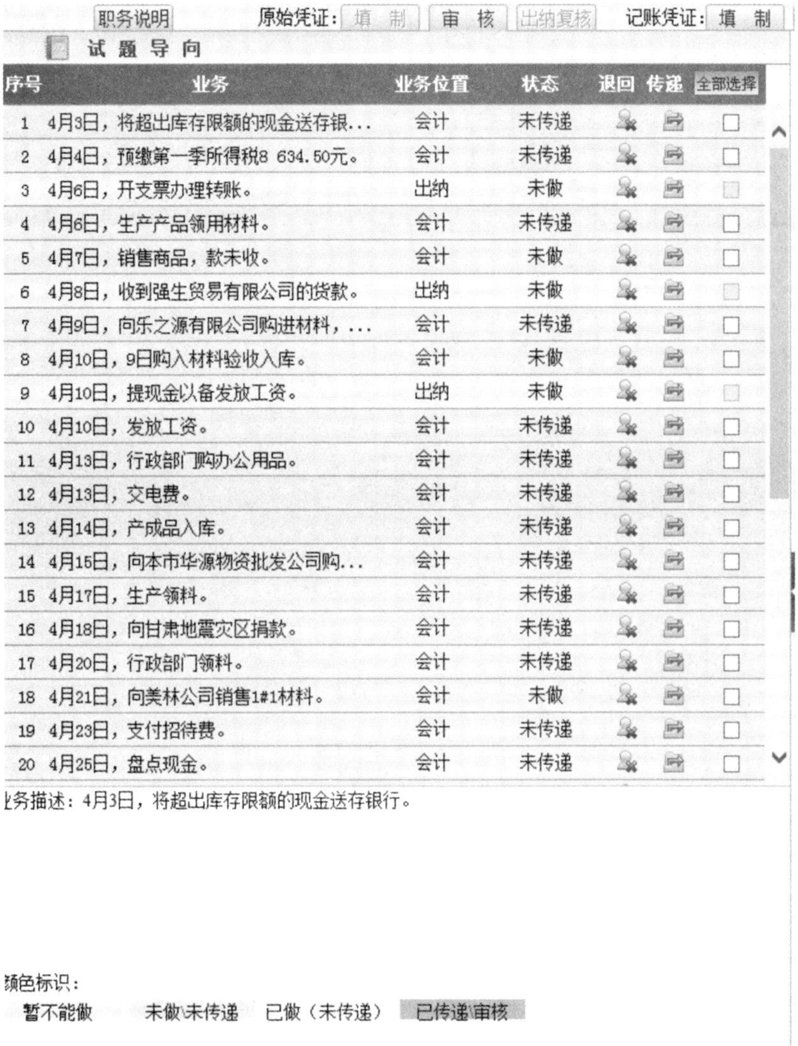

序号	业务	业务位置	状态	退回	传递	全部选择
1	4月3日，将超出库存限额的现金送存银...	会计	未传递			
2	4月4日，预缴第一季所得税8 634.50元。	会计	未传递			
3	4月6日，开支票办理转账。	出纳	未做			
4	4月6日，生产产品领用材料。	会计	未传递			
5	4月7日，销售商品，款未收。	会计	未做			
6	4月8日，收到强生贸易有限公司的货款。	出纳	未做			
7	4月9日，向乐之源有限公司购进材料，...	会计	未传递			
8	4月10日，9日购入材料验收入库。	会计	未做			
9	4月10日，提现金以备发放工资。	出纳	未做			
10	4月10日，发放工资。	会计	未传递			
11	4月13日，行政部门购办公用品。	会计	未传递			
12	4月13日，交电费。	会计	未传递			
13	4月14日，产成品入库。	会计	未传递			
14	4月15日，向本市华源物资批发公司购...	会计	未传递			
15	4月17日，生产领料。	会计	未传递			
16	4月18日，向甘肃地震灾区捐款。	会计	未传递			
17	4月20日，行政部门领料。	会计	未传递			
18	4月21日，向美林公司销售1#1材料。	会计	未做			
19	4月23日，支付招待费。	会计	未传递			
20	4月25日，盘点现金。	会计	未传递			

图 5-2　试题导向

二、实训业务

记账凭证虽然种类不一，编制依据各异，但各种记账凭证的主要作用都在于对原始凭证进行归类整理，运用账户和复式记账方法，编制会计分录，为登记账簿提供直接依据。因此，所有记账凭证都应满足记账的要求，都必须具备下列基本内容：①记账凭证的名称；②填制凭证的日期和凭证的编号；③经济业务的内容摘要；④记账符号、账户（包括一级、二级或明细账户）名称和金额；⑤所附原始凭证的张数；⑥填制单位的名称及有关人员的签章。

(1)4月3日,将超出库存限额的现金送存银行。

本题有两项任务,一是审核外来原始凭证,如图5-3所示。二是填制记账凭证。点击"请选择资料",出现审核过的现金存款凭条,根据此背景资料填制记账凭证,如图5-4所示。

图5-3 现金存款凭条

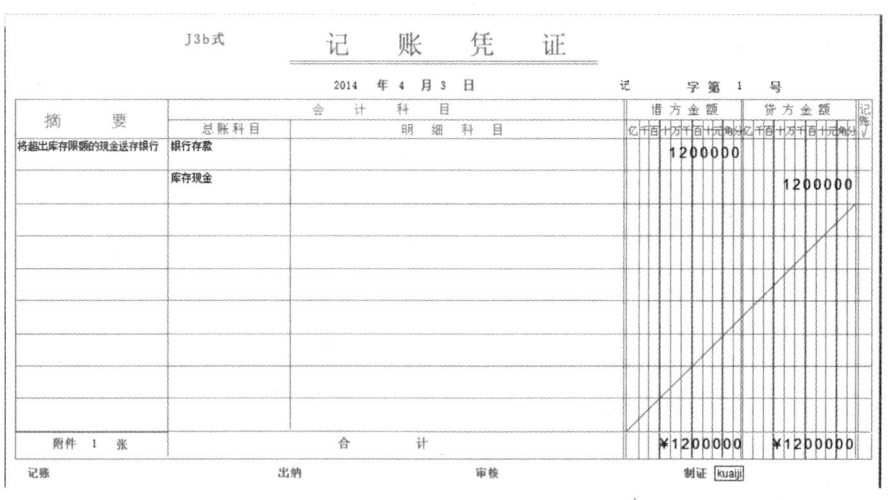

图5-4 记账凭证

(2)4月4日,预缴第一季所得税8634.50元。

本题有两项任务,一是审核外来原始凭证,如图5-5所示。二是填制记账凭证。点击"请选择资料",出现审核过的中国建设银行电子缴税回单,根据此背景资料填制记账凭证,如图5-6所示。

图5-5 电子缴税回单

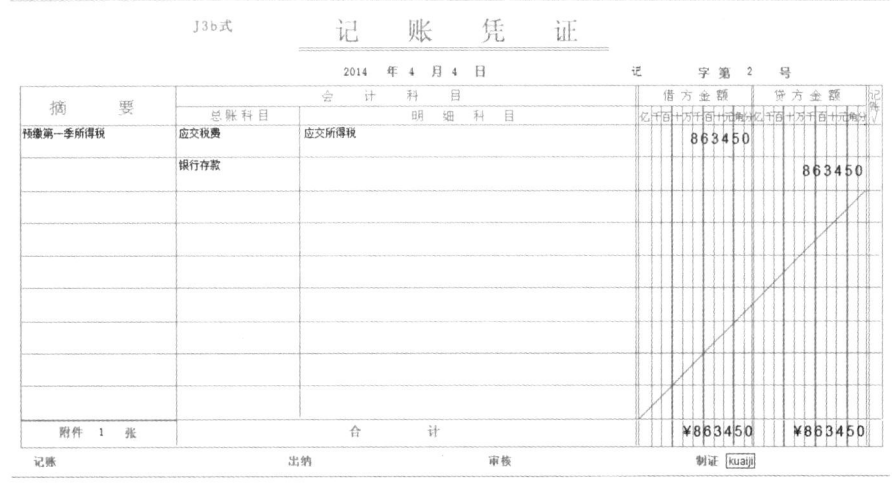

图5-6 记账凭证

(3)4月6日,开支票办理转账,归还原欠羊城公司货款56800元。

根据背景资料中国建设银行支票存根如图5-7所示,填制记账凭证,如图5-8所示。

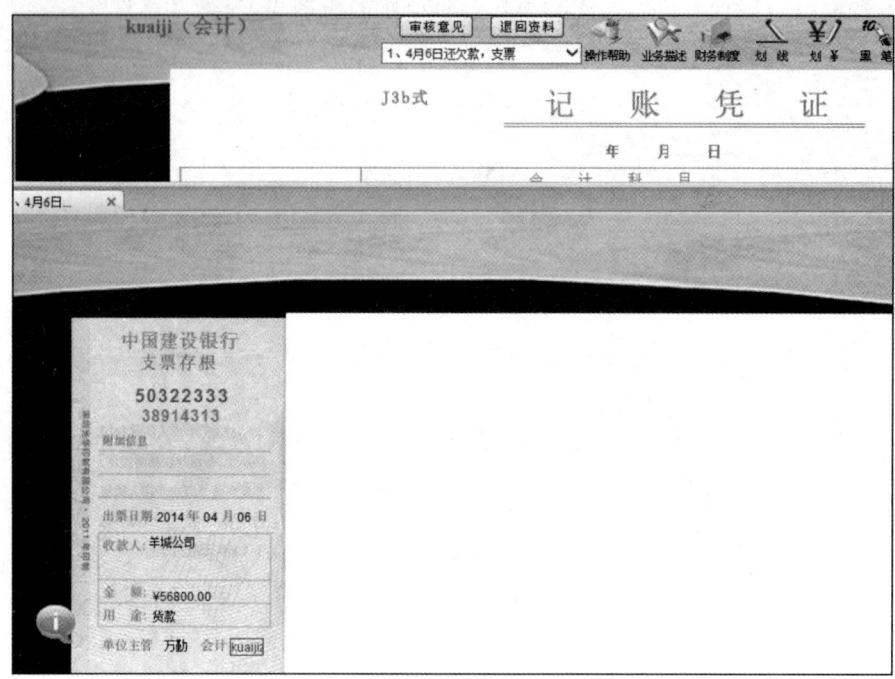

图5-7 中国建设银行支票存根

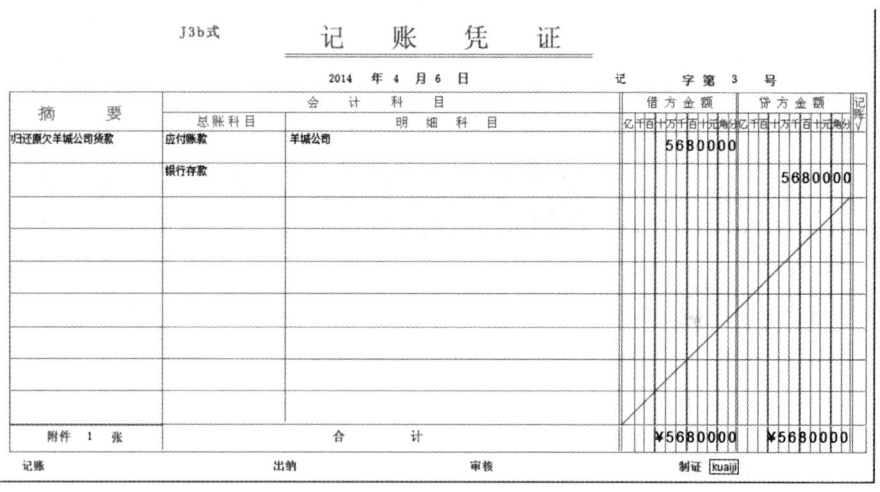

图5-8 记账凭证

(4)4月6日,生产产品领用材料。

本题的任务是审核自制原始凭证,如图5-9和图5-10所示的领料单。

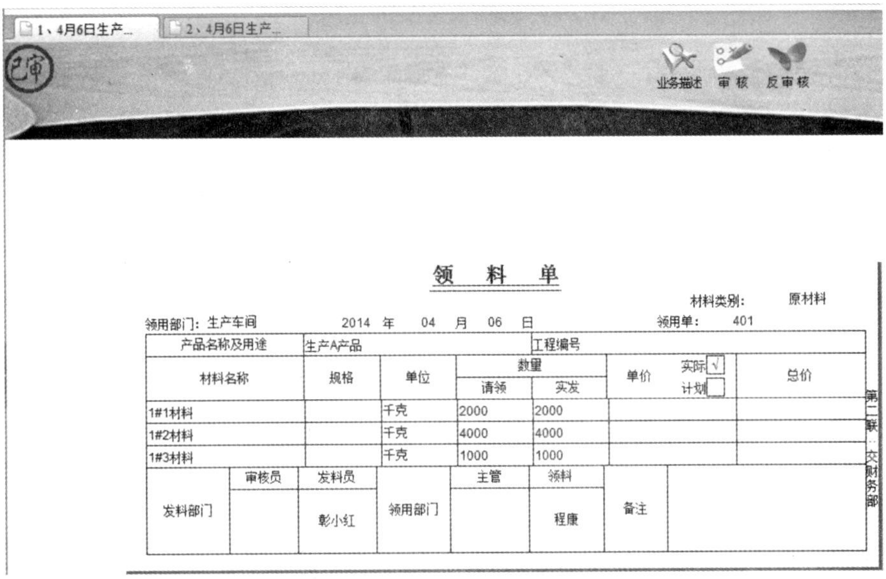

1、4月6日生产... 2、4月6日生产...

业务描述 审核 反审核

领 料 单

材料类别： 原材料

领用部门：生产车间　2014 年 04 月 06 日　领用单：401

产品名称及用途	生产A产品				工程编号		
材料名称	规格	单位	数量 请领	数量 实发	单价	实际√ 计划	总价
1#1材料		千克	2000	2000			
1#2材料		千克	4000	4000			
1#3材料		千克	1000	1000			

发料部门	审核员	发料员	领用部门	主管	领料	备注	
		彰小红			程康		

第二联：交财务部

图 5-9　领料单(一)

1、4月6日生产... 2、4月6日生产...

业务描述 审核 反审核

领 料 单

材料类别： 原材料

领用部门：生产车间　2014 年 04 月 06 日　领用单：402

产品名称及用途	生产B产品				工程编号		
材料名称	规格	单位	数量 请领	数量 实发	单价	实际√ 计划	总价
1#2材料		千克	2500	2500			
1#3材料		千克	1000	1000			

发料部门	审核员	发料员	领用部门	主管	领料	备注	
		彰小红			程康		

第二联：交财务部

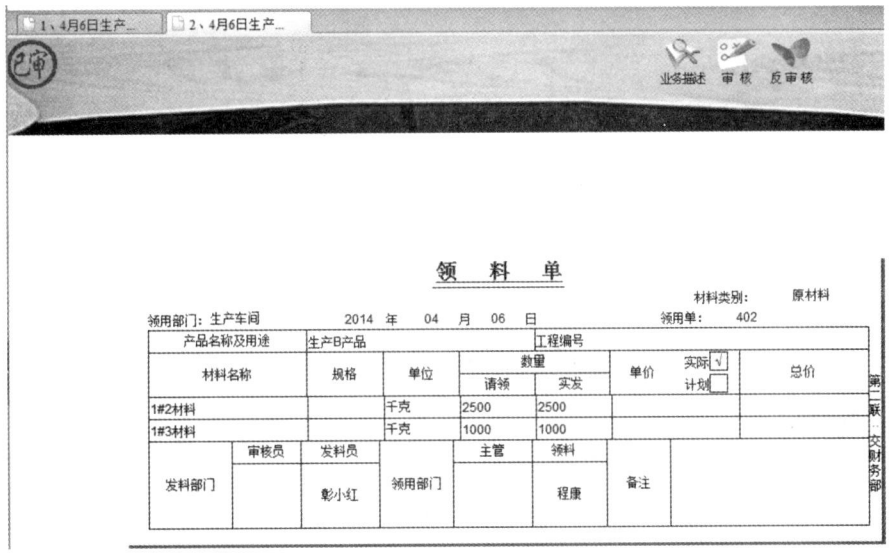

图 5-10　领料单(二)

(5)4 月 7 日,向强生贸易有限公司销售产品,款未收。

1)填制增值税专用发票。根据背景资料开具发票申请单如图 5-11 所示和商品出库单如图 5-12 所示,填制增值税专用发票如图 5-13 所示。

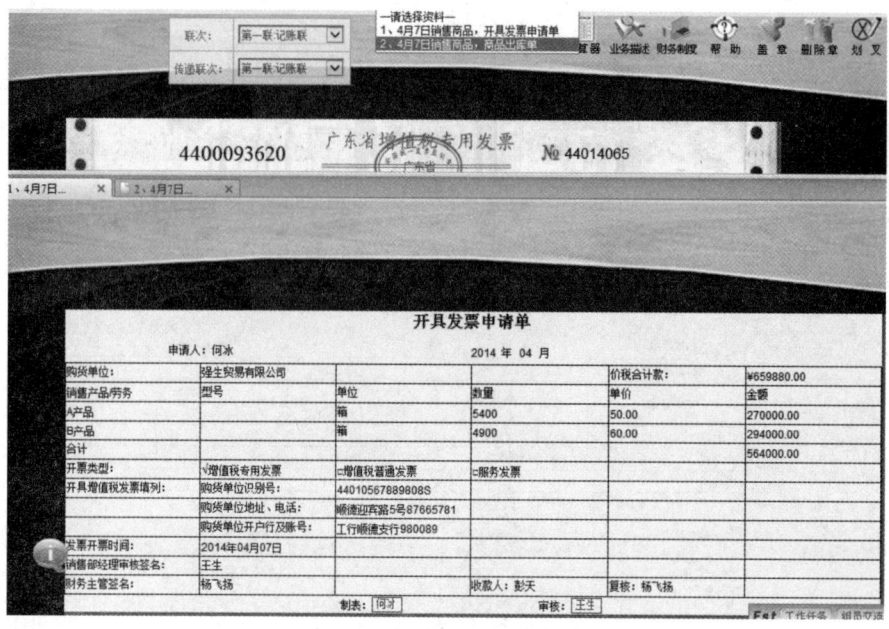

图 5-11　开具发票申请单

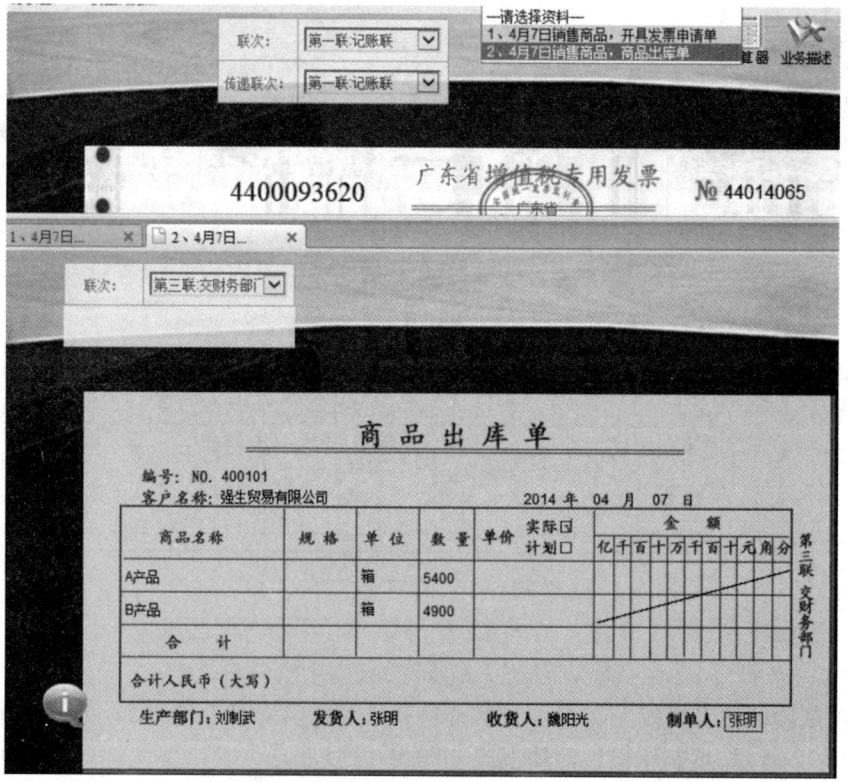

图 5-12　商品出库单

图 5-13　增值税专用发票

• 小贴士

记账联、抵扣联、发票联,每一联都要盖上发票专用章。

完成上述任务后,将原始凭证传递给会计主管复核。

2)填制记账凭证。会计主管将审核无误的原始凭证(图 5-14)传递给会计,作为填制记账凭证的依据,如图 5-15 所示。

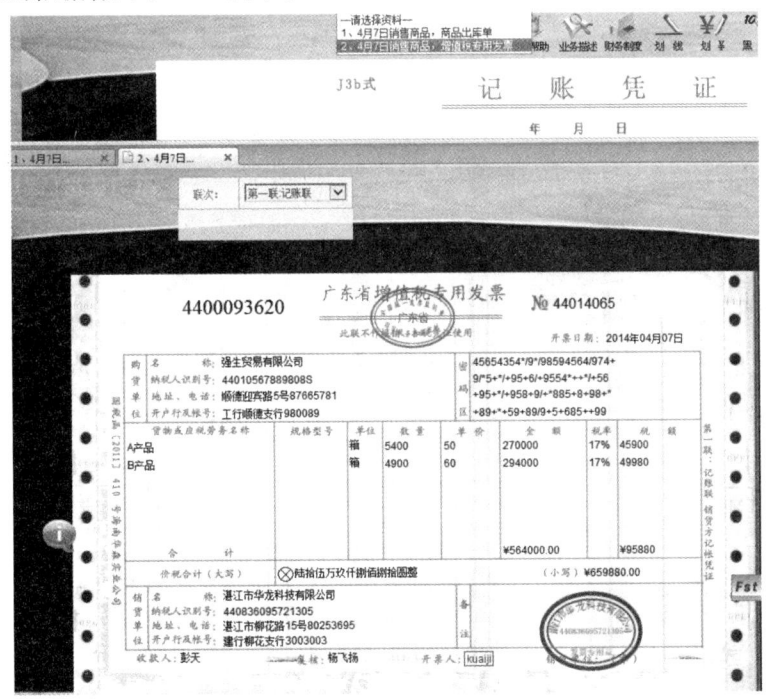

图 5-14　增值税专用发票

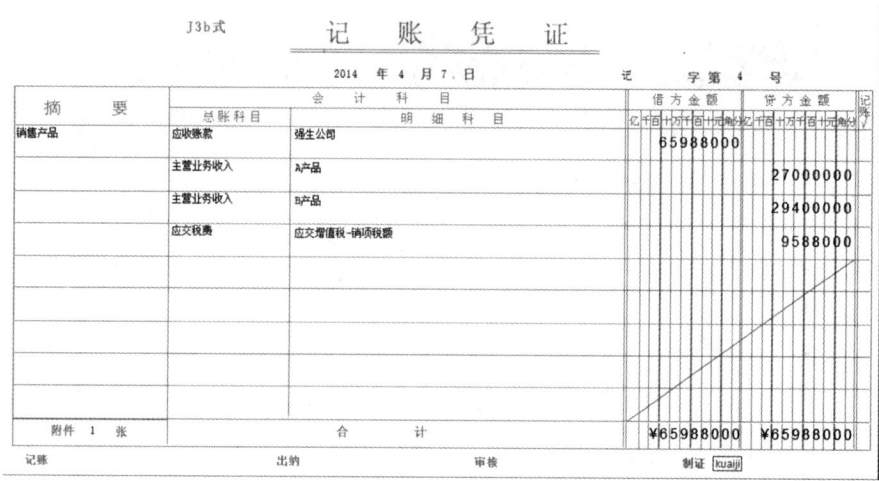

图 5-15 记账凭证

(6)4月8日,收到强生贸易公司的货款。

根据如图 5-16 所示背景资料进账单,填制记账凭证如图 5-17 所示。

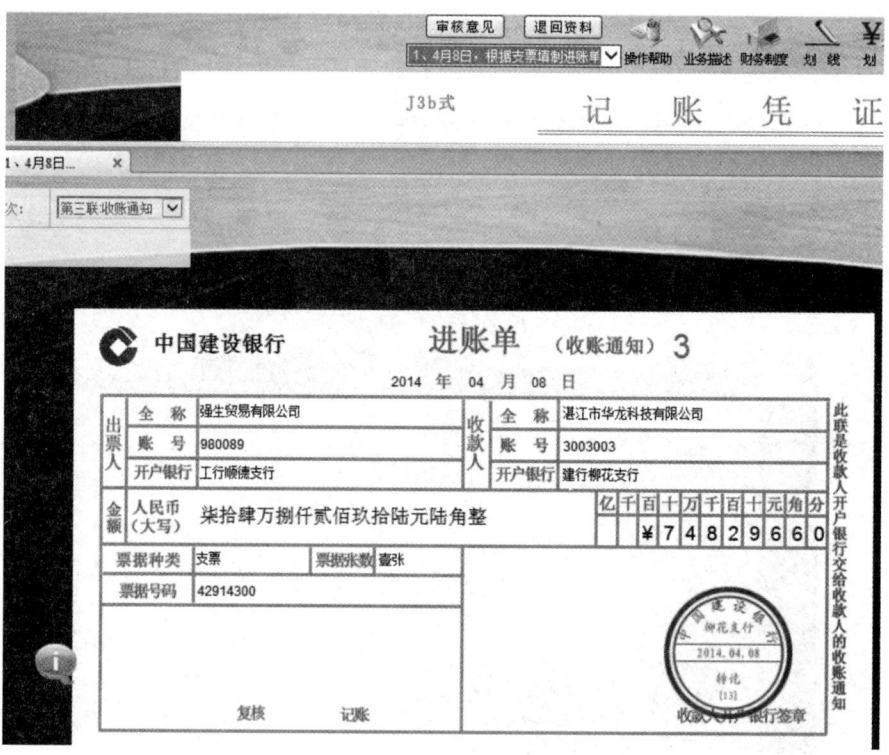

图 5-16 进账单

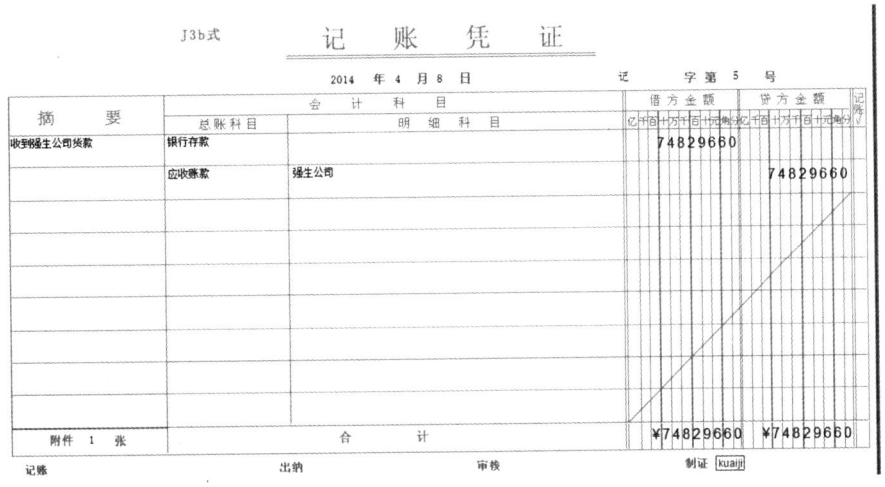

图 5-17 记账凭证

(7) 4月9日,向乐之源有限公司购进材料,付款。

1)审核原始凭证,如图 5-18 ~ 图 5-21 所示。

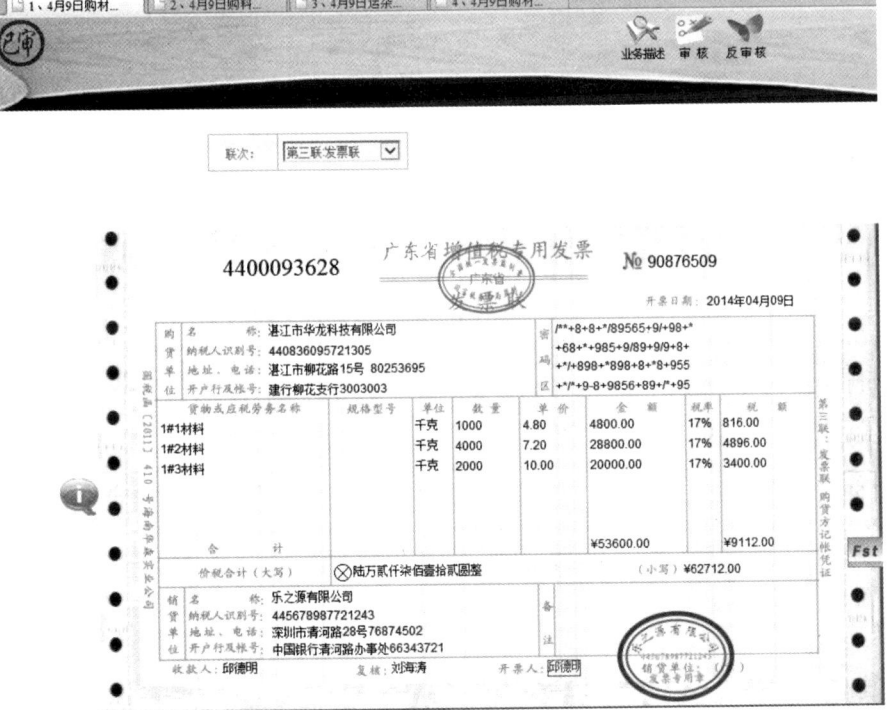

图 5-18 增值税专用发票

中国建设银行
支票存根
50322333
38914314
附加信息
出票日期 2014年 04月 09 日
收款人：乐之源有限公司
金　额：¥62712.00
用　途：购料款
单位主管　万勤　会计 何冰

图 5-19　支票存根(一)

中国建设银行
支票存根
50322333
38914315
附加信息
出票日期 2014年 04月 09 日
收款人：深圳市青花物流有限公司
金　额：¥2331.00
用　途：运费
单位主管　万勤　会计 何冰

图 5-20　支票存根(二)

货物运输业增值税专用发票
广东省
No 45000502
此联不作报销、扣税凭证使用
开票日期：2014年04月09日

承运人及纳税人识别号	深圳市青花物流有限公司44584518772101	密码区	6545645646/1496500 16981894-106106984 20+652+*02+6259+58 0215641*-051024980
实际受票方及纳税人识别号	湛江市华龙科技有限公司44083609572130		
收货人及纳税人识别号	湛江市华龙科技有限公司44083609572130	发货人及纳税人识别号	乐之源有限公司445678987721243
起运地、经由、到达地	深圳市青河路至湛江市柳花路		
费用项目及金额	项目 金额 运输费用 2100.00	运输货物信息	工业材料 单位 数量 1#1材料 千克 1000 1#2材料 千克 4000 1#3材料 千克 2000
合计金额	¥2100.00	税率 11% 税额 ¥231.00	机器编号 441011001
价税合计（大写）	⊗ 贰仟叁佰叁拾壹圆整		（小写）¥2331.00

国税函〔2012〕0050号上海印钞有限公司
第三联：发票 受票方记账凭证

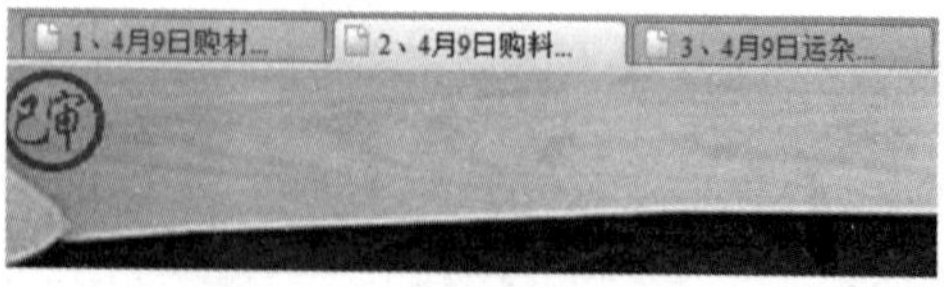

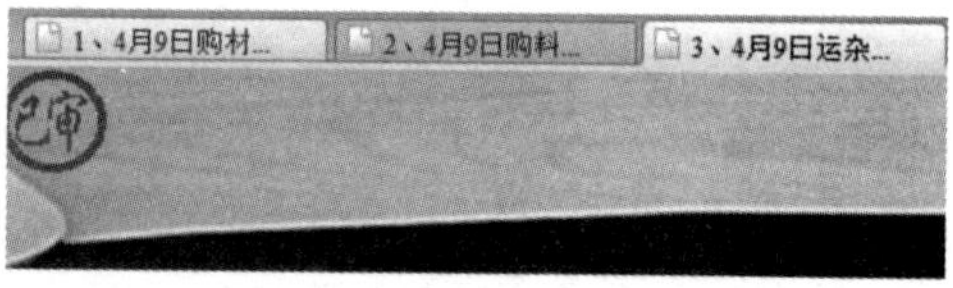

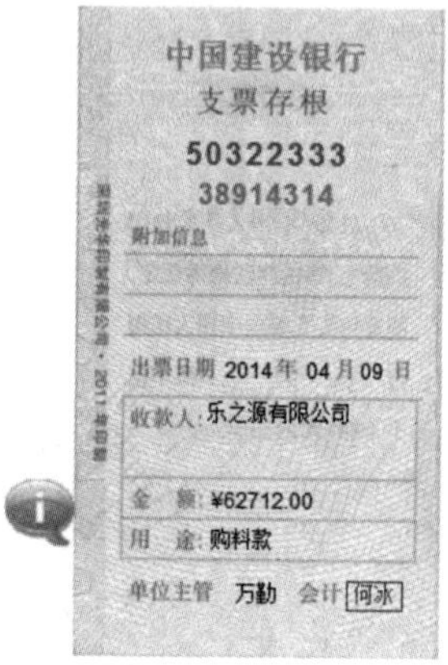

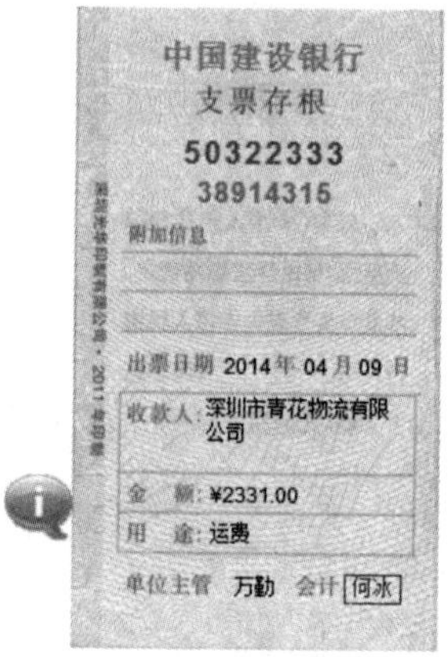

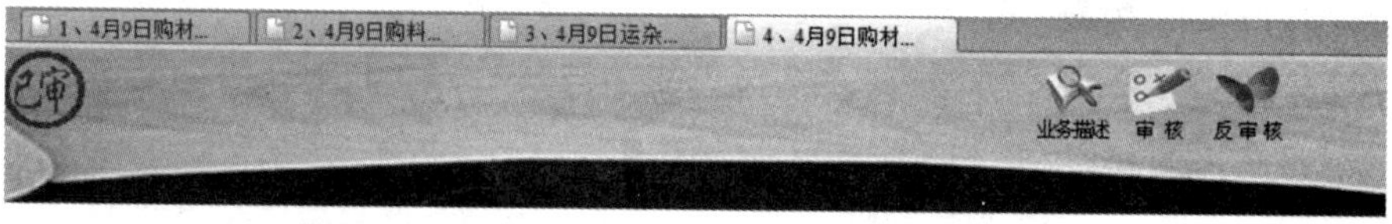

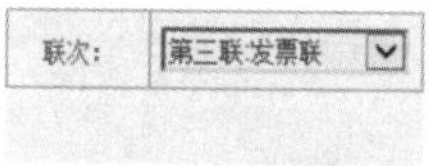

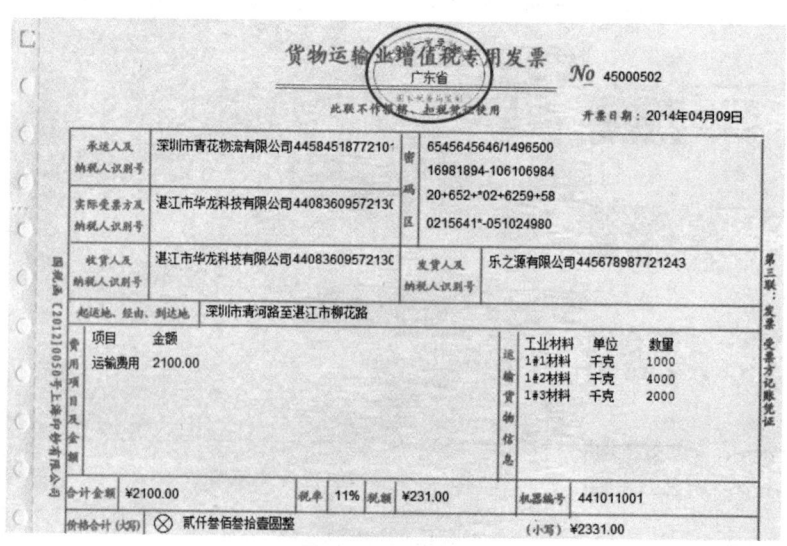

图 5-21　增值税专用发票

2）填制记账凭证。根据审核过的原始凭证填制记账凭证，如图5-22所示。

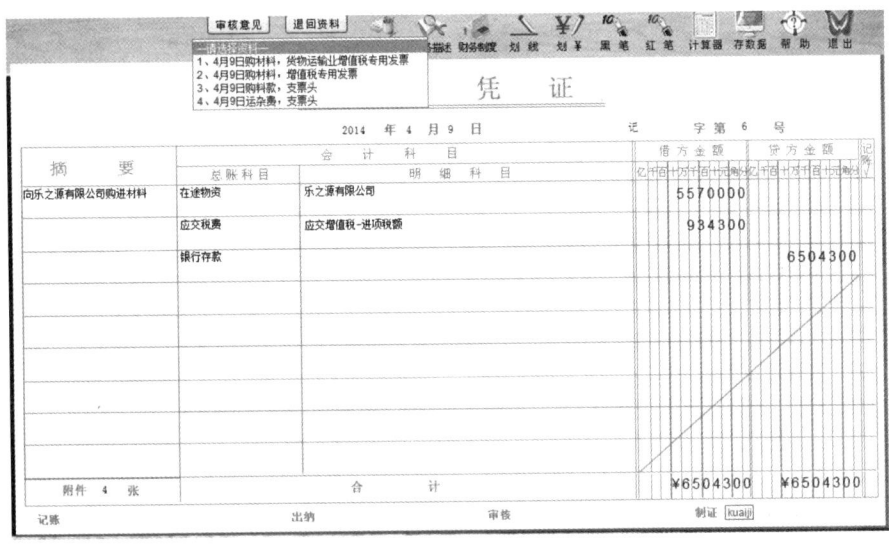

图 5-22 记账凭证

（8）4月10日,9日所购的材料运到,全部如数验收入库。运费按质量进行分配。编制材料采购成本计算表。

1）审核材料验收入库单,如图5-23所示。根据增值税专用发票（图5-24、图5-25）编制材料采购成本计算单如图5-26所示,编制完成后将其传递给会计主管审核。

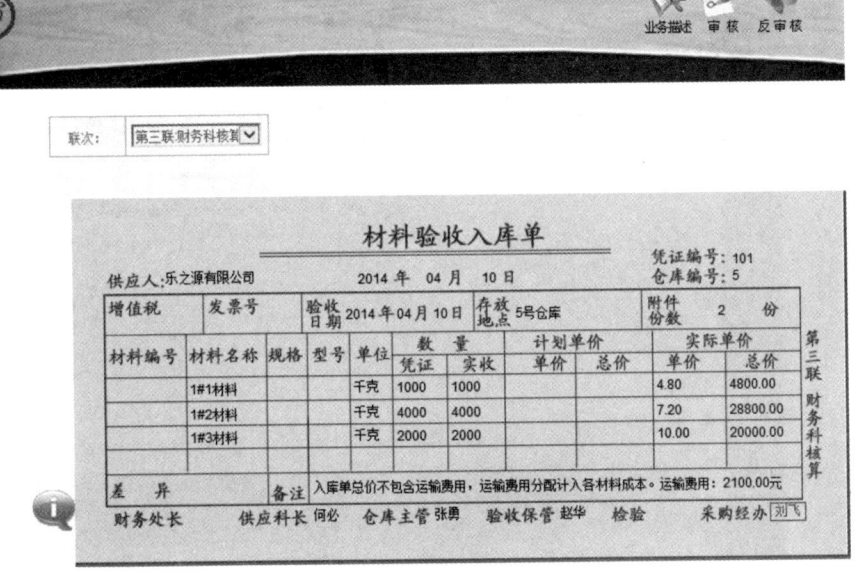

图 5-23 材料验收入库单

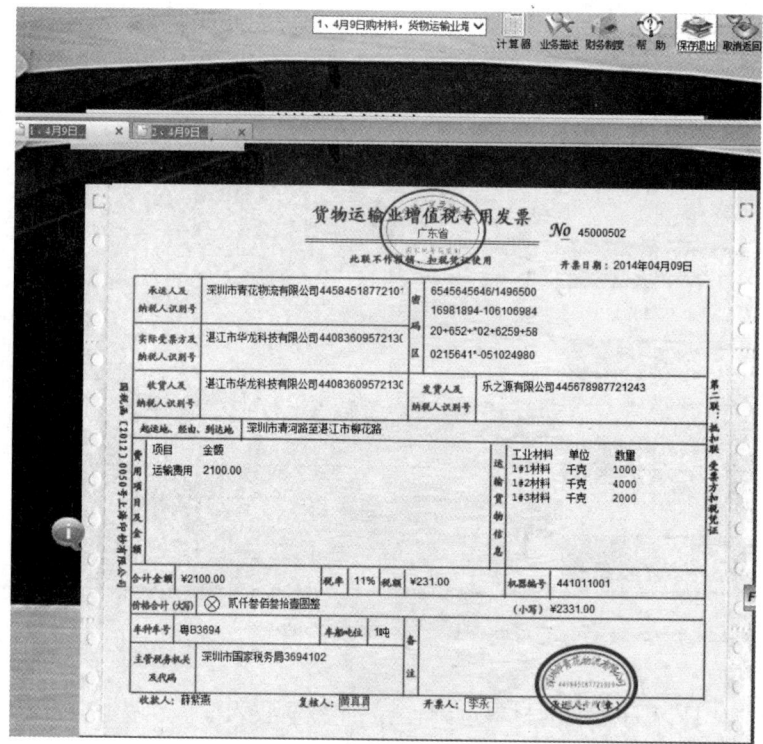

图 5-24 增值税专用发票

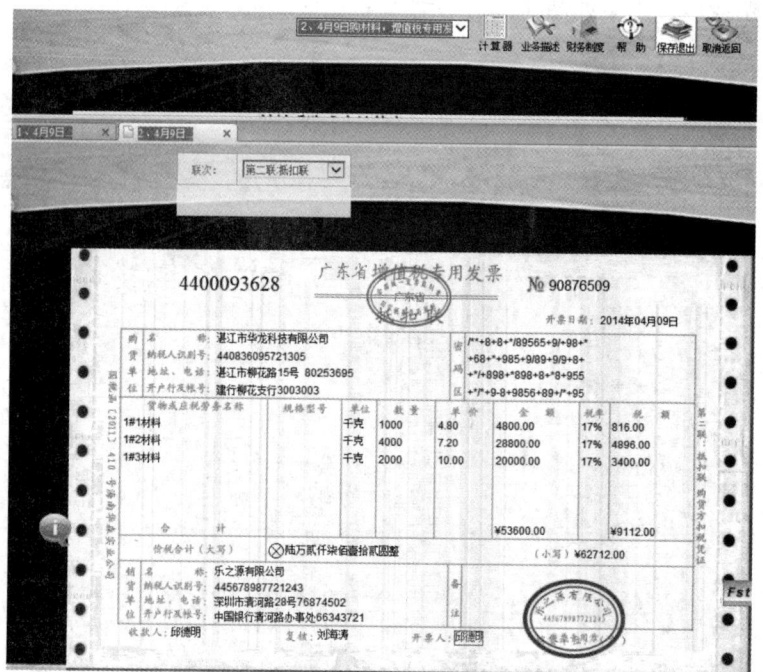

图 5-25 增值税专用发票

材料采购成本计算表

编制单位：湛江市华龙科技有限公司　　　　2014 年 04 月　　　　单位：元

材料名称	单价	重量(千克)	买价	运费分配标准	运费分配率	运费金额	实际采购成本	单位成本
1#1材料	4.80	1000	4800.00	1000	0.3000	300.00	5100.00	5.1000
1#2材料	7.20	4000	28800.00	4000	0.3000	1200.00	30000.00	7.5000
1#3材料	10.00	2000	20000.00	2000	0.3000	600.00	20600.00	10.3000
合计	--	--	53600.00	7000	0.3000	2100.00	55700.00	--

制表：kuaiji　　　　审核：

图 5-26　材料采购成本计算单

2）编制记账凭证。根据审核无误的材料采购成本计算单（图 5-27）编制记账凭证（图 5-28）。

材料采购成本计算表

编制单位：湛江市华龙科技有限公司　　　　2014 年 04 月　　　　单位：元

材料名称	单价	重量(千克)	买价	运费分配标准	运费分配率	运费金额	实际采购成本	单位成本
1#1材料	4.80	1000	4800.00	1000	0.3000	300.00	5100.00	5.1000
1#2材料	7.20	4000	28800.00	4000	0.3000	1200.00	30000.00	7.5000
1#3材料	10.00	2000	20000.00	2000	0.3000	600.00	20600.00	10.3000
合计	--	--	53600.00	7000	0.3000	2100.00	55700.00	--

制表：kuaiji　　　　审核：kuaiji

图 5-27　材料采购成本计算单

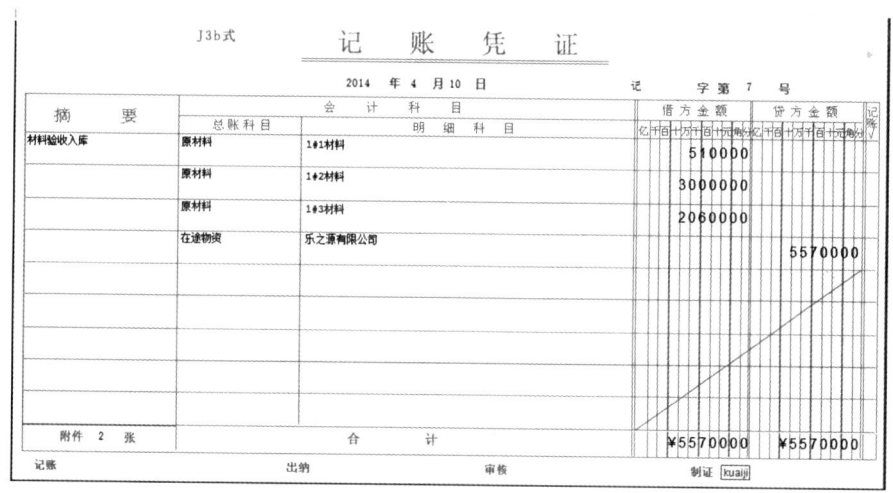

图 5-28　记账凭证

(9)4月10日,提现金以备发放工资。

根据背景单据(图5-29)据编制记账凭证(图5-30)。

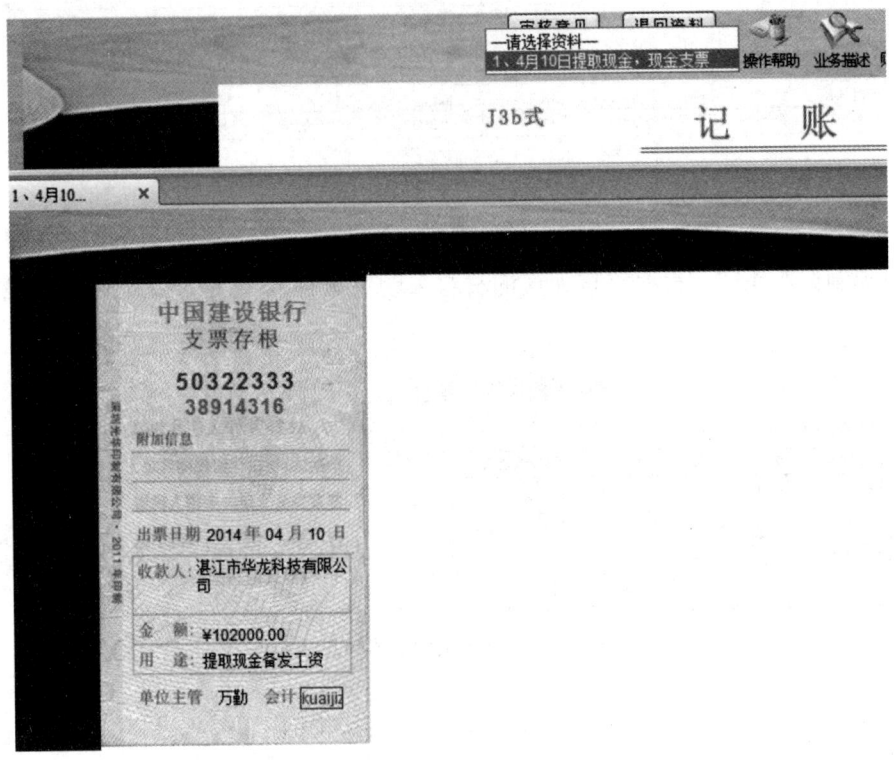

图5-29 支票存根

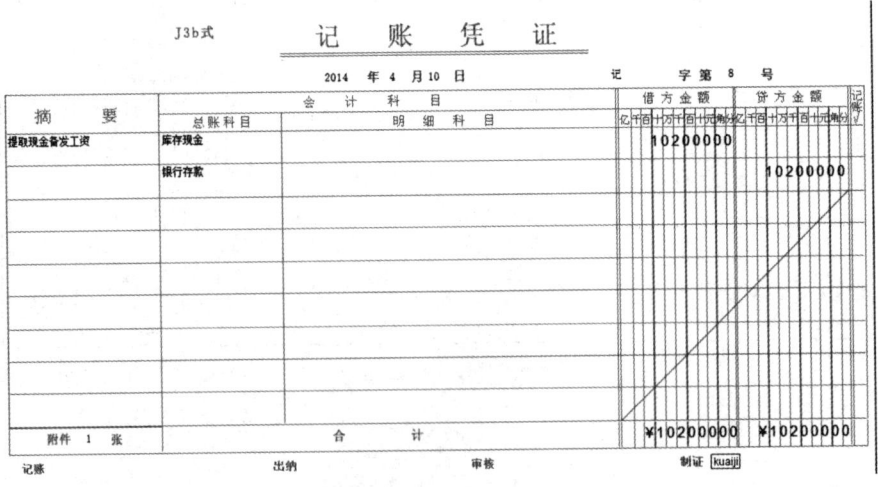

图5-30 记账凭证

(10)4月10日,发放工资。

1)审核自制原始凭证(图5-31)。

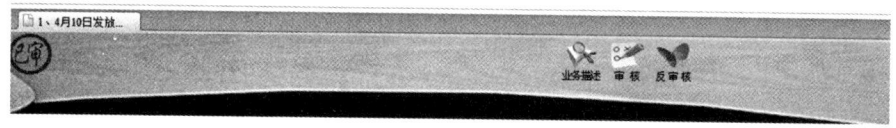

图5-31 工资计算汇总表

2)根据审核过的工资结算汇总表编制记账凭证(图5-32)。

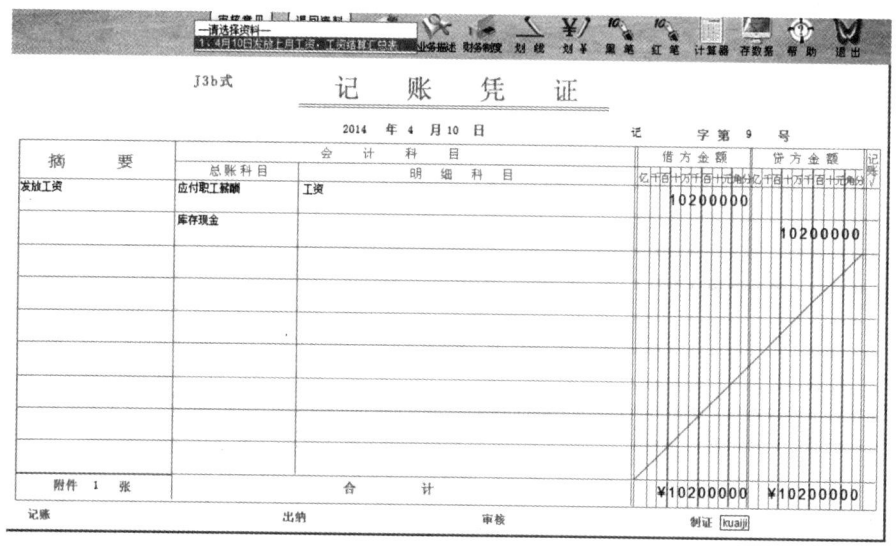

图5-32 记账凭证

(11)4月13日,行政部门购买办公用品。

1)审核原始凭证(图5-33)。

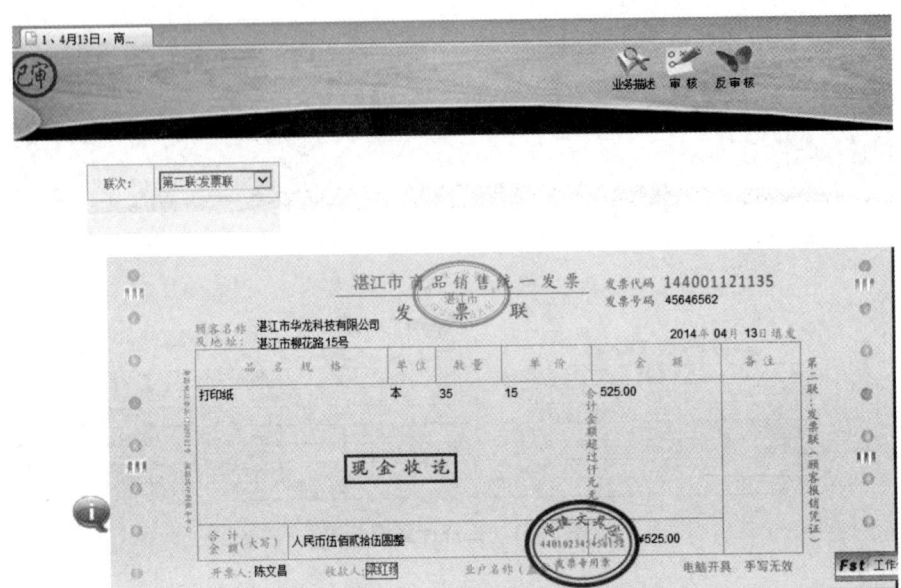

图 5-33　商品销售统一发票

2) 根据审核过的原始凭证编制记账凭证(图 5-34)。

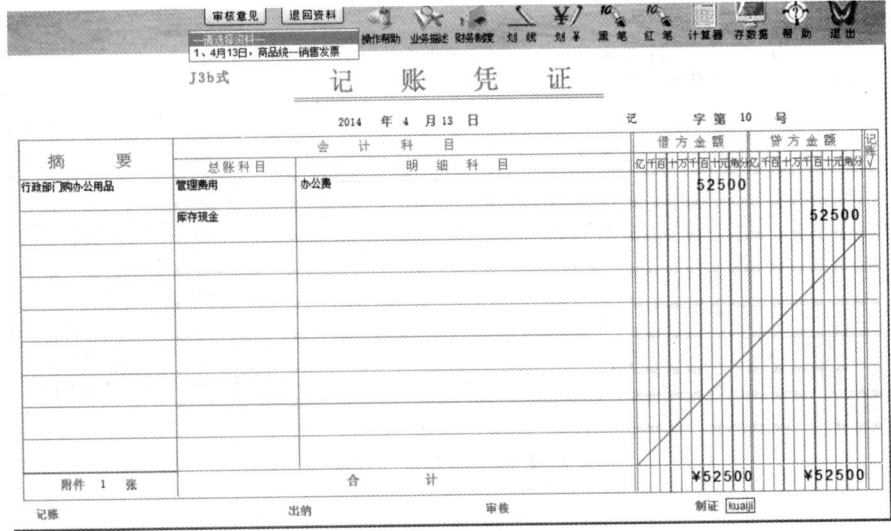

图 5-34　记账凭证

(12) 4 月 13 日,交电费。

1) 审核原始凭证(图 5-35、图 5-36)。

图 5-35 增值税专用发票

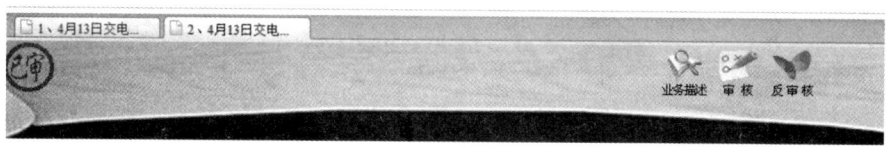

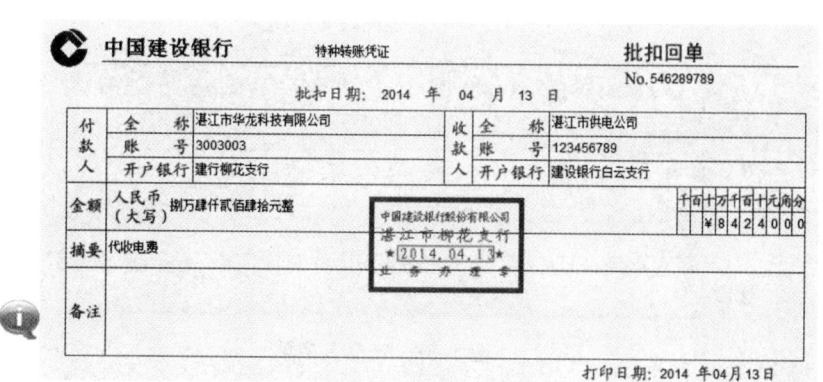

图 5-36 特种转账凭证

2)根据审核的原始凭证编制记账凭证(图5-37)。

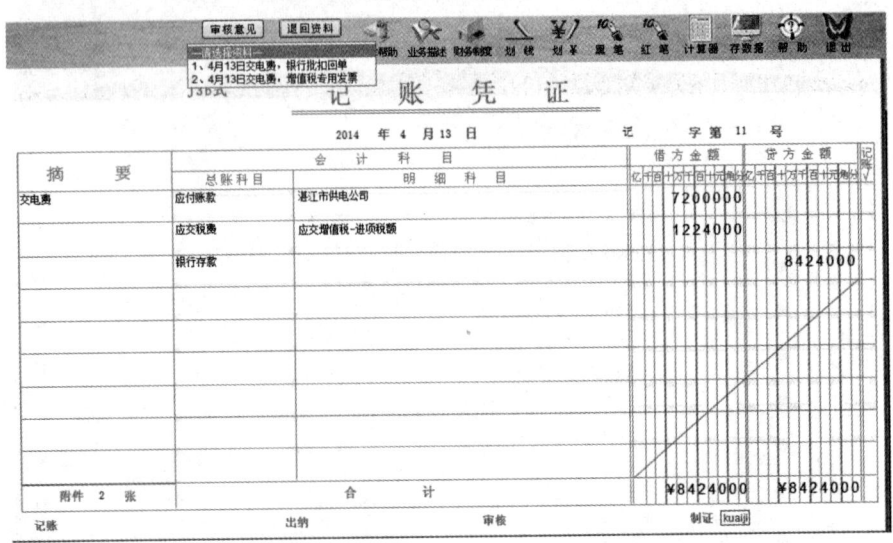

图5-37 记账凭证

(13)4月14日,产成品入库。
审核原始凭证(图5-38)。

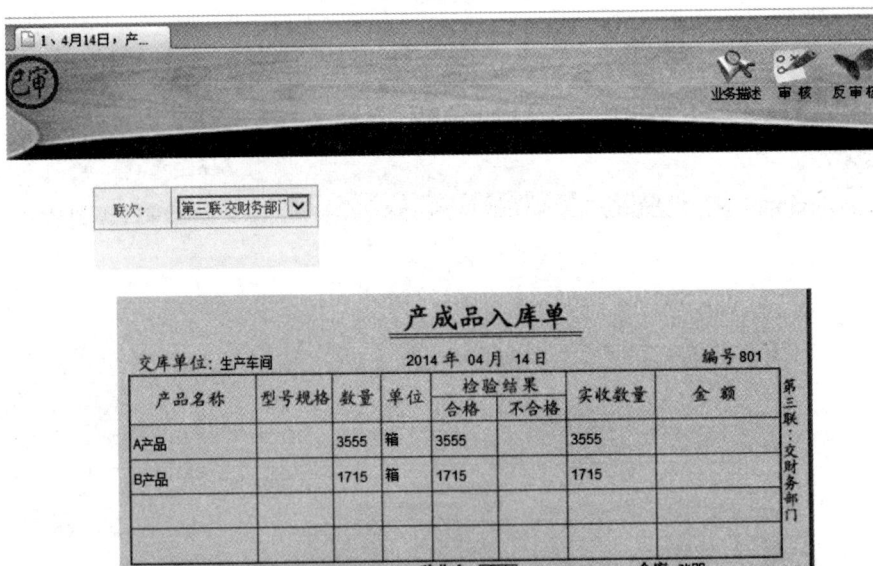

图5-38 产品入库单

(14)4月15日,向本市华源物资批发公司购进1#2材料。
1)审核原始凭证(图5-39~图5-41)。

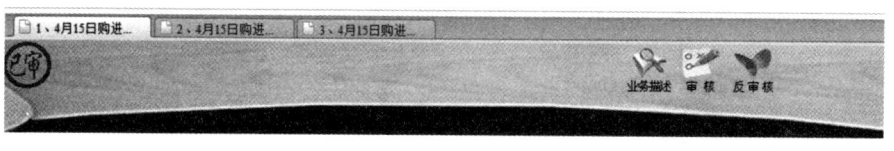

图 5-39 增值税专用发票

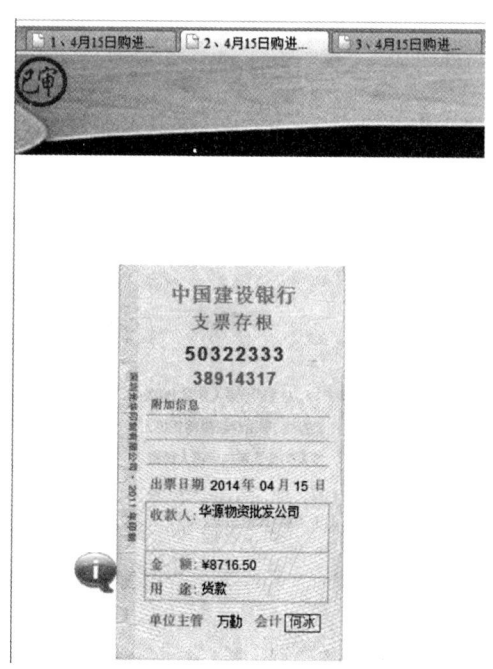

图 5-40 支票存根

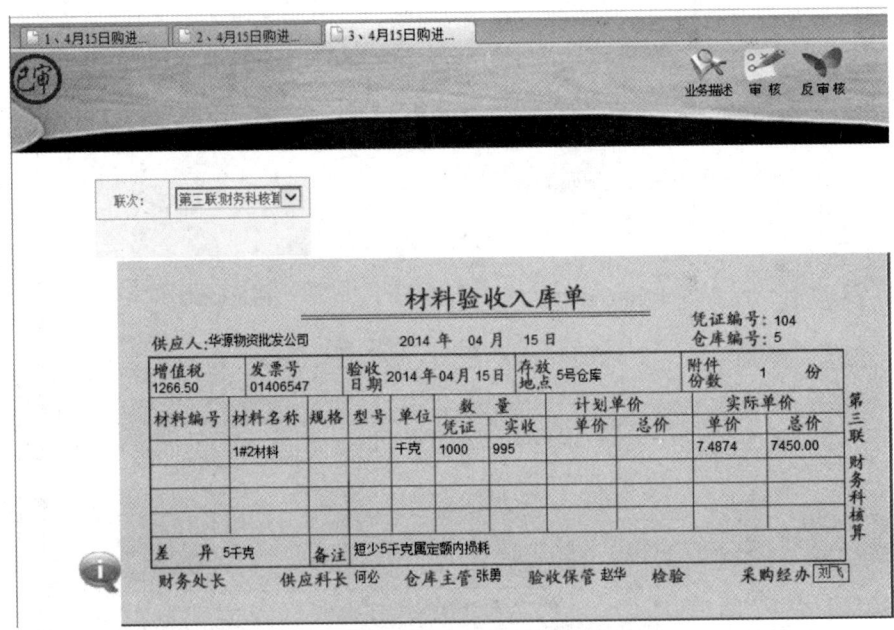

图 5-41 材料验收入库单

2）根据审核过的原始凭证编制记账凭证（图 5-42）。

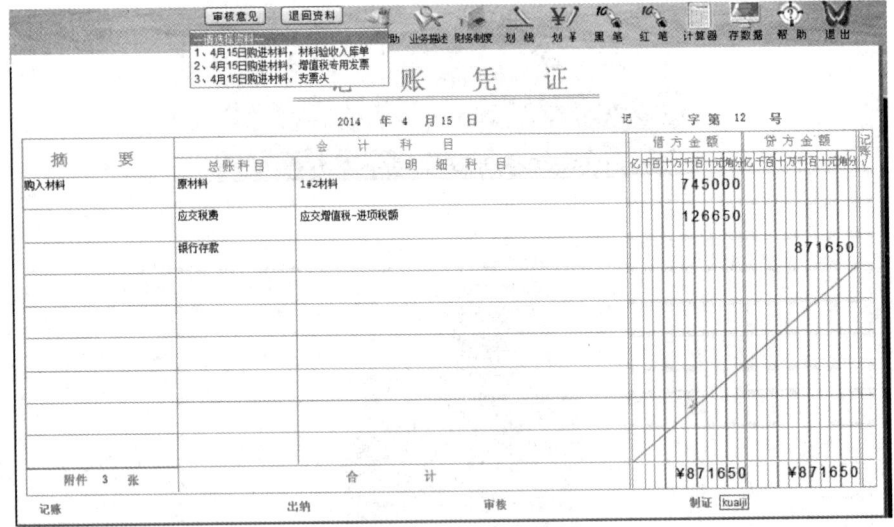

图 5-42 记账凭证

（15）4 月 17 日，生产领料。

审核原始凭证（图 5-43、图 5-44）。

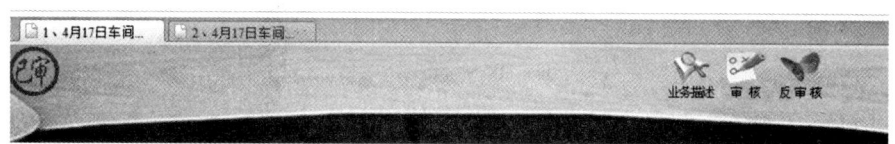

图 5-43 领料单 403

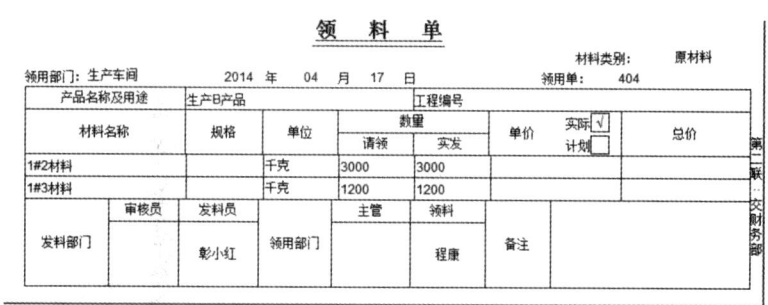

图 5-44 领料单 404

(16) 4 月 18 日,向甘肃地震灾区捐款。

1) 审核原始凭证(图 5-45、图 5-46)。

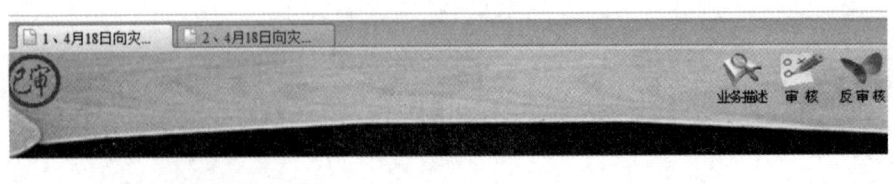

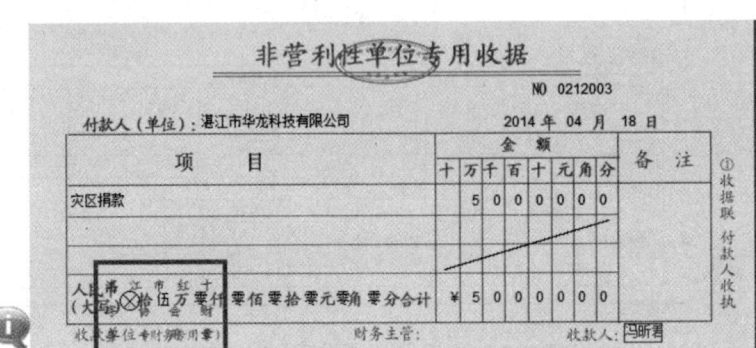

图 5-45　收据

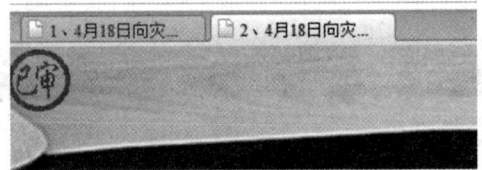

图 5-46　支票存根

2)根据审核过的原始凭证编制记账凭证(图5-47)。

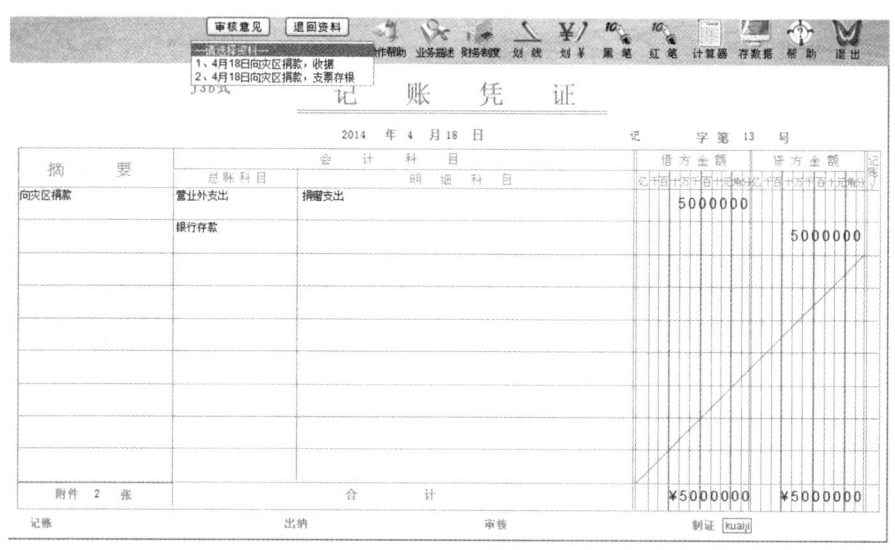

图5-47 记账凭证

(17)4月20日,行政部门领料。

审核原始凭证(图5-48)。

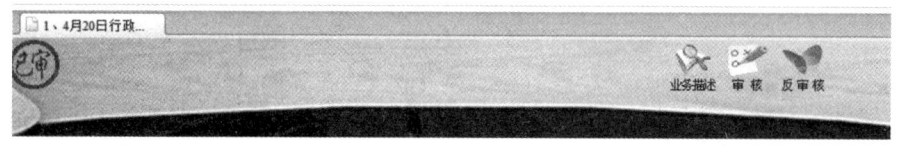

图5-48 领料单405

(18)4月21日,向美林公司销售1#1材料。

1)填制增值税专用发票。根据背景资料开具发票申请单(图5-49)和领料单(图5-50)编制增值税专用发票(图5-51)。填制完成后传递给会计主管。

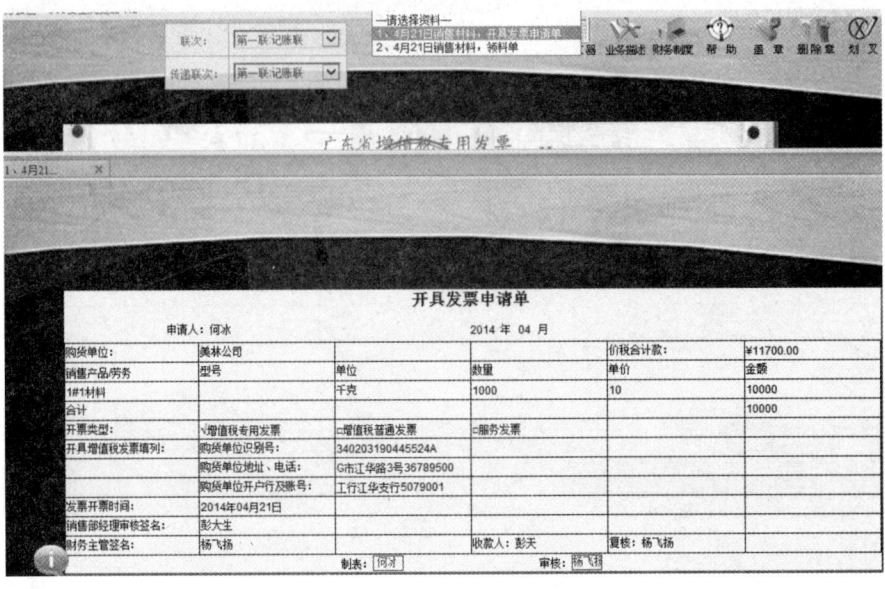

图5-49　开具发票申请单

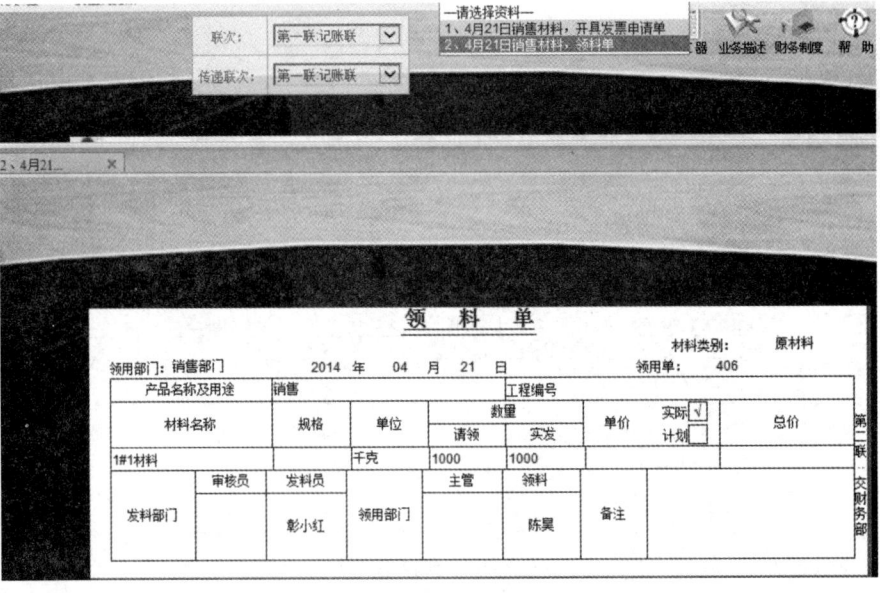

图5-50　领料单

图 5-51　增值税专用发票

• 小贴士

记账联、抵扣联、发票联都要盖上发票专用章。

2）编制记账凭证。会计主管将审核无误的增值税专用发票传递给会计作为编制记账凭证的依据，如图 5-52 所示。

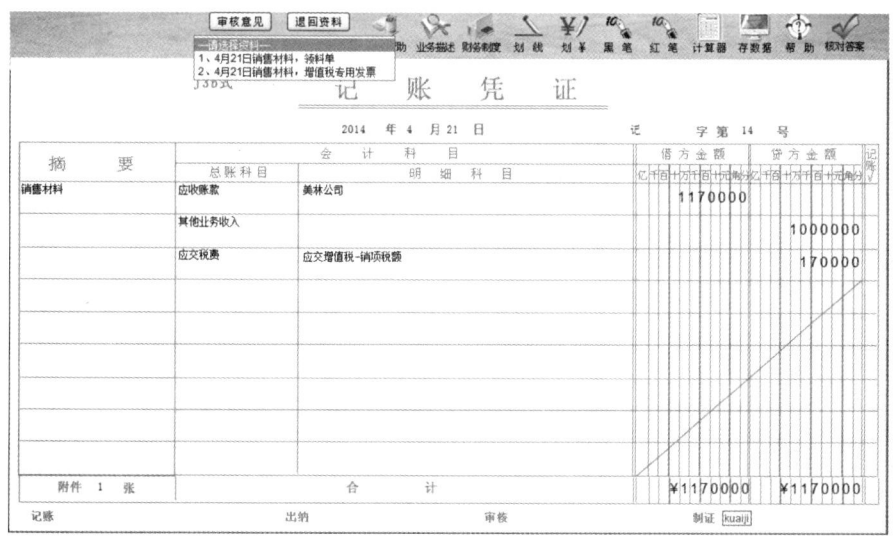

图 5-52　记账凭证

(19)4月23日,支付招待费。

1)审核原始凭证(图5-53)。

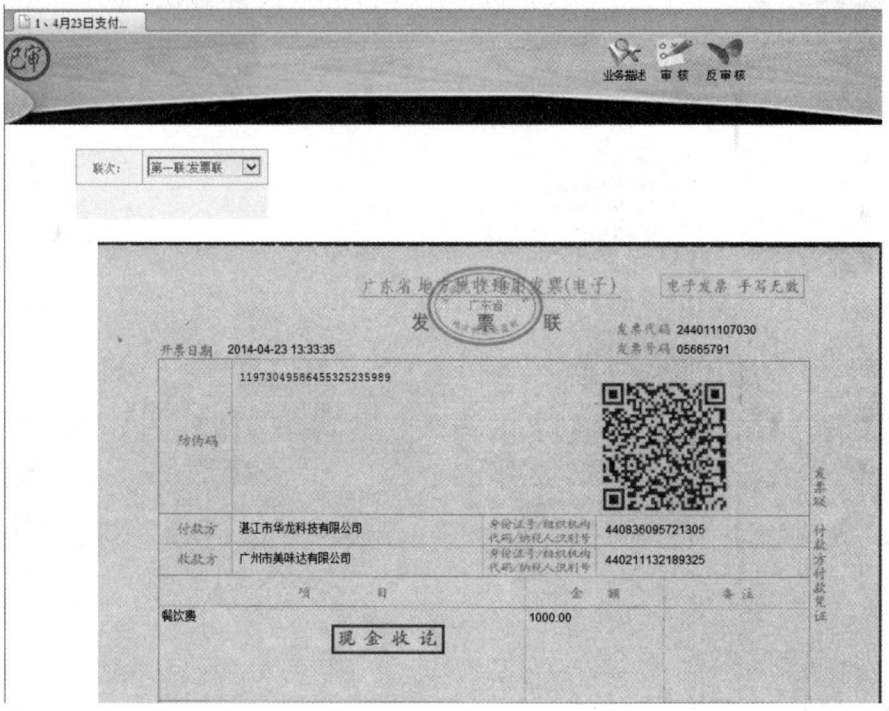

图5-53　地方税收通用发票

2)编制记账凭证(图5-54)。

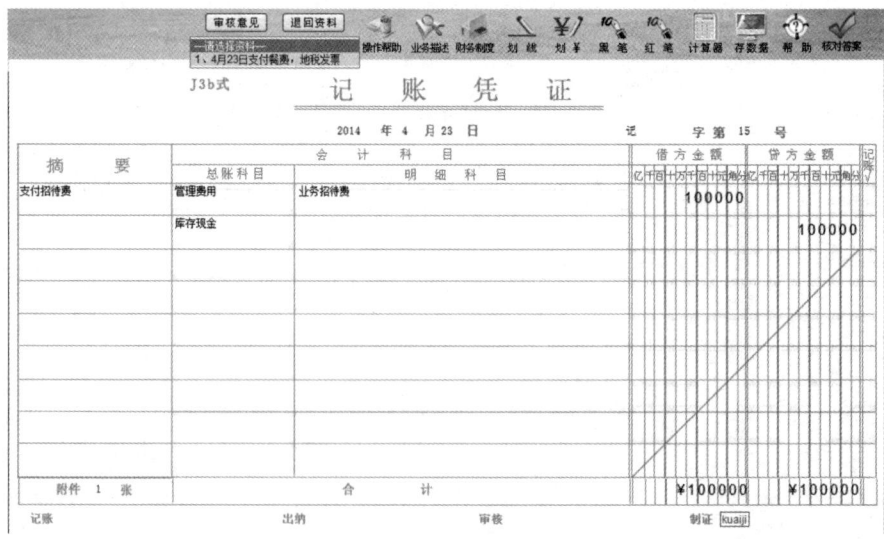

图5-54　记账凭证

(20)4月25日,盘点现金。

1)审核原始凭证(图5-55)。

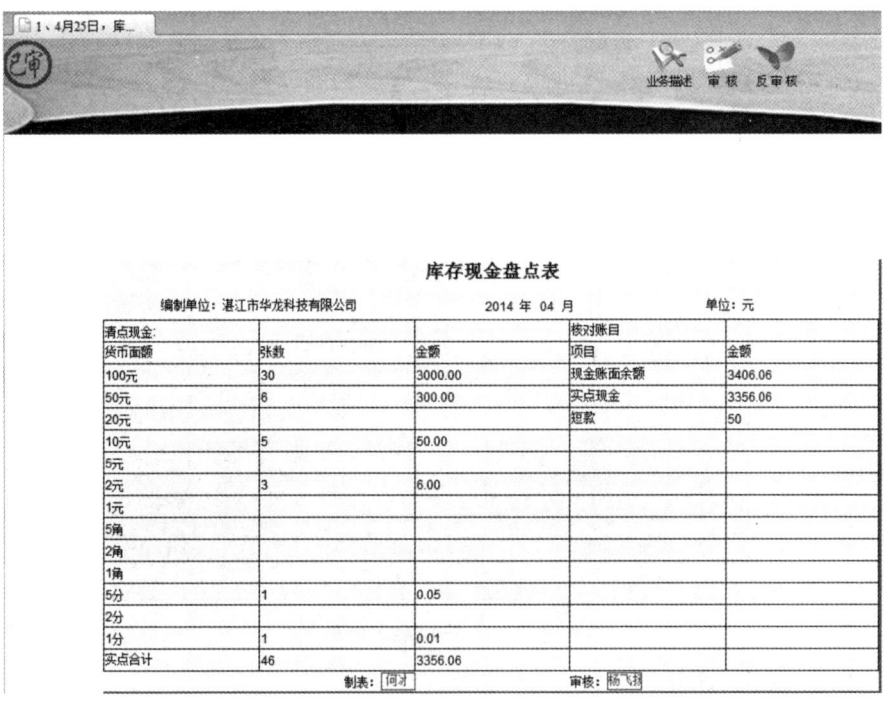

图5-55　库存现金盘点表

2)编制记账凭证。根据审核过的原始凭证编制记账凭证(图5-56)。

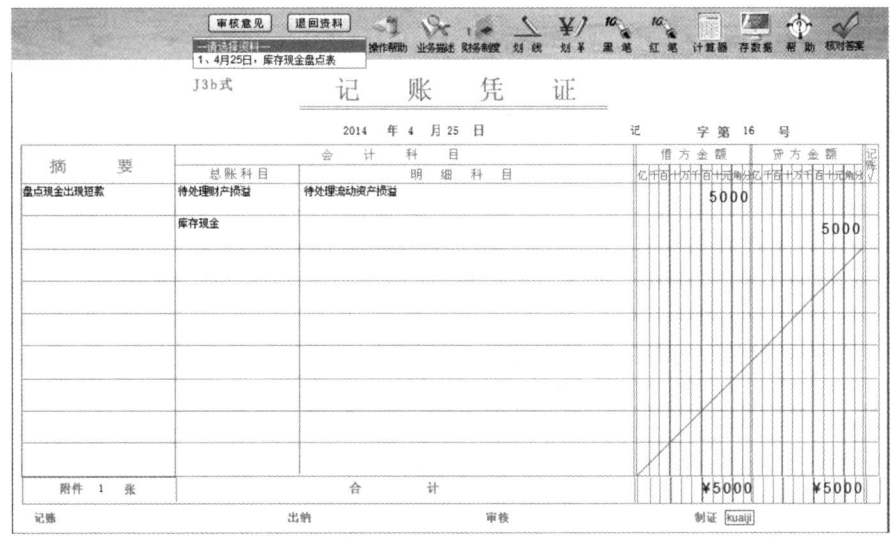

图5-56　记账凭证

(21)4月26日,产品入库。审核原始凭证(图5-57)。

图5-57　产成品入库单

(22)4月28日,用建行存款支付广告费。

1)审核原始凭证(图5-58、图5-59)。

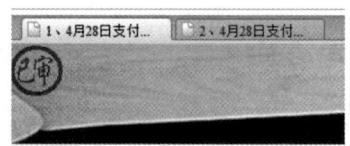

图5-58　支票存根

图 5-59 增值税专用发票

2）根据审核过的原始凭证填制记账凭证（图 5-60）。

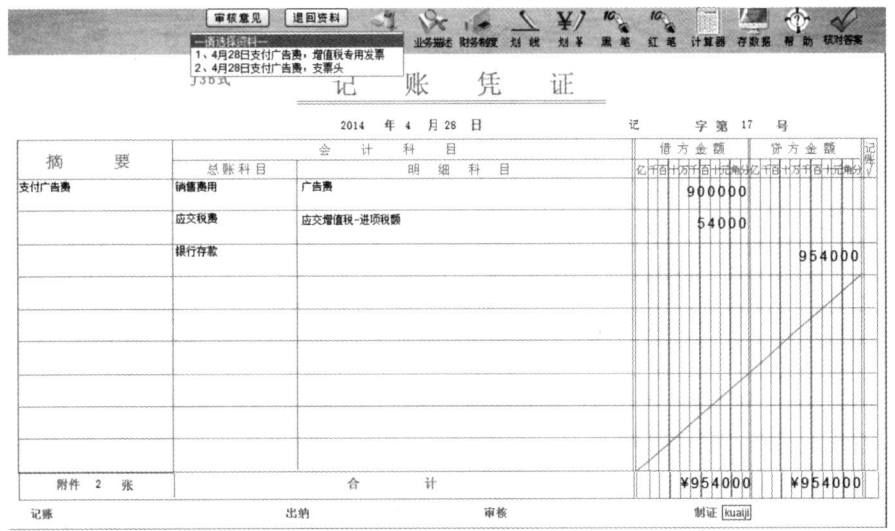

图 5-60 记账凭证

(23)4月30日,分配本月工资费用。

1)审核原始凭证(图5-61)。

图5-61 工资分配表

2)根据审核过的原始凭证编制记账凭证(图5-62)。

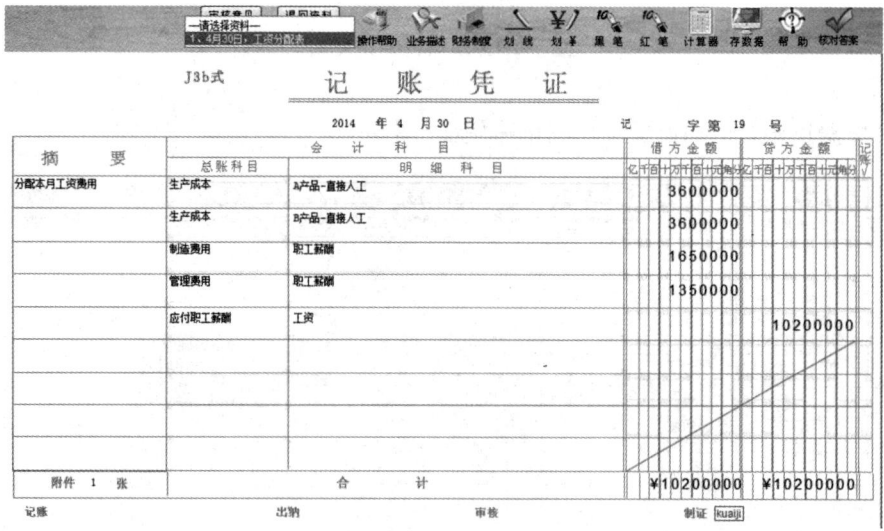

图5-62 记账凭证

(24)4 月 30 日,结转发出材料成本。

1)编制发出材料成本计算表(图 5-63)。

计算表

编制单位：湛江市华龙科技有限公司　　2014 年 04 月 30 日　　单位：元

材料名称	期初结存数量	期初结存金额	本期购进数量	本期购进金额	期末结存数量	期末结存金额	加权平均单价	本期发出数量	本期发出金额
1#1材料									
1#2材料									
1#3材料									
合计	--		--		--		--	--	

制表：kuaij　　审核：

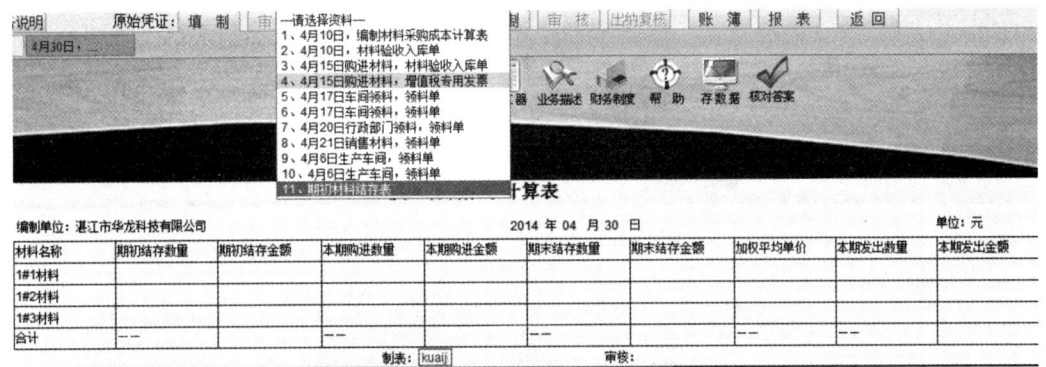

图 5-63　发出材料成本计算表

①期初结存数量和金额根据图 5-64 期初材料成本计算表获取。

②本期购进数量和金额:根据图 5-65 材料采购成本计算表、图 5-66 材料验收入库单(一)、图 5-67 材料验收入库单(二)、图 5-68 增值税专用发票计算取得。

③本期发出数量:根据图 5-69 领料单 401、图 5-70 领料单 402、图 5-71 领料单 403、图 5-72 领料单 404、图 5-73 领料单 405、图 5-74 领料单 406 计算取得。

加权平均单价=(期初结存金额+本期购进金额)/(期初结存数量+本期购进数量)

期末结存数量=期初结存数量+本期购进数量-本期发出数量

期末结存金额=加权平均单价 * 期末结存数量

本期发出金额=期初结存金额+本期购进金额-期末结存金额

期初材料结存表

编制单位：湛江市华龙科技有限公司　　2014 年 04 月

材料名称	期初结存数量	期初结存金额(元)
1#1材料	4700	21056
1#2材料	7170	46963.5
1#3材料	2000	21100
合计	--	89119.5

制表：何才　　审核：杨飞扬

图 5-64　期初材料成本计算表

材料采购成本计算表

编制单位：湛江市华龙科技有限公司　　2014 年 04 月　　单位：元

材料名称	单价	重量(千克)	买价	运费分配标准	运费分配率	运费金额	实际采购成本	单位成本
1#1材料	4.80	1000	4800.00	1000	0.3000	300.00	5100.00	5.1000
1#2材料	7.20	4000	28800.00	4000	0.3000	1200.00	30000.00	7.5000
1#3材料	10.00	2000	20000.00	2000	0.3000	600.00	20600.00	10.3000
合计	——	——	53600.00	7000	0.3000	2100.00	55700.00	——

制表：kuaiji　　审核：

图 5-65　材料采购成本计算表

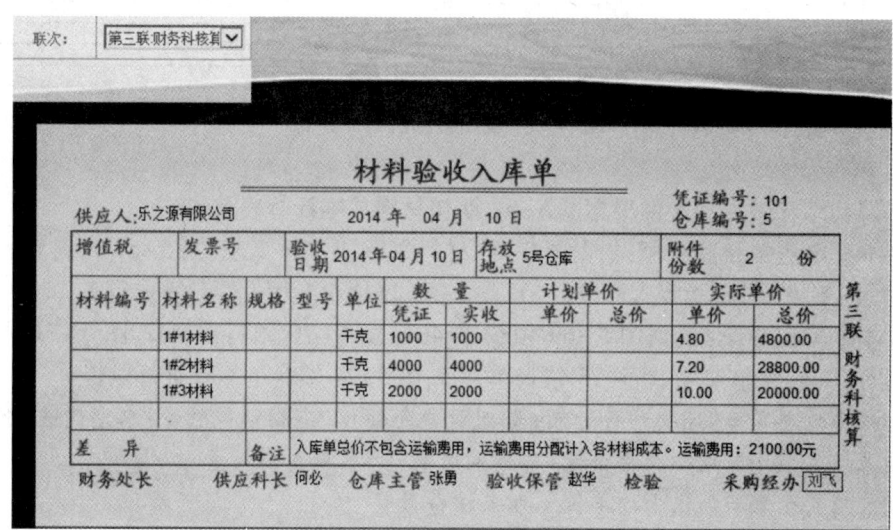

图 5-66　材料验收入库单（一）

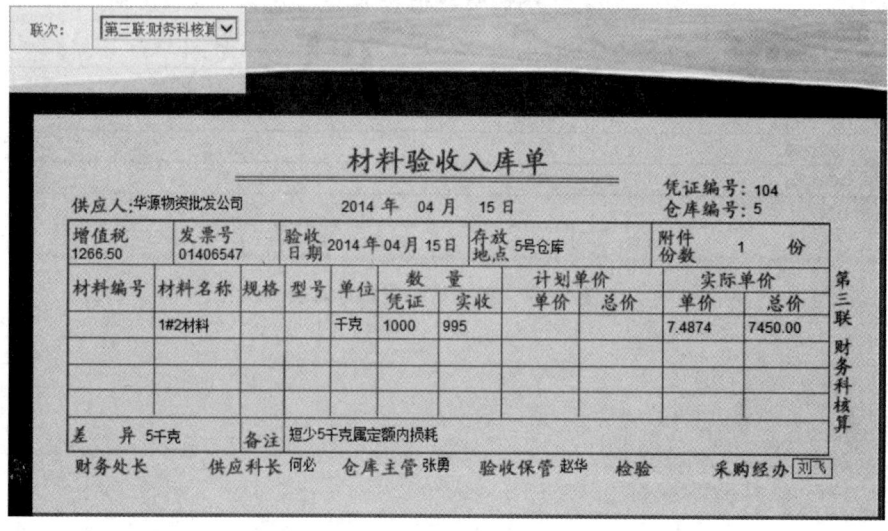

图 5-67　材料验收入库单（二）

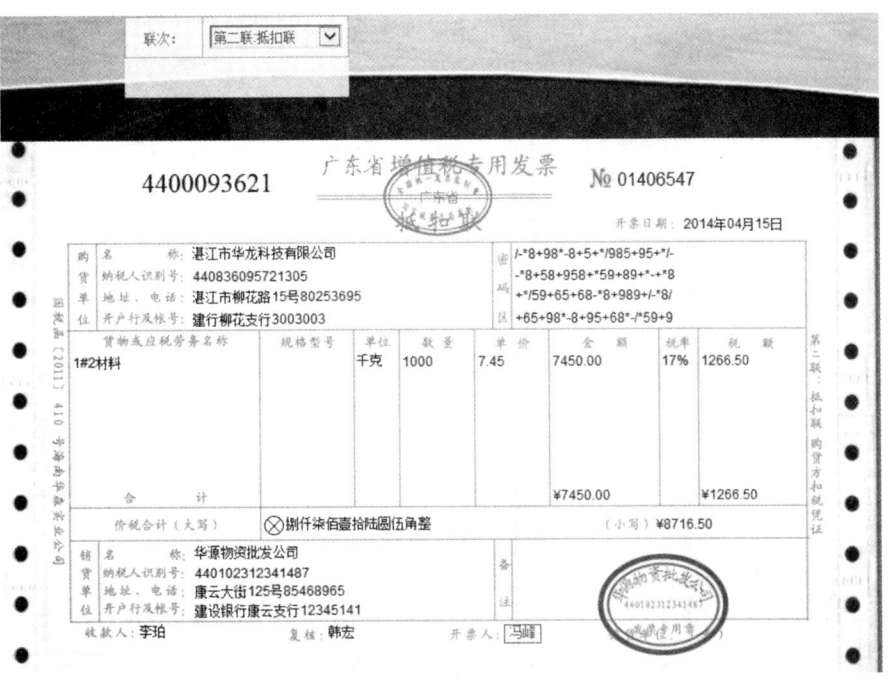

图 5-68 增值税专用发票

图 5-69 领料单 401

图 5-70 领料单 402

领 料 单

领用部门：生产车间　　2014 年 04 月 17 日　　材料类别：原材料　　领用单：403

产品名称及用途	生产A产品		工程编号				
材料名称	规格	单位	数量		单价	实际 √	总价
			请领	实发		计划 □	
1#1材料		千克	1000	1000			
1#2材料		千克	2000	2000			
1#3材料		千克	500	500			

| 发料部门 | | 审核员 | 发料员 彰小红 | 领用部门 | 主管 | 领料 程康 | 备注 | |

图 5-71　领料单 403

领 料 单

领用部门：生产车间　　2014 年 04 月 17 日　　材料类别：原材料　　领用单：404

产品名称及用途	生产B产品		工程编号				
材料名称	规格	单位	数量		单价	实际 √	总价
			请领	实发		计划 □	
1#2材料		千克	3000	3000			
1#3材料		千克	1200	1200			

| 发料部门 | | 审核员 | 发料员 彰小红 | 领用部门 | 主管 | 领料 程康 | 备注 | |

图 5-72　领料单 404

领 料 单

领用部门：行政管理部门　　2014 年 04 月 20 日　　材料类别：原材料　　领用单：405

产品名称及用途	行政管理部门		工程编号				
材料名称	规格	单位	数量		单价	实际 √	总价
			请领	实发		计划 □	
1#3材料		千克	30	30			

| 发料部门 | | 审核员 | 发料员 彰小红 | 领用部门 | 主管 | 领料 周文辉 | 备注 | |

图 5-73　领料单 405

领料单

领用部门：销售部门　　2014 年 04 月 21 日　　材料类别：原材料　　领用单：406

产品名称及用途		销售			工程编号			
材料名称	规格	单位	数量		单价	实际 √	总价	
			请领	实发		计划 □		
1#1材料		千克	1000	1000				
发料部门	审核员	发料员	领用部门		主管	领料	备注	
		彰小红				陈昊		

图 5-74　领料单 406

2）编制发出材料汇总表（图 5-75）。发出材料数量根据图 5-69 领料单 401、图 5-70 领料单 402、图 5-71 领料单 403、图 5-72 领料单 404、图 5-73 领料单 405、图 5-74 领料单 406 计算取得。

图 5-75　发出材料汇总表

发出材料金额=发出材料数量*加权平均单价

行政部门领用金额=发出材料总金额-生产 A 产品金额-生产 B 产品金额-销售金额

加权平均单价和发出材料总金额由图 5-63 发出材料成本计算表取得。

上述任务完成之后传递给会计主管审核。

3）编制记账凭证。会计主管将审核无误的原始凭证传递给会计，作为编制记账凭证的依据，如图 5-76 所示。

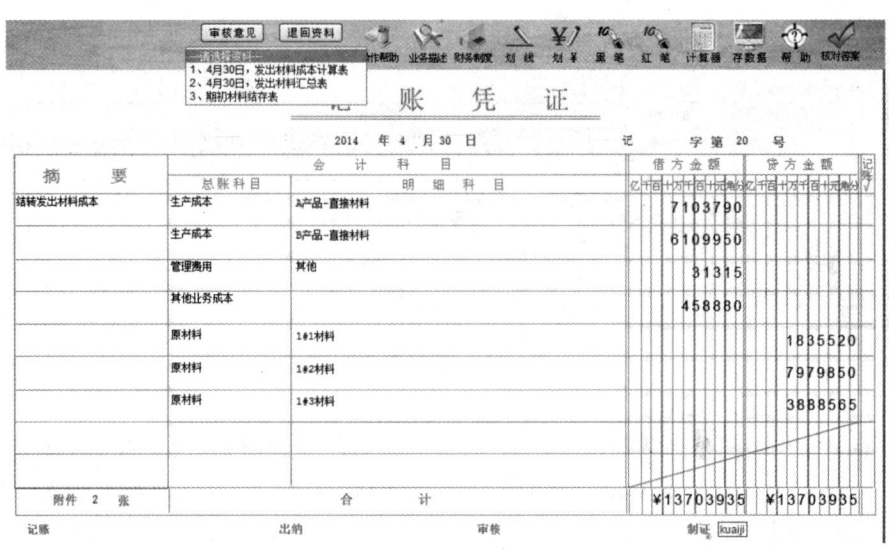

图 5-76　记账凭证

(25) 4 月 30 日,分配本月电费。

1) 审核原始凭证(图 5-77)。

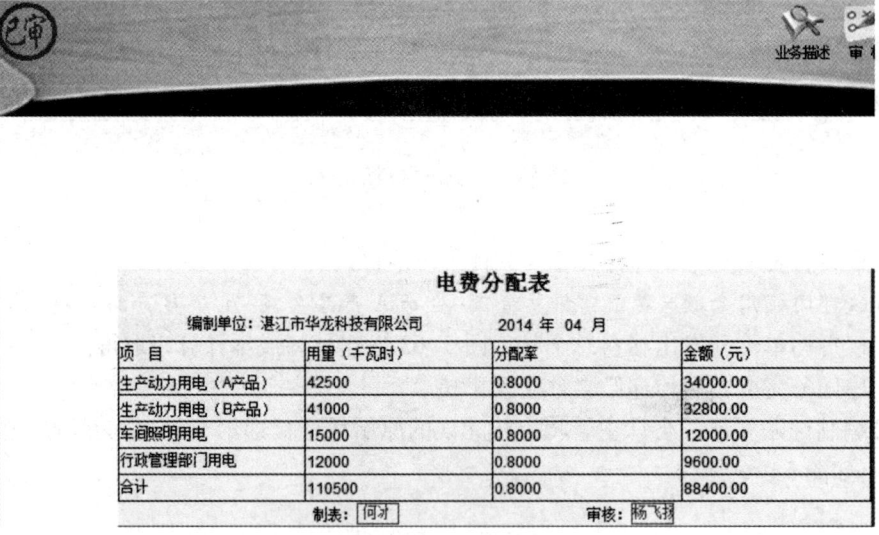

图 5-77　电费分配表

2)编制记账凭证(图5-78)。

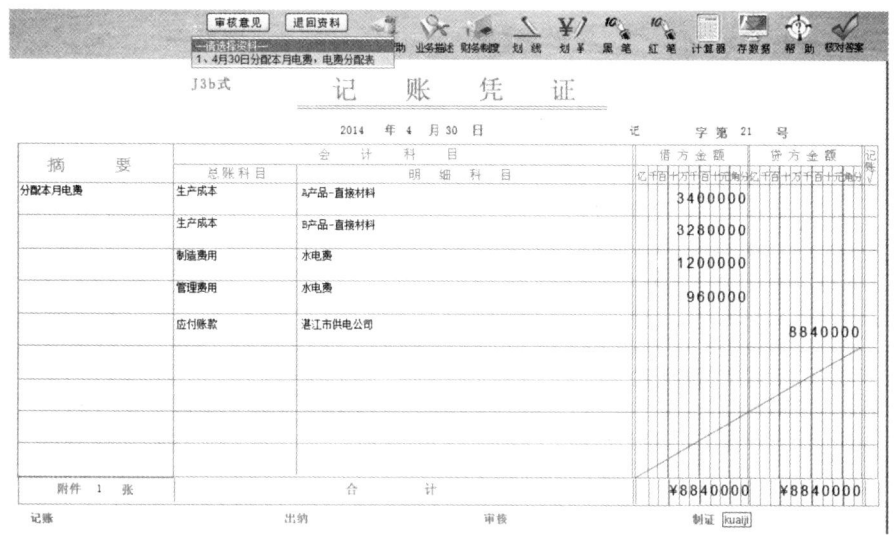

图5-78 记账凭证

(26)4月30日,计提折旧。

1)审核原始凭证(图5-79)。

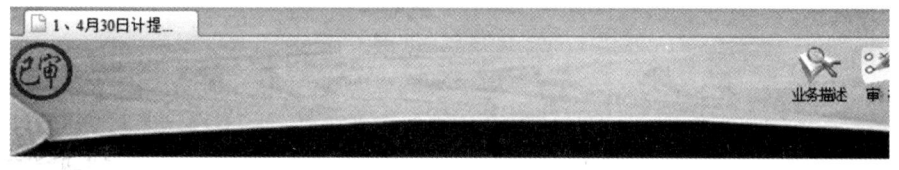

图5-79 折旧计算表

2)编制记账凭证(图5-80)。

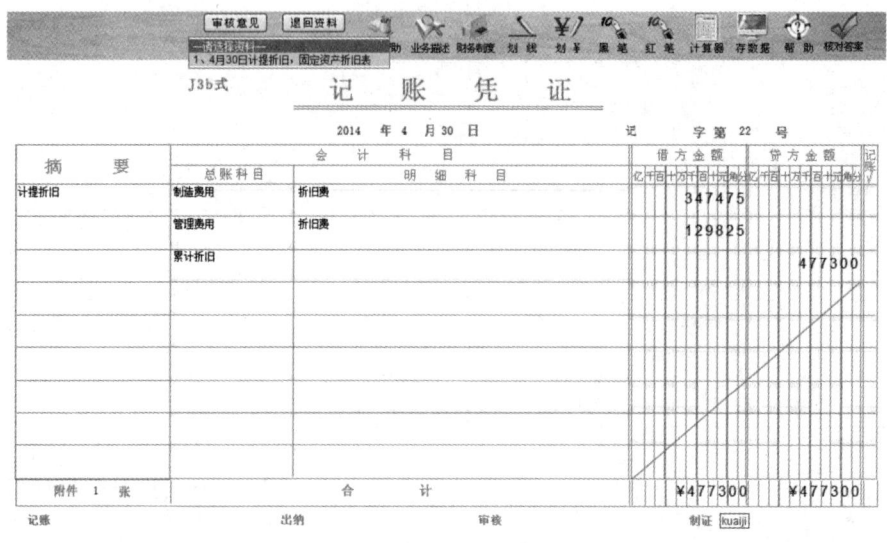

图5-80 记账凭证

(27)4月30日,分配制造费用,编制制造费用分配表。
1)编制制造费用分配表(图5-81)。

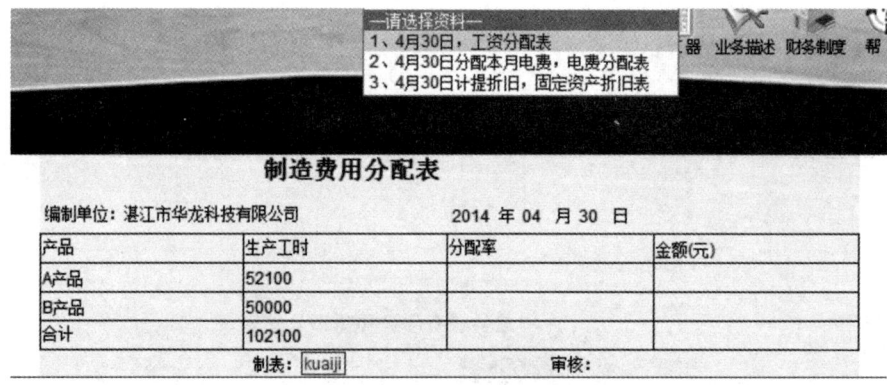

图5-81 制造费用分配表

制造费用总额=车间管理人员工资+车间照明用电费用+生产车间设备折旧
分配率=制造费用总额/总工时
A产品制造费用分配额=生产工时*分配率
B产品制造费用分配额=制造费用总额-A产品制造费用分配额
完成上述任务后传递给会计主管审核。具体数据参见图5-82~图5-84。

华龙科技有限公司工资分配表

编制单位：湛江市华龙科技有限公司　　2014 年 04 月　　单位：元

车间、部门		生产车间	行政管理部门	合计
生产工人	A产品	36000.00		36000.00
	B产品	36000.00		36000.00
车间管理人员		16500.00		16500.00
行政管理人员			13500.00	13500.00
合　　计		88500.00	13500.00	102000.00

制表：何才　　审核：杨飞扬

图 5-82　工资分配表

电费分配表

编制单位：湛江市华龙科技有限公司　　2014 年 04 月

项　目	用量（千瓦时）	分配率	金额（元）
生产动力用电（A产品）	42500	0.8000	34000.00
生产动力用电（B产品）	41000	0.8000	32800.00
车间照明用电	15000	0.8000	12000.00
行政管理部门用电	12000	0.8000	9600.00
合计	110500	0.8000	88400.00

制表：何才　　审核：杨飞扬

图 5-83　电费分配表

华龙科技有限公司折旧计算表

编制单位：湛江市华龙科技有限公司　　2014 年 04 月　　单位：元

部门	原值	折旧率	月折旧额
生产车间设备	685950.00	0.50656%	3474.75
行政管理部门设备	259650.00	0.50%	1298.25
合计	945600.00	— —	4773.00

制表：何才　　审核：杨飞扬

图 5-84　折旧计算表

2）编制记账凭证。会计主管将审核无误的原始凭证传递给会计作为编制记账凭证的依据，如图 5-85 所示。

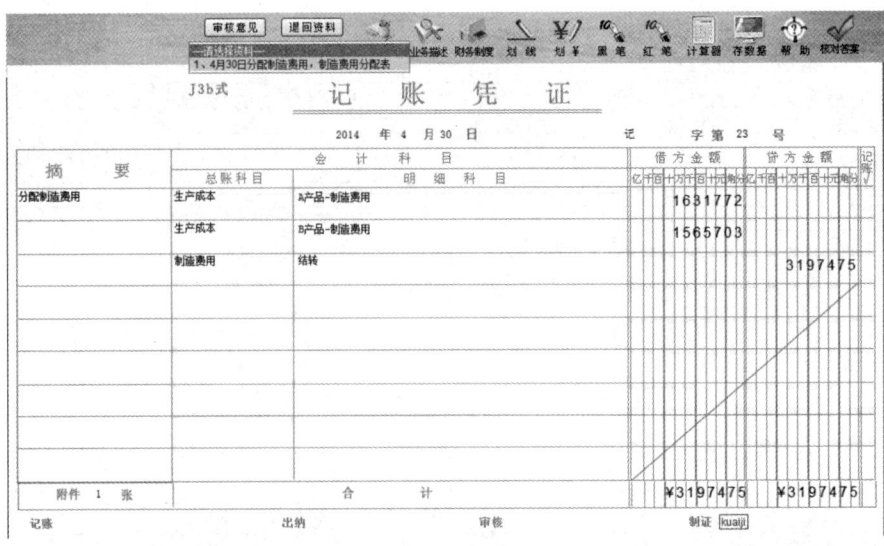

图 5-85 记账凭证

(28) 4 月 30 日,现金短款无法查明原因,经董事会决议作为管理费用处理。
1) 审核原始凭证(图 5-86)。

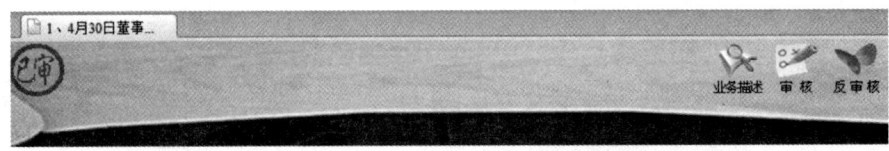

图 5-86 会议纪要

2)编制记账凭证(图5-87)。

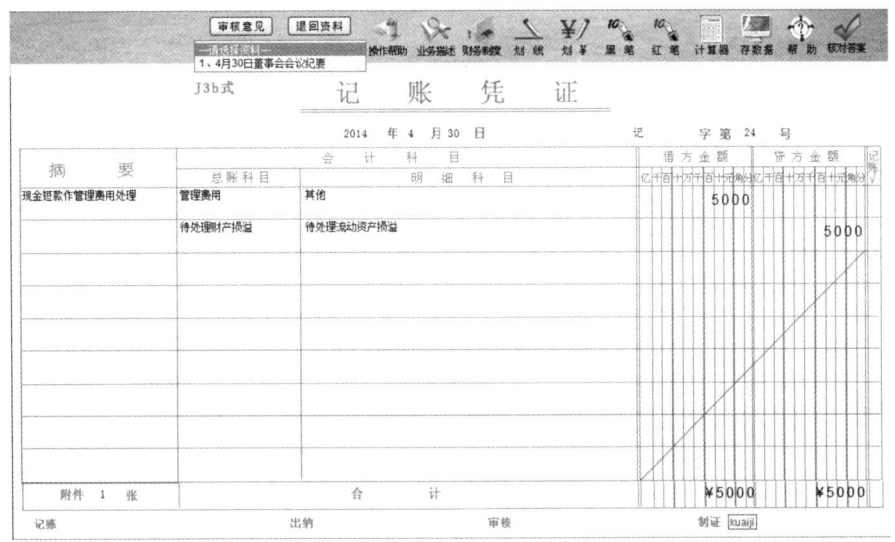

图5-87 记账凭证

(29)4月30日,月末没有在产品,结转完工产品成本。
1)编制完工产品成本汇总计算表(图5-88)。

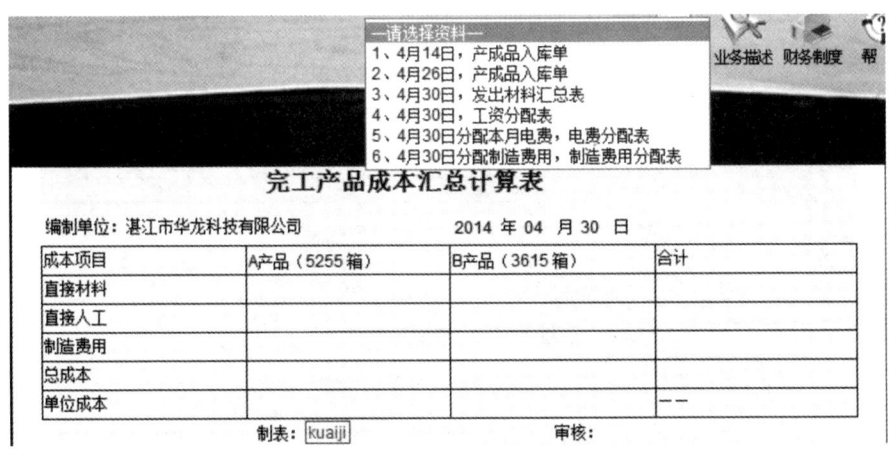

图5-88 完工产品成本汇总计算表

直接材料:发出材料汇总表中产品领用金额(图5-89)+电费分配表产品耗用金额(图5-90)

直接人工:根据图5-91工资分配表

制造费用:根据图5-92制造费用分配表

总成本=直接材料+直接人工+制造费用

单位成本=总成本/数量

完成上述任务后传递至会计主管。

发出材料汇总表

编制单位：湛江市华龙科技有限公司　　2014 年 04 月 30 日

项 目	1#1材料数量（千克）	1#1材料金额（元）	1#2材料数量（千克）	1#2材料金额（元）	1#3材料数量（千克）	1#3材料金额（元）	合计
生产A产品	3000	13766.40	6000	41634.00	1500	15637.50	71037.9
生产B产品			5500	38164.50	2200	22935.00	61099.5
销售	1000	4588.80					4588.8
行政管理部门领用					30	313.15	313.15
小 计	4000	18355.20	11500	79798.50	3730	38885.65	137039.35

制表：kuaiji　　审核：kuaiji

图 5-89　发出材料汇总表

电费分配表

编制单位：湛江市华龙科技有限公司　　2014 年 04 月

项 目	用量（千瓦时）	分配率	金额（元）
生产动力用电（A产品）	42500	0.8000	34000.00
生产动力用电（B产品）	41000	0.8000	32800.00
车间照明用电	15000	0.8000	12000.00
行政管理部门用电	12000	0.8000	9600.00
合计	110500	0.8000	88400.00

制表：何才　　审核：杨飞扬

图 5-90　电费分配表

华龙科技有限公司工资分配表

编制单位：湛江市华龙科技有限公司　　2014 年 04 月　　单位：元

车间、部门		生产车间	行政管理部门	合计
生产工人	A产品	36000.00		36000.00
	B产品	36000.00		36000.00
车间管理人员		16500.00		16500.00
行政管理人员			13500.00	13500.00
合 计		88500.00	13500.00	102000.00

制表：何才　　审核：杨飞扬

图 5-91　工资分配表

制造费用分配表

编制单位：湛江市华龙科技有限公司　　2014 年 04 月 30 日

产品	生产工时	分配率	金额(元)
A产品	52100	0.3132	16317.72
B产品	50000	0.3132	15657.03
合计	102100	0.3132	31974.75

制表：kuaiji　　审核：kuaiji

图 5-92　制造费用分配表

2）编制记账凭证。会计主管将审核无误的原始凭证传递至会计作为记账凭证的依据，如图 5-93 所示。

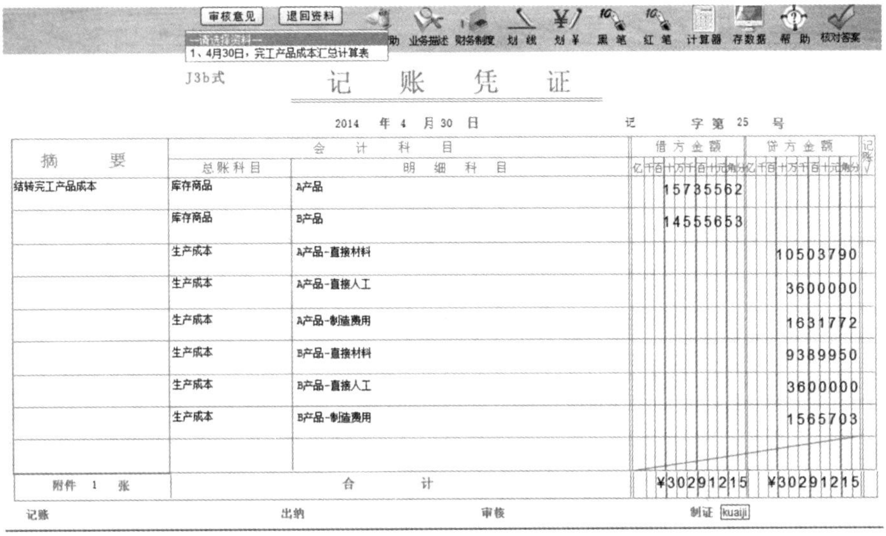

J3b式

记 账 凭 证

2014 年 4 月 30 日　　记 字第 25 号

摘要	总账科目	明细科目	借方金额	贷方金额	记账√
结转完工产品成本	库存商品	A产品	15735562		
	库存商品	B产品	14555653		
	生产成本	A产品-直接材料		10503790	
	生产成本	A产品-直接人工		3600000	
	生产成本	A产品-制造费用		1631772	
	生产成本	B产品-直接材料		9389950	
	生产成本	B产品-直接人工		3600000	
	生产成本	B产品-制造费用		1565703	
附件 1 张	合计		¥30291215	¥30291215	

记账　　出纳　　审核　　制证 kuaiji

图 5-93　记账凭证

（30）4 月 30 日，结转已销产品生产成本。编制已销产品生产成本计算表。

1）编制已销产品成本计算表（图 5-94）。

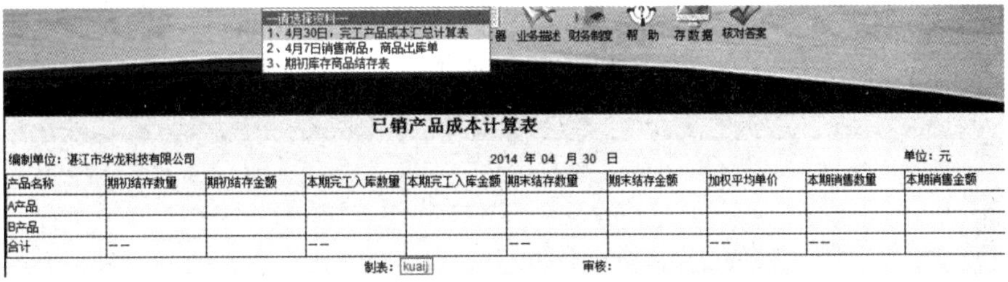

已销产品成本计算表

编制单位：湛江市华龙科技有限公司　　2014 年 04 月 30 日　　单位：元

产品名称	期初结存数量	期初结存金额	本期完工入库数量	本期完工入库金额	期末结存数量	期末结存金额	加权平均单价	本期销售数量	本期销售金额
A产品									
B产品									
合计	--		--		--		--	--	

制表：kuaiji　　审核：

图 5-94　已销产品成本计算表

期初结存数量和金额：根据图 5-95 期初库存商品结存表填列

本期完工入库数量和金额：根据图 5-96 完工产品成本汇总计算表填列

加权平均单价 =（期初结存金额 + 本期完工入库金额）/（期初结存数量 + 本期完工入库数量）

本期销售数量：根据图 5-97 商品出库单

期末结存数量 = 期初结存数量 + 本期完工入库数量 - 本期销售数量

期末结存金额 = 加权平均单价 * 期末结存数量

本期销售金额 = 期初结存金额 + 本期完工入库金额 - 期末结存金额

上述任务完成后传递至会计主管审核。

期初库存商品结存表

编制单位：湛江市华龙科技有限公司　　2014 年 4 月　　单位：元

产品名称	期初结存数量	期初结存金额
A产品	5537	241136.35
B产品	6012	264528
合计	——	505664.35

制表：何冰　　审核：杨飞扬

图 5-95　期初库存商品结存表

完工产品成本汇总计算表

编制单位：湛江市华龙科技有限公司　　2014 年 04 月 30 日

成本项目	A产品（5255箱）	B产品（3615箱）	合计
直接材料	105037.90	93899.50	198937.40
直接人工	36000.00	36000.00	72000.00
制造费用	16317.72	15657.03	31974.75
总成本	157355.62	145556.53	302912.15
单位成本	29.9440	40.2646	——

制表：kuaiji　　审核：kuaiji

图 5-96　完工产品成本汇总计算表

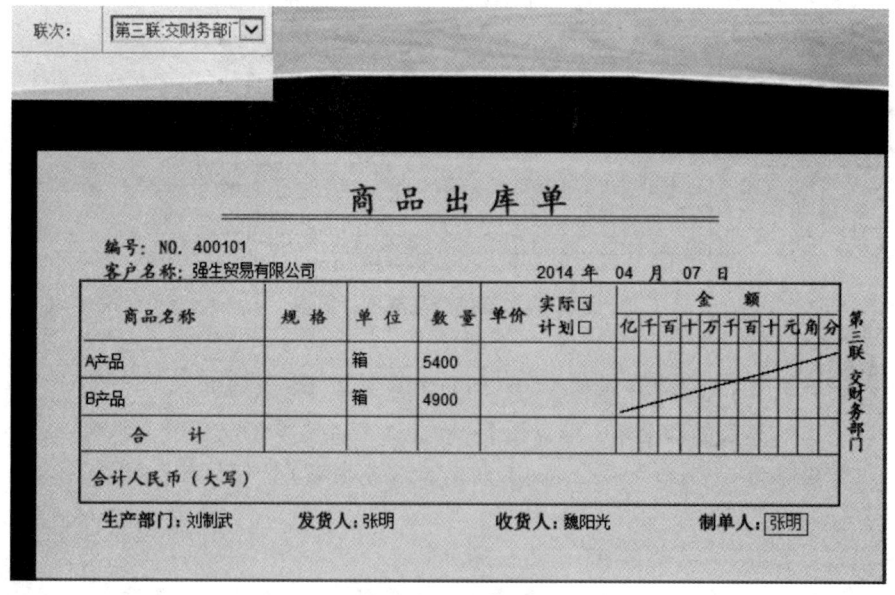

图 5-97　商品出库单

2）编制记账凭证。会计主管将审核无误的原始凭证传递至会计作为记账凭证的依据，如图 5-98 所示。

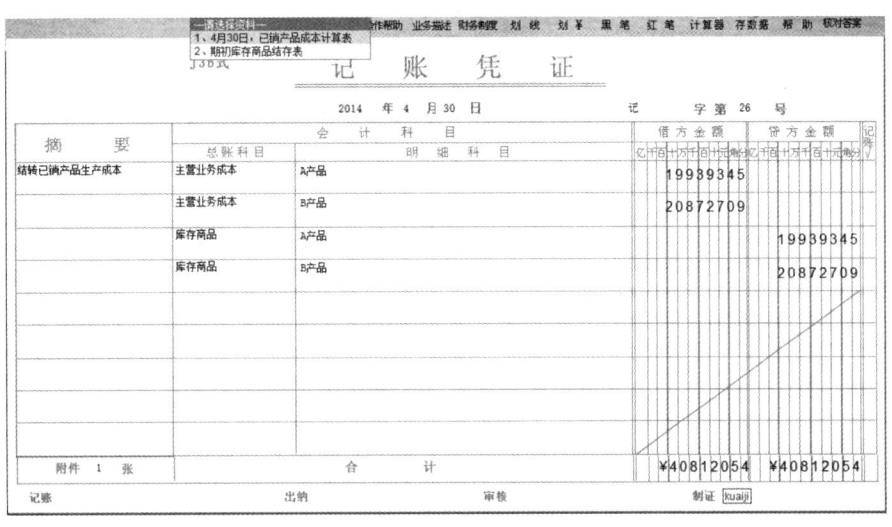

图 5-98 记账凭证

(31)4月30日,计算结转本月税费。编制增值税计算表(图 5-99)。

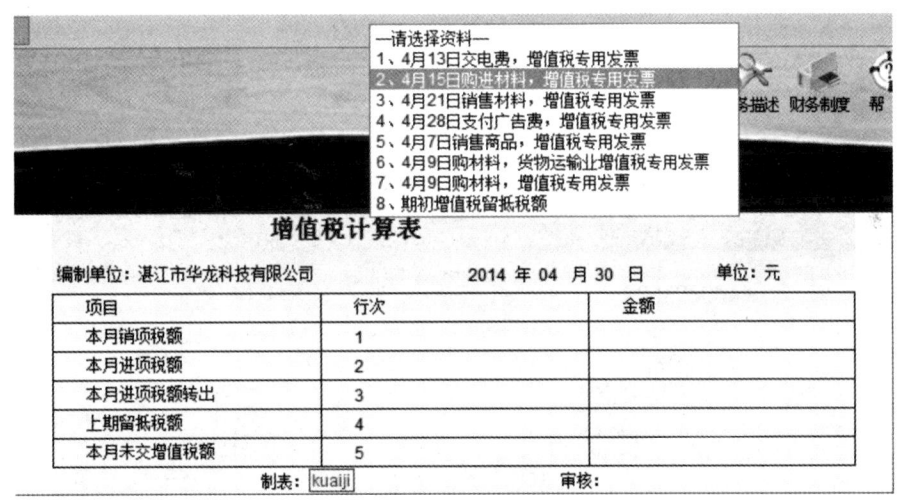

图 5-99 增值税计算表

1)本月销项税额:根据图 5-100 增值税专用发票(一)、图 5-101 增值税专用发票(二)计算填列。

2)本月进项税额:根据图 5-102 增值税专用发票(三)、图 5-103 增值税专用发票(四)、图 5-104 增值税专用发票(五)、图 5-105 增值税专用发票(六)、图 5-106 增值税专用发票(七)计算填列。

3)上期留抵税额:根据图 5-107 期初增值税留抵税额填列。

本月未交增值税额=本月销项税额-本月进项税额-上期留抵税额

图 5-100 增值税专用发票（一）

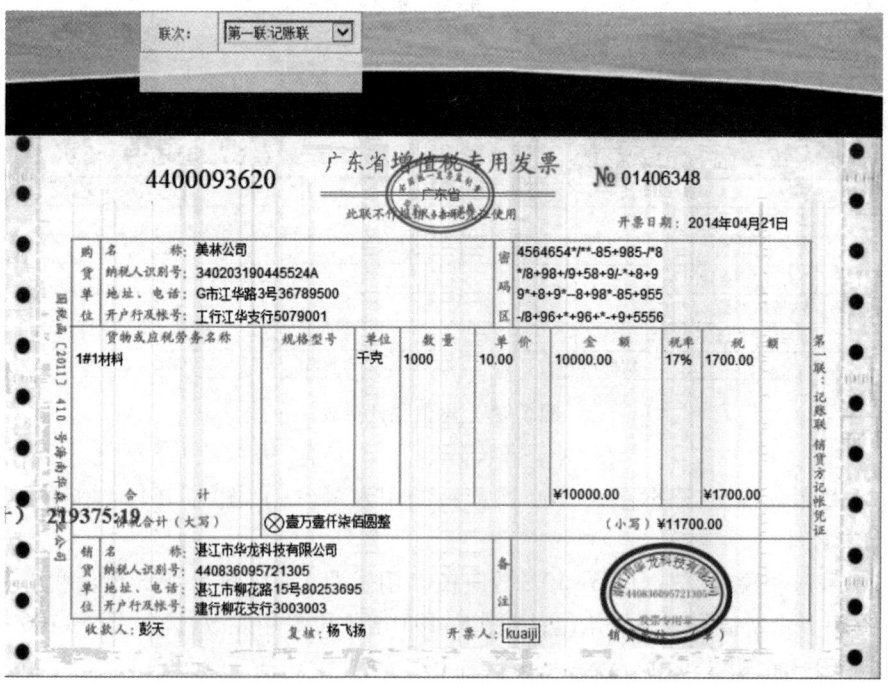

图 5-101 增值税专用发票（二）

图 5-102 增值税专用发票(三)

图 5-103 增值税专用发票(四)

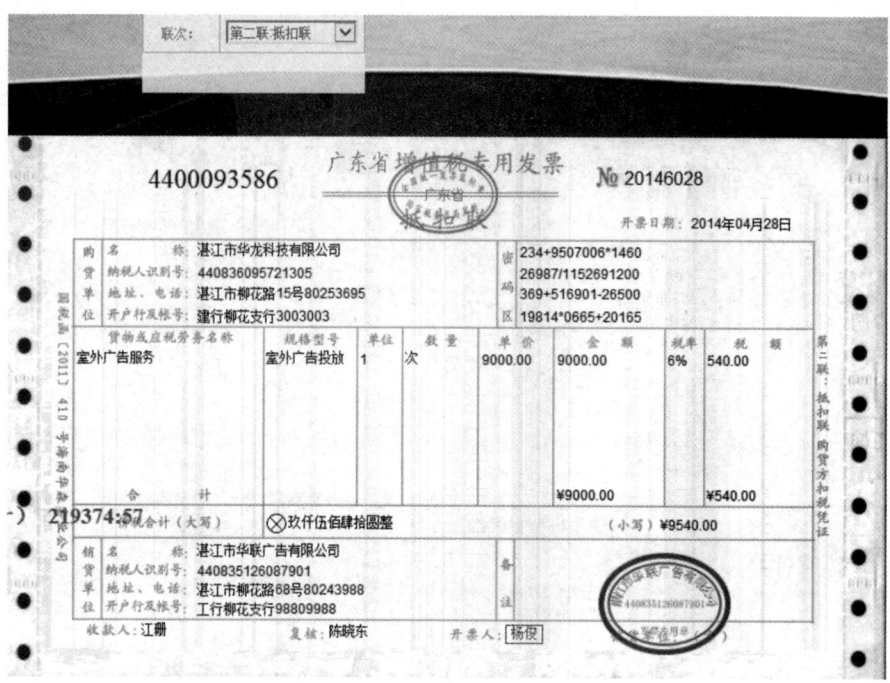

图 5-104　增值税专用发票(五)

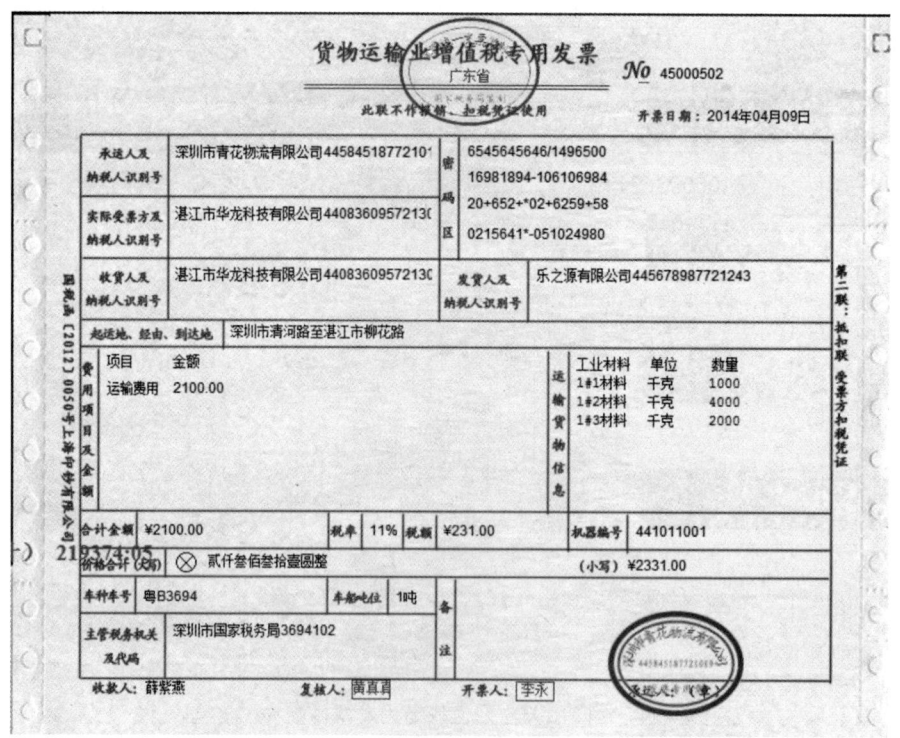

图 5-105　增值税专用发票(六)

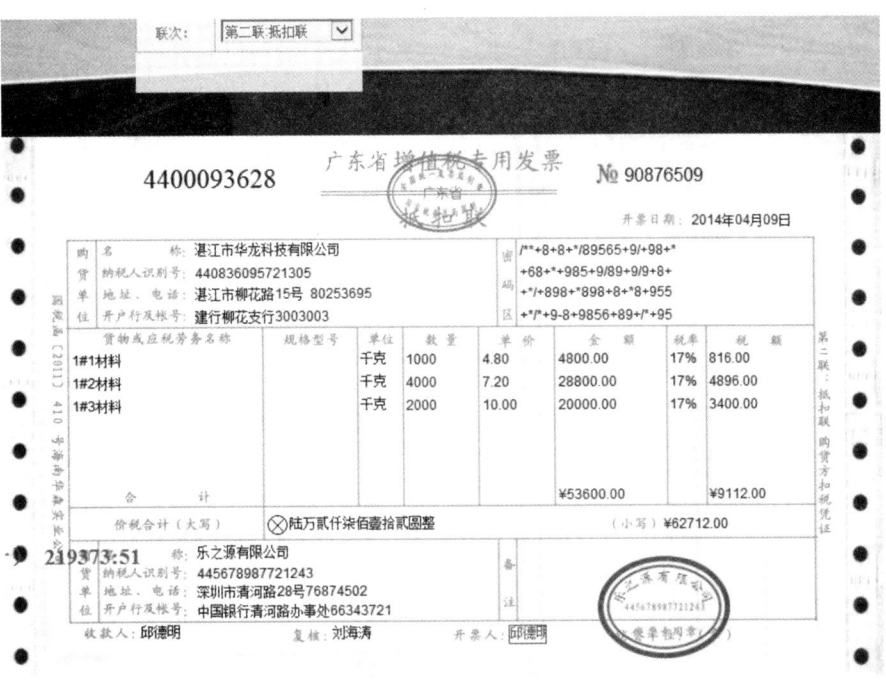

联次：第二联:抵扣联

4400093628 广东省增值税专用发票 № 90876509

抵扣联

开票日期：2014年04月09日

购货单位		密码区
名称	湛江市华龙科技有限公司	/**+8+8+*/89565+9/+98+*
纳税人识别号	440836095721305	+68+*+985+9/89+9/9+8+
地址、电话	湛江市柳花路15号 80253695	+*/+898+*898+8+*8+955
开户行及帐号	建行柳花支行3003003	+*/*+9-8+9856+89+/*+95

货物或应税劳务名称	规格型号	单位	数量	单价	金额	税率	税额
1#1材料		千克	1000	4.80	4800.00	17%	816.00
1#2材料		千克	4000	7.20	28800.00	17%	4896.00
1#3材料		千克	2000	10.00	20000.00	17%	3400.00
合计					¥53600.00		¥9112.00
价税合计（大写）	⊗陆万贰仟柒佰壹拾贰圆整				（小写）¥62712.00		

销货单位		备注
名称	乐之源有限公司	
纳税人识别号	445678987721243	
地址、电话	深圳市清河路28号76874502	
开户行及帐号	中国银行清河路办事处66343721	

收款人：邱德明 复核：刘海清 开票人：邱德明 （销货单位：章）

乐之源有限公司 445678987721243 发票专用章

国税函〔2011〕410号海南华森实业公司

219373:51

第二联：抵扣联 购货方扣税凭证

图 5-106 增值税专用发票(七)

期初增值税留抵税额

2014 年 4 月

日期	期初留抵税额
2014年04月01日	2653.54

制表：何对 审核：杨飞扬

图 5-107 期初增值税留抵税额

(32)4 月 30 日，计算结转本月税费。编制税费计算表。

1)填制原始凭证(图 5-108、图 5-109)。

—请选择资料— 1、4月30日，增值税计算表 计算器 业务描述 财务制度 帮

税费计算表

编制单位：湛江市华龙科技有限公司 2014 年 04 月 30 日 单位：元

税（费）种	计税基数	税（费）率	税（费）额
城市维护建设税			
教育费附加			
合计	——	——	

制表：kuaiji 审核：

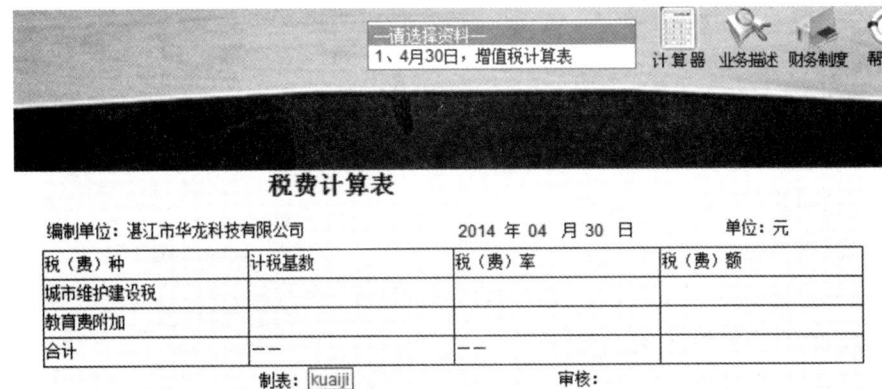

图 5-108 税费计算表

城市维护建设税/教育费附加=计税基数＊税率

计税基数=本月未交增值税+本月营业税+本月消费税

增值税计算表

编制单位：湛江市华龙科技有限公司　　2014 年 04 月 30 日　　单位：元

项目	行次	金额
本月销项税额	1	97580.00
本月进项税额	2	23389.50
本月进项税额转出	3	
上期留抵税额	4	2653.54
本月未交增值税额	5	71536.96

制表：kuaiji　　审核：

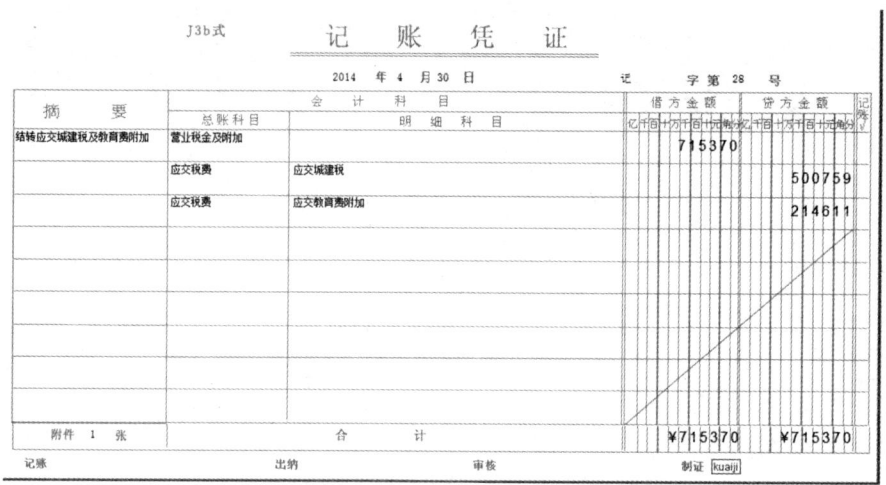

图 5-109　增值税计算表

2)编制记账凭证(图 5-110)。

J3b式

记　账　凭　证

2014 年 4 月 30 日　　记 字第 28 号

摘要	总账科目	明细科目	借方金额	贷方金额	记账√
结转应交城建税及教育费附加	营业税金及附加		715370		
	应交税费	应交城建税		500759	
	应交税费	应交教育费附加		214611	
附件 1 张	合计		¥715370	¥715370	

记账　　出纳　　审核　　制证 kuaiji

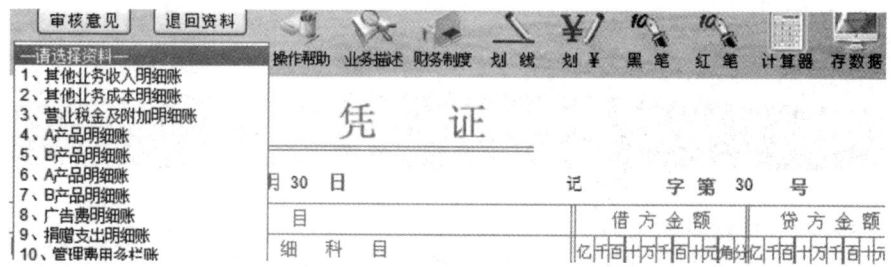

图 5-110　记账凭证

(33)结转损益

点击“请选择资料”,出现如图 5-111 所示背景资料,据此编制记账凭证。

图 5-111　背景资料

1)4 月 30 日结转损益,结转以下科目(图 5-112):

主营业务成本-A 产品

主营业务成本-B 产品
其他业务成本
营业税金及附加
销售费用-广告费

J3b式　　**记　账　凭　证**

2014 年 4 月 30 日　　记 字第 29 号

摘要	总账科目	明细科目	借方金额	贷方金额	记账√
结转损益	本年利润		42886304		
	主营业务成本	A产品		19939345	
	主营业务成本	B产品		20872709	
	其他业务成本			458880	
	营业税金及附加			715370	
	销售费用	广告费		900000	
附件 0 张	合计		¥42886304	¥42886304	

记账　　出纳　　审核　　制证 kuaiji

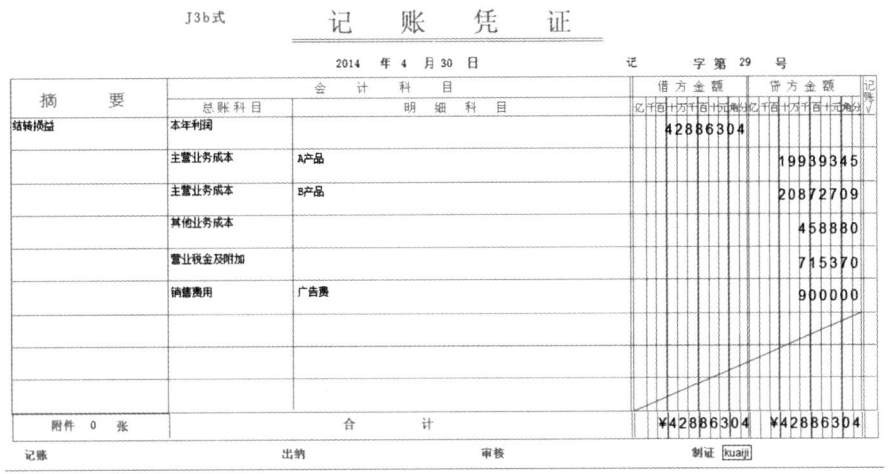

图 5-112　记账凭证

2)4 月 30 日结转损益,结转以下科目(图 5-113):
管理费用-办公费
管理费用-业务招待费
管理费用-职工薪酬
管理费用-水电费
管理费用-折旧费
管理费用-其他
营业外支出-捐赠支出

J3b式　　**记　账　凭　证**

2014 年 4 月 30 日　　记 字第 30 号

摘要	总账科目	明细科目	借方金额	贷方金额	记账√
结转损益	本年利润		7628640		
	管理费用	办公费		52500	
	管理费用	业务招待费		100000	
	管理费用	职工薪酬		1350000	
	管理费用	水电费		960000	
	管理费用	折旧费		129825	
	管理费用	其他		36315	
	营业外支出	捐赠支出		5000000	
附件 0 张	合计		¥7628640	¥7628640	

记账　　出纳　　审核　　制证 kuaiji

图 5-113　记账凭证

3)4月30日结转损益,结转以下科目(图5-114):
主营业务收入-A产品
主营业务收入-B产品
其他业务收入

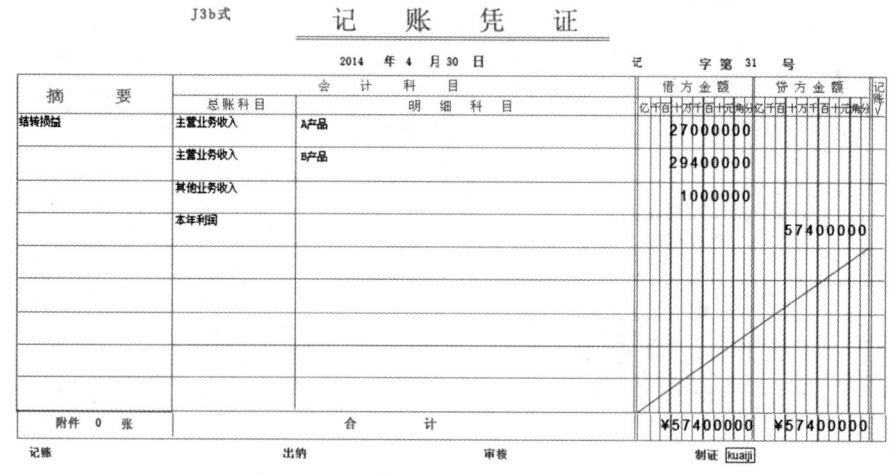

图5-114 记账凭证

完成上述任务后批量传递给会计主管审核。

任务三 账簿的登记

一、三栏式明细账

往来明细账(应收/应付账款、预收/预付账款)不需要本月合计。
(1)应收账款—美林公司。
点击"资料浏览",出现背景资料如图5-115所示,登记明细账(图5-116)。

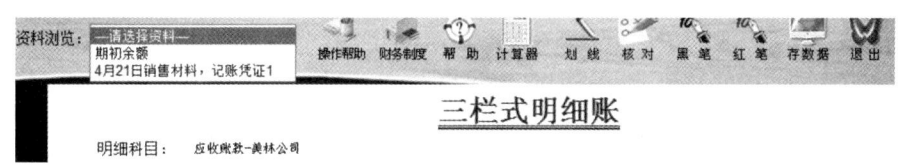

图 5–115 背景资料

三栏式明细账

明细科目： 应收账款-美林公司

2014 月	日	凭证号数	摘要	借方	贷方	借或贷	余额	核对号
4	21	记-14	销售材料	1170000		借	1170000	

图 5–116 应收账款明细账

(2)短期借款—建行柳花支行。

点击“资料浏览”，只出现一笔期初余额，据此登记三栏式明细账，如图 5–117 所示。

三栏式明细账

明细科目： 短期借款-建行柳花支行

2014 月	日	凭证号数	摘要	借方	贷方	借或贷	余额	核对号
4	1		期初余额			贷	12000000	

图 5–117 短期借款明细账

(3)应付账款—长发商行。

点击“资料浏览”，只出现一笔期初余额，据此登记三栏式明细账，如图 5–118 所示。

三栏式明细账

明细科目：　应付账款—长发商行

2014 月	日	凭证号数	摘要	借方	贷方	借或贷	余额	核对号
4	1		期初余额			贷	866845	

图 5-118　应付账款明细账

二、多栏式明细账

(1)应交税费—应交增值税。

点击“资料浏览”，出现背景资料如图 5-119 所示，据此登记明细账(图 5-120)。

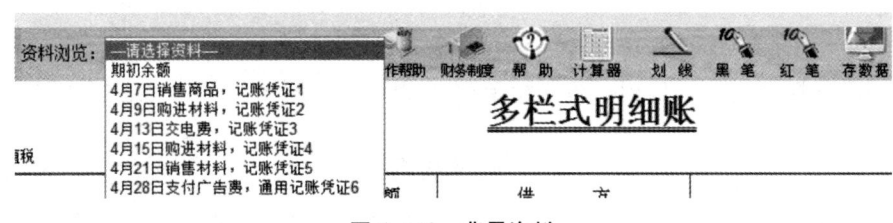

图 5-119　背景资料

多栏式明细账

明细科目：　应交税费-应交增值税

2014 月	日	凭证字号	摘要	借方	贷方	余额 方向	余额	借方 进项税额	借方 已交税金	借方 出口抵减内销产品应纳税额	贷方 销项税额	贷方 出口退税	贷方 进项税额转出		
4	1		期初余额	0.00	0.00	借	2653.54	2653.54							
	7	记-4	销售产品	0.00	95880.00	贷	93226.46				95880.00				
	9	记-6	向乐之源有限公司购进材料	9343.00	0.00	贷	83883.46	9343.00							
	13	记-11	交电费	12240.00	0.00	贷	71643.46	12240.00							
	15	记-12	购入材料	1266.50	0.00	贷	70376.96	1266.50							
	21	记-14	销售材料	0.00	1700.00	贷	72076.96				1700.00				
	28	记-17	支付广告费	540.00	0.00	贷	71536.96	540.00							
	30		本月合计	23389.50	97580.00	贷	71536.96	26043.04			97580.00				

图 5-120　应交税费—应交增值税明细账

(2)管理费用。

点击“资料浏览”，出现背景资料如图 5-121 所示，据此登记明细账(图 5-122)。

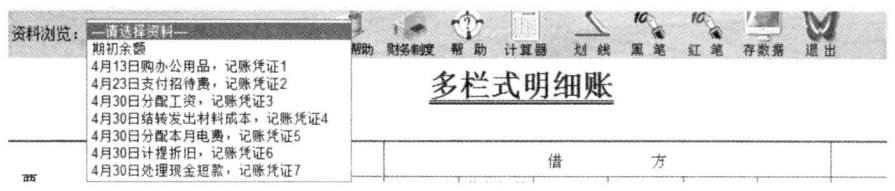

图 5-121 管理费用

2014		凭证	摘要	借方	贷方	余额		借			方			贷	方
月	日	字号				方向	办公费	业务招待费	职工薪酬	水电费	折旧费	其他			
4	13	记-10	行政部门购办公用品	525.00	0.00	借	525.00	525.00							
	23	记-15	支付招待费	1000.00	0.00	借	1525.00		1000.00						
	30	记-19	分配本月工资费用	13500.00	0.00	借	15025.00			13500.00					
	30	记-20	结转发出材料成本	313.15	0.00	借	15338.15						313.15		
	30	记-21	分配本月电费	9600.00	0.00	借	24938.15				9600.00				
	30	记-22	计提折旧	1298.25	0.00	借	26236.40					1298.25			
	30	记-24	现金短款计管理费用处理	50.00	0.00	借	26286.40						50.00		
	30	记-30	结转损益	0.00	26286.40	平	0.00	525.00	1000.00	13500.00	9600.00	1298.25	363.15		
	30		本月合计	26286.40	26286.40	平	0.00								

图 5-122 管理费用明细账

备注:结转损益项目用红色转出。

(3)生产成本—B产品。

点击"资料浏览",出现背景资料如图 5-123 所示,据此登记明细账(图 5-124)。

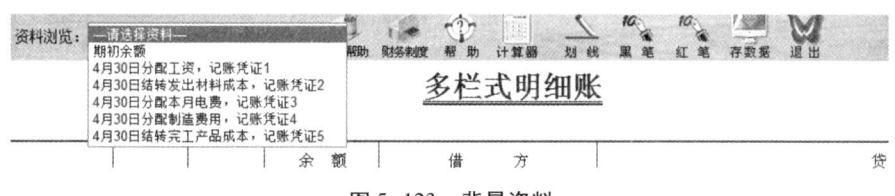

图 5-123 背景资料

明细科目: 生产成本-B产品

2014		凭证	摘要	借方	贷方	余额		借	方	
月	日	字号				方向		直接材料	直接人工	制造费用
4	30	记-19	分配本月工资费用	36000.00	0.00	借	36000.00		36000.00	
	30	记-20	结转发出材料成本	61099.50	0.00	借	97099.50	61099.50		
	30	记-21	分配本月电费	32800.00	0.00	借	129899.50	32800.00		
	30	记-23	分配制造费用	15657.03	0.00	借	145556.53			15657.03
	30	记-25	结转完工产品成本	0.00	145556.53	平	0.00	93899.50	36000.00	15657.03
	30		本月合计	145556.53	145556.53	平	0.00			

图 5-124 生产成本明细账

备注：结转损益项目用红色转出。

三、数量金额明细账

（1）原材料。

点击"请选择资料"，出现如图 5-125 所示背景单据，据此登记账簿（图 5-126、图 5-127）。

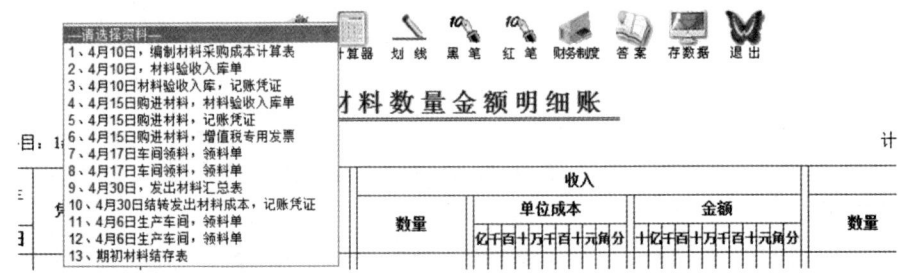

图 5-125 背景资料

原材料数量金额明细账

明细科目：1#2材料

2014年		凭证编号	摘要	收入 数量	收入 单位成本	收入 金额	结存 数量
月	日						
4	1		期初余额				7170
	6	401	车间领料				4000
	6	402	车间领料				2500
	10	记-7	材料验收入库	4000	7 50	3000000	
	15	记-12	购入材料	995	7 49	745000	
	17	403	车间领料				2000
	17	404	车间领料				3000
	30	记-20	结转发出材料成本				
	30		本月合计	4995		3745000	11500

图 5-126 原材料数量金额明细账（一）

计量单位：千克

发出 数量	发出 单位成本	发出 金额	结存 数量	结存 单位成本	结存 金额	稽核
			7170	6 55	4696350	
4000			3170			
2500			670			
			4670			
			5665			
2000			3665			
3000			665			
	6 94	7979850	665	6 94	461500	
11500		7979850	665	6 94	461500	

图 5-127 原材料数量金额明细账（二）

（2）库存商品。

点击"请选择资料"，出现如图 5-128 所示背景资料，据此登记账簿（图 5-129、图 5-130）。

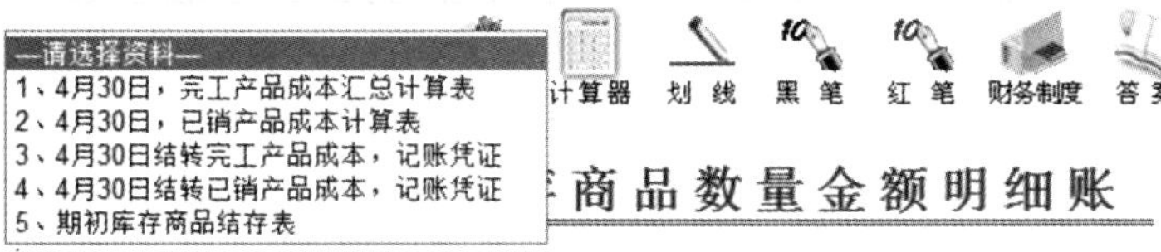

图 5-128　背景资料

图 5-129　库存商品数量金额明细账（一）

图 5-130　库存商品数量金额明细账（二）

第六章 会计主管岗位

任务一 会计主管岗位工作职责

会计主管,又称财务主管,是指单位会计机构的负责人或主管单位会计工作的技术负责人,是各单位会计工作的具体领导者和组织者;主要负责公司财务管理及财务策划,负责公司会计核算及税务核算工作。

一、会计主管岗位职责

(1)贯彻执行国家财税法规政策,参与制定贯彻公司各项规章制度和有关规定。

(2)组织制定本公司的财务计划,银行借款计划,并组织实施。

(3)负责组织固定资产和资金的核算工作。

(4)负责按国家规定进行严格审查各类有关财务方面的事项,并督促办理解缴手续。

(5)负责审查或参与拟订经济合同、协议及其他经济文件。

(6)负责向公司领导和董事会报告财务状况和经营成果,审查对外提供的会计资料。

(7)定期或不定期地向公司领导、董事会,报告各项财务收支和盈亏情况,以便领导进行决策。

(8)负责组织会计人员学习政治理论和业务技术。

(9)负责会计人员考核,参与会计人员的任用和调配。

(10)参加生产经营会议,参与经营决策。

二、会计主管工作的基本原则

会计主管岗位职责履行的好坏对企业内部管理水平起到至关重要的作用,履行好该岗位职责的关键就是要落实到行动上,要实事求是,做员工的典范。另外,会计主管要做好单位负责人的助手,尽职尽责,不越位,积极处理好所管辖的内勤工作,在工作中存在的分歧,应加强沟通与协调,还要锻炼好本身的协调能力。构建总公司、分支机构的和谐体,既要对总公司负责,又要对自己的工作尽心尽职,真正代表公司行使管理权和监督权,分析和统计上级所发的文件和数据,并且及时地与单位负责人进行沟通,落实好文件内容。

任务二 凭证的审核

会计将凭证填制完成后传递给会计主管审核。
(1)将超出库存限额的现金送存银行。
会计主管审核记账凭证(图6-1)。完成后将上述任务传递给出纳复核。

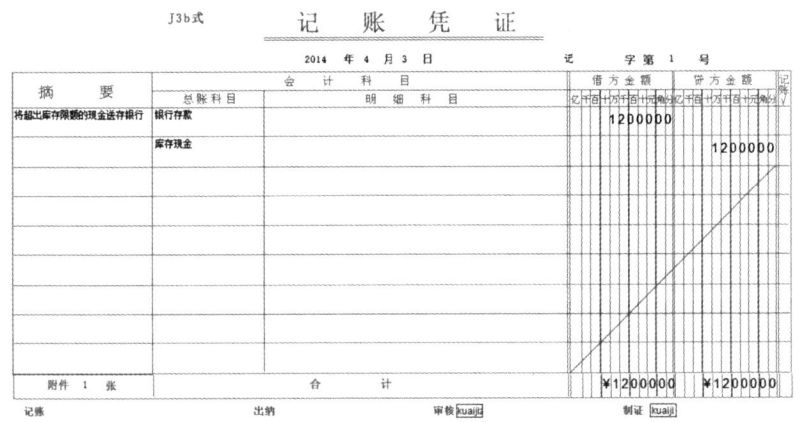

图6-1 记账凭证

(2)预缴第一季度所得税8634.50元。
会计主管审核记账凭证(图6-2)。完成后将上述任务传递给出纳复核。

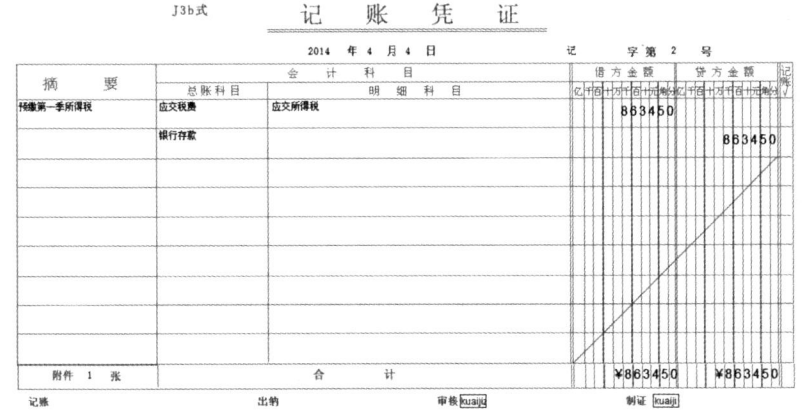

图6-2 记账凭证

(3)4月6日,开支票办理转账,归还原欠羊城公司货款。

1)审核原始凭证。出纳将原始凭证传递给会计主管审核。注:支票申请单(图6-3)不需要审核。

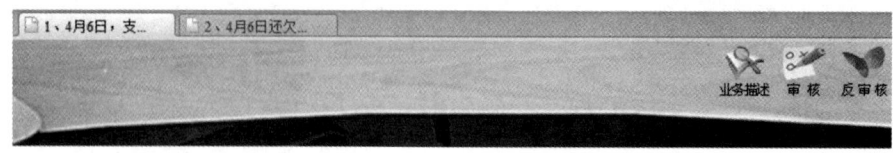

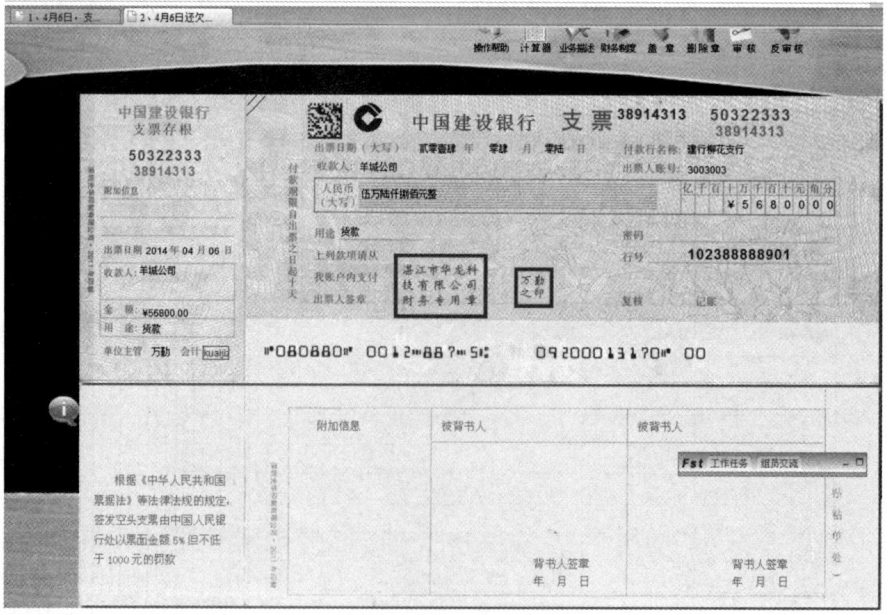

图6-3 支票申请单

中国建设银行支票(图6-4)需盖上法人代表章。

图6-4 中国建设银行支票

2)审核记账凭证(图6-5)。完成后将上述任务传递给出纳复核。

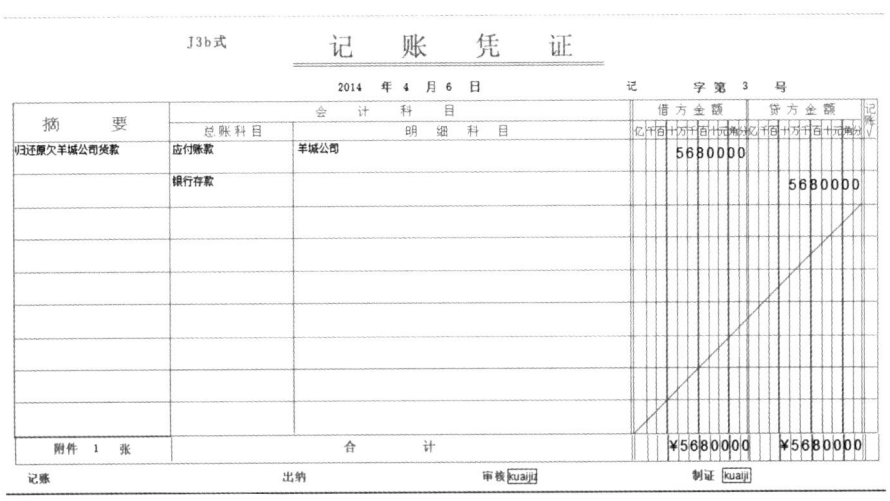

图6-5 记账凭证

(4)4月7日,向强生贸易有限公司销售产品,款未收。

1)会计将原始凭证(图6-6~图6-8)传递给会计主管。开具发票申请单不需要审核。

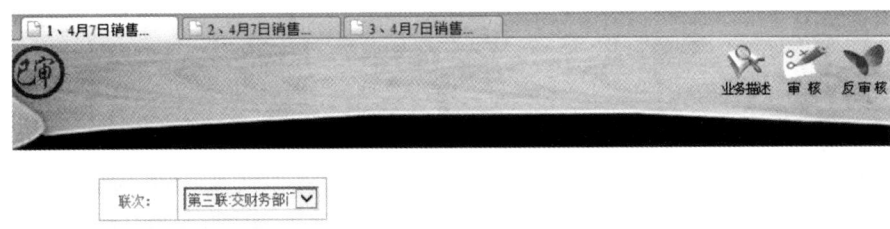

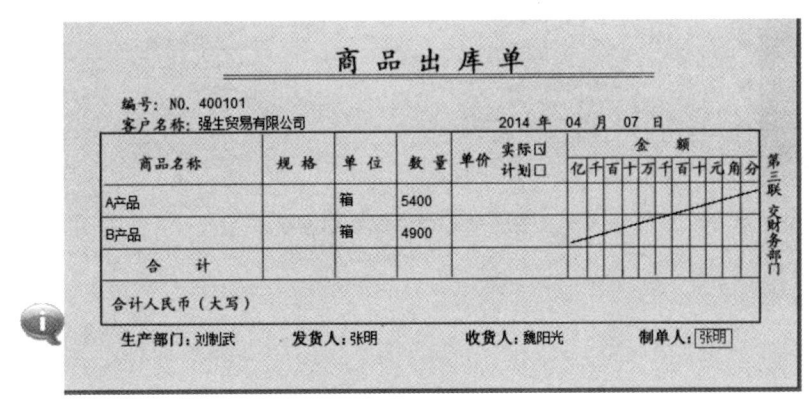

图6-6 商品出库单

图 6-7 开具发票申请单

图 6-8 增值税专用发票

2）审核记账凭证（图6-9）。

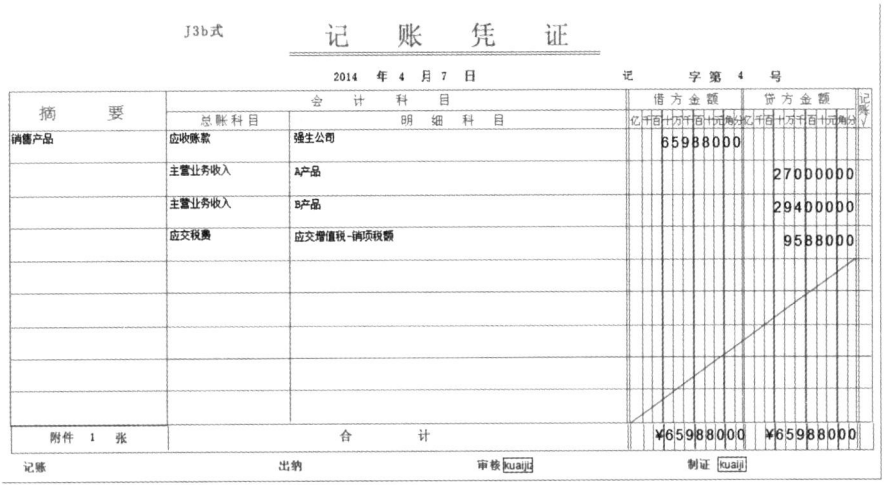

图6-9　记账凭证

(5) 4月8日，收到强生贸易公司的货款。

1）出纳将原始凭证（图6-10、图6-11）传递给会计主管。

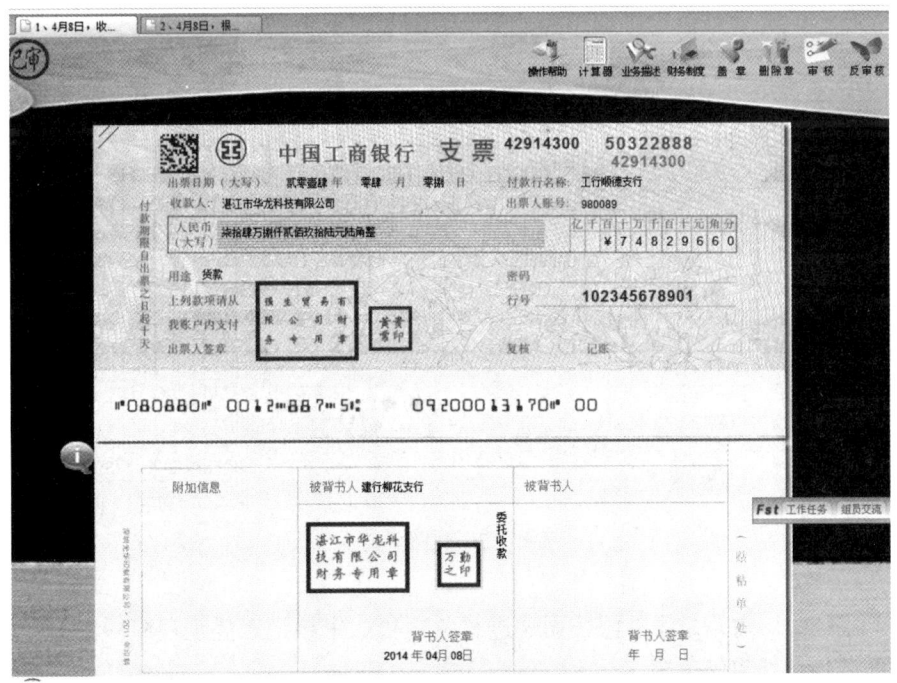

图6-10　中国工商银行支票

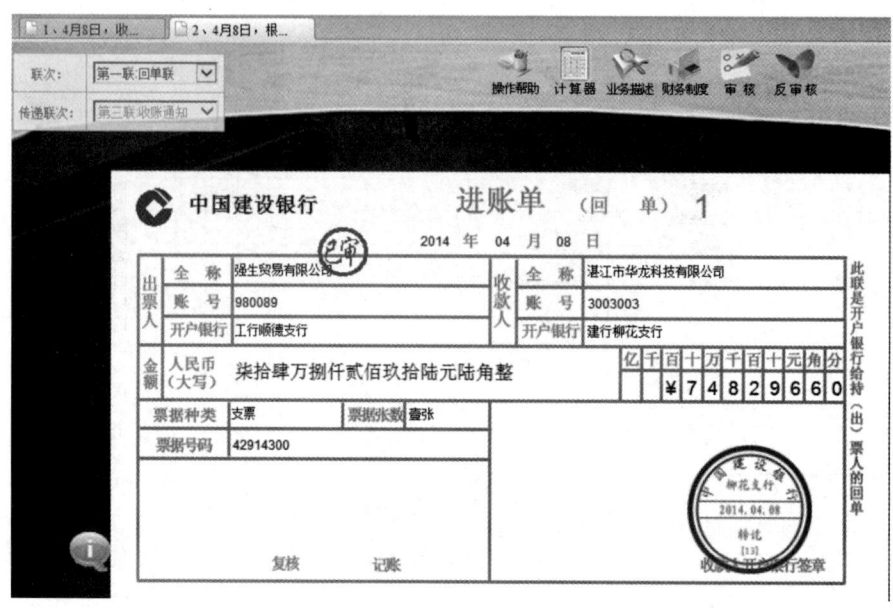

图 6-11 中国建设银行 进账单

2)审核记账凭证(图 6-12)。完成后将上述任务传递给出纳复核。

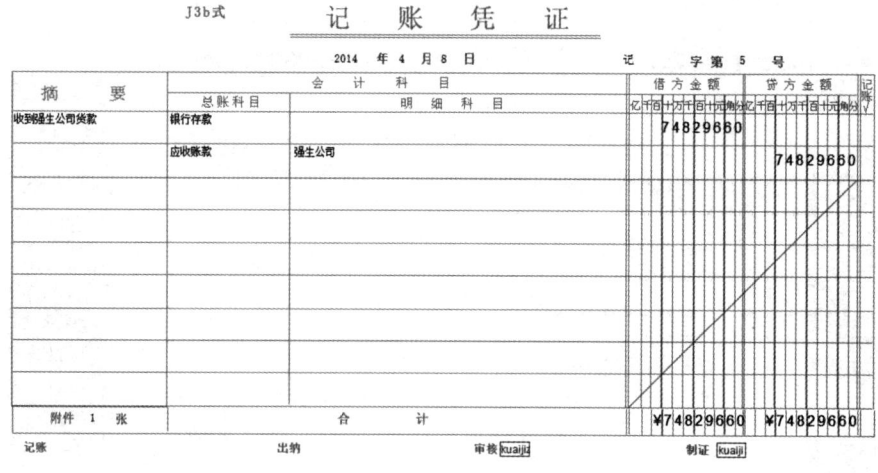

图 6-12 记账凭证

(6)4 月 9 日,向乐之源有限公司购进材料,付款,审核记账凭证(图 6-13)。完成后将上述任务传递给出纳复核。

J3b式

记 账 凭 证

2014 年 4 月 9 日　　　　记 字第 6 号

摘要	总账科目	明细科目	借方金额	贷方金额	记账
向乐之源有限公司购进材料	在途物资	乐之源有限公司	5570000		
	应交税费	应交增值税-进项税额	934300		
	银行存款			6504300	
附件 4 张	合计		¥6504300	¥6504300	

记账　　出纳　　审核 kuaiji　　制证 kuaiji

图 6-13　记账凭证

(7)4 月 10 日,9 日所购的材料运到,全部如数验收入库。运费按质量进行分配。

1)会计将原始凭证(图 6-14)传递给会计主管复核。

材料采购成本计算表

编制单位：湛江市华龙科技有限公司　　2014 年 04 月　　单位：元

材料名称	单价	重量(千克	买价	运费分配标准	运费分配率	运费金额	实际采购成本	单位成本
1#1材料	4.80	1000	4800.00	1000	0.3000	300.00	5100.00	5.1000
1#2材料	7.20	4000	28800.00	4000	0.3000	1200.00	30000.00	7.5000
1#3材料	10.00	2000	20000.00	2000	0.3000	600.00	20600.00	10.3000
合计	——	——	53600.00	7000	0.3000	2100.00	55700.00	——

制表：kuaiji　　审核：kuaiji

图 6-14　材料采购成本计算表

2)审核记账凭证(图 6-15)。

J3b式

记 账 凭 证

2014 年 4 月 10 日　　　　记 字第 7 号

摘要	总账科目	明细科目	借方金额	贷方金额	记账
材料验收入库	原材料	1#1材料	510000		
	原材料	1#2材料	3000000		
	原材料	1#3材料	2060000		
	在途物资	乐之源有限公司		5570000	
附件 2 张	合计		¥5570000	¥5570000	

记账　　出纳　　审核 kuaiji　　制证 kuaiji

图 6-15　记账凭证

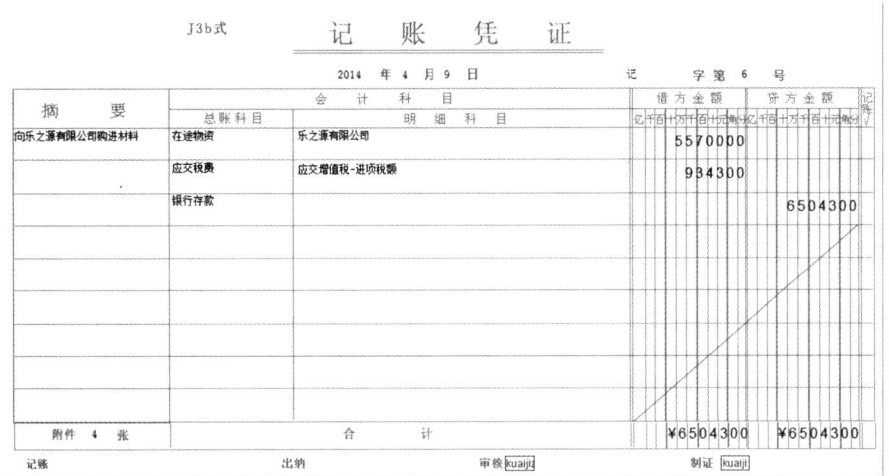

(8)4月10日,提取现金以备发放工资。

1)出纳将原始凭证(图6-16、图6-17)传递给会计主管。

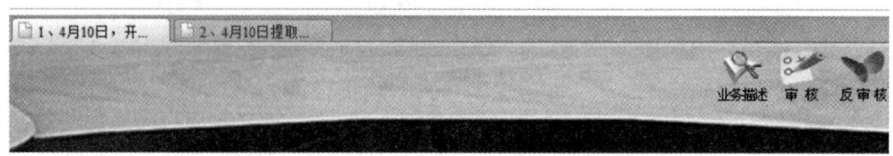

图6-16 支票申请单

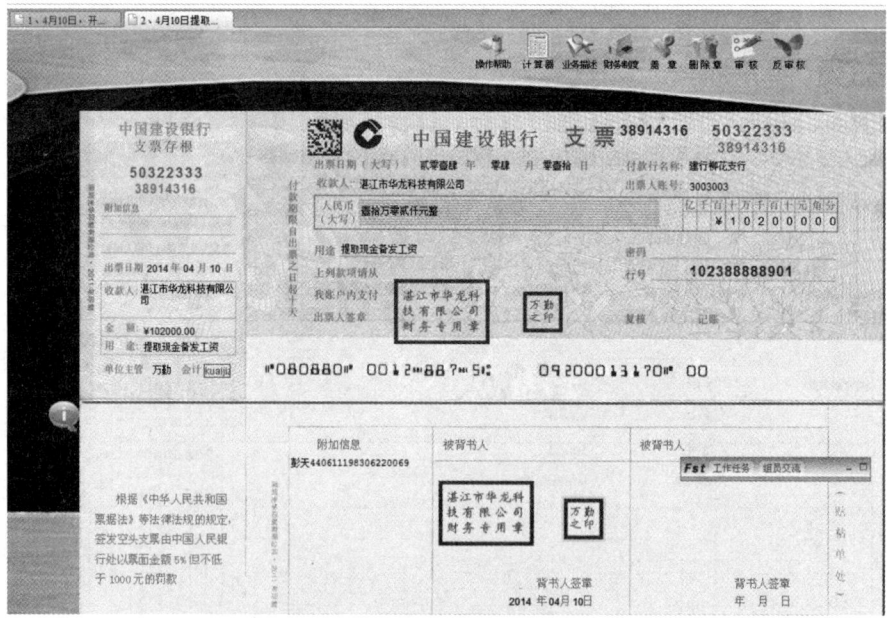

图6-17 中国建设银行支票

2)审核记账凭证(图6-18)。完成后将上述任务传递给出纳复核。

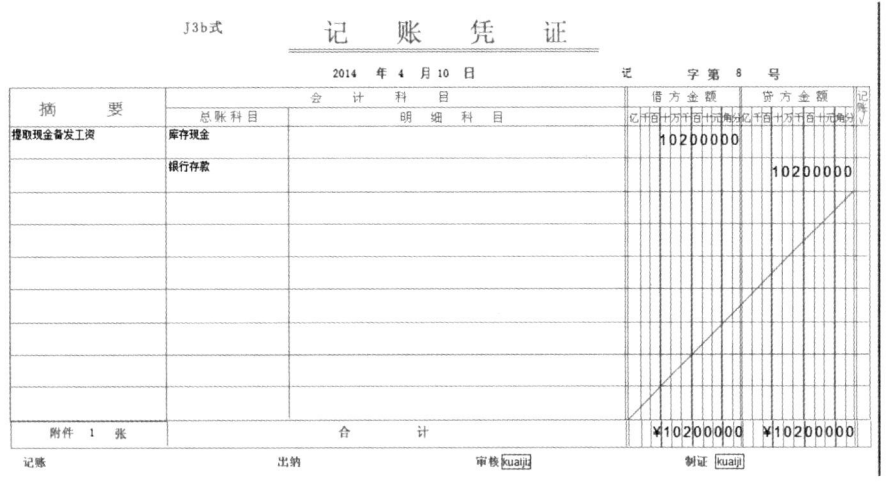

图6-18 记账凭证

(9)4月10日,发放上月工资。

审核记账凭证(图6-19),完成后将上述任务传递给出纳复核。

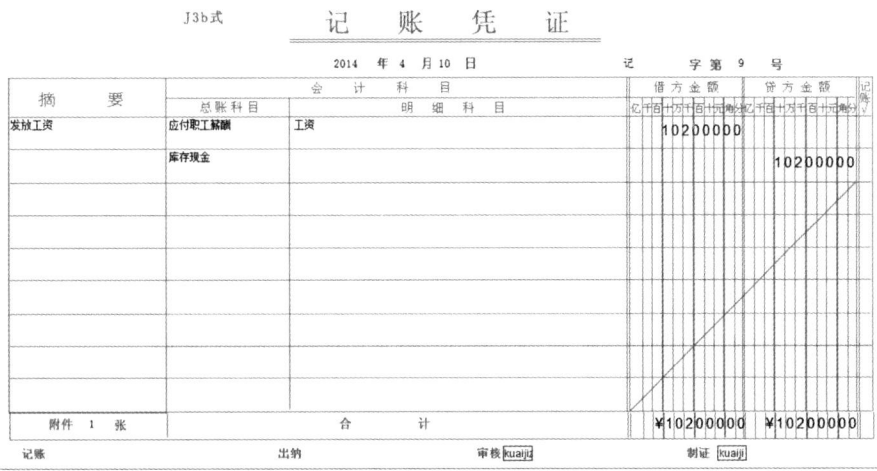

图6-19 记账凭证

(10)4月13日,行政部门购买公用品。

审核记账凭证(图6-20),完成后将上述任务传递给出纳复核。

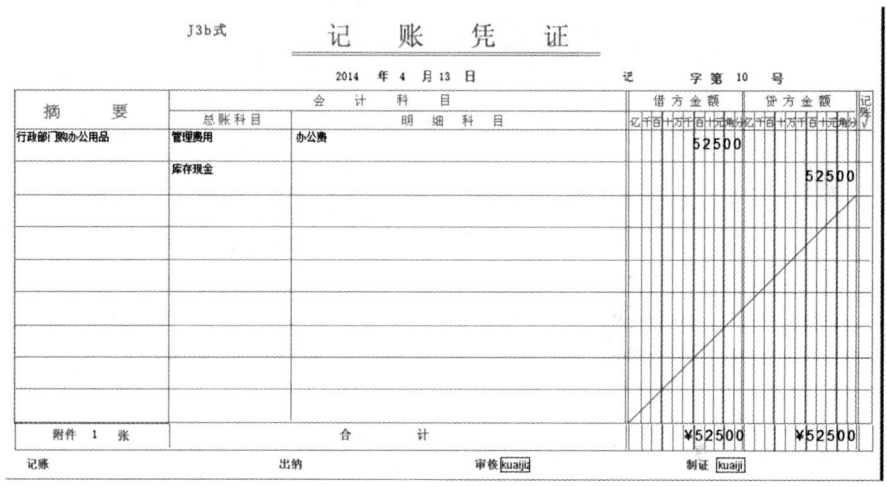

图6-20　记账凭证

(11)4月13日,交电费。

审核记账凭证(图6-21),完成后将上述任务传递给出纳复核。

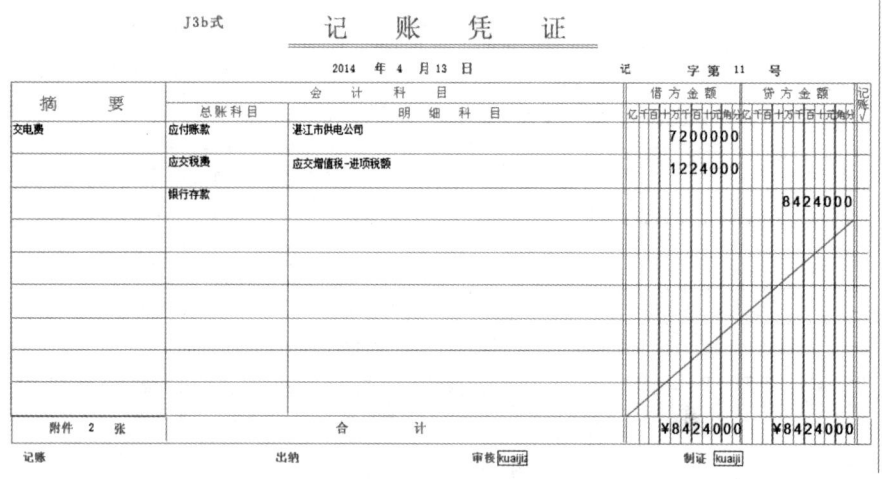

图6-21　记账凭证

(12)4月15日,向本市华源物资批发公司购进1#2材料。
审核记账凭证(图6-22),完成后将上述任务传递给出纳复核。

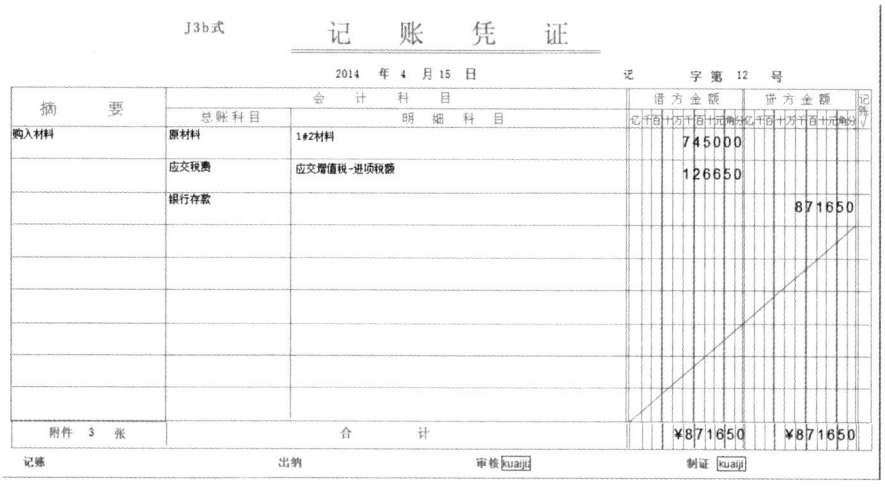

图6-22 记账凭证

(13)4月18日,向甘肃地震灾区捐款。
审核记账凭证(图6-23),完成后将上述任务传递给出纳复核。

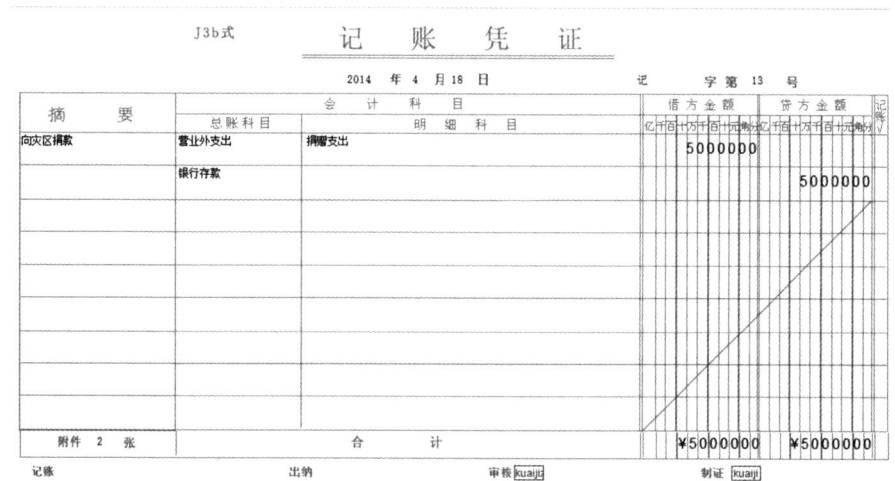

图6-23 记账凭证

(14)4月21日,向美林公司销售1#1材料。

1)会计将原始凭证(图6-24～图6-26)传递给会计主管审核。

图6-24 领料单

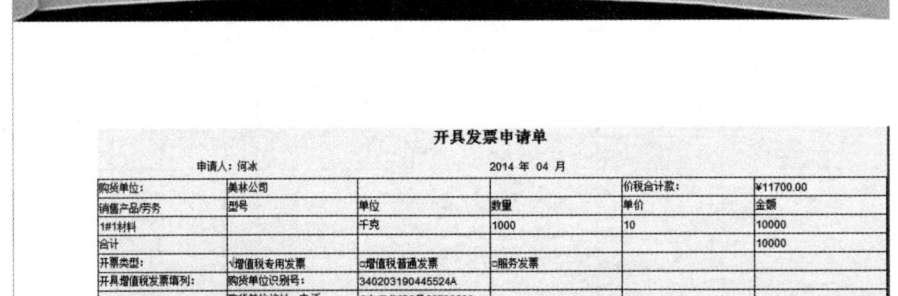

图6-25 开具发票申请单

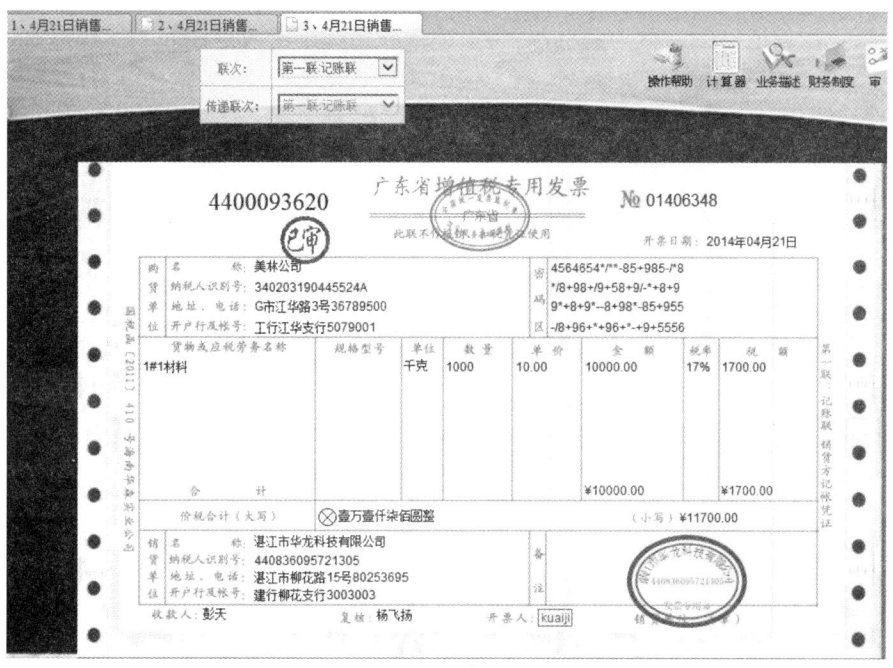

图 6-26　增值税专用发票

2）审核记账凭证（图 6-27）。

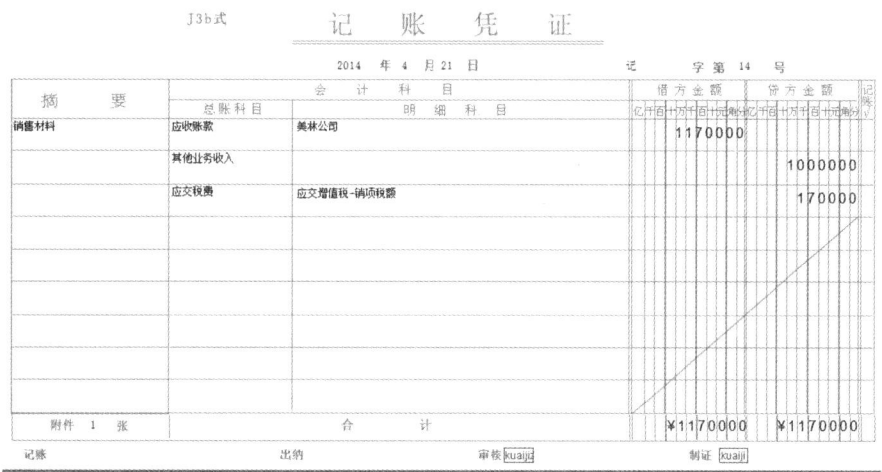

图 6-27　记账凭证

(15) 4月23日,支付招待费。

审核记账凭证(图6-28)。完成后将上述任务传递给出纳复核。

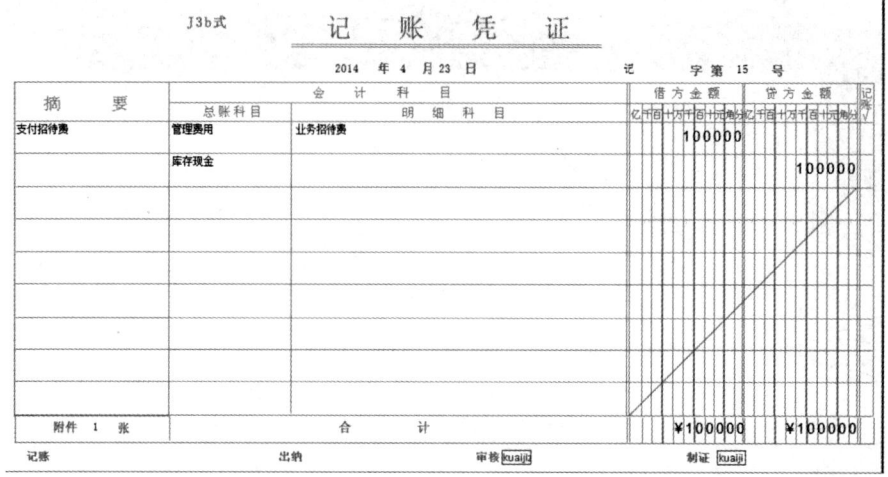

图6-28 记账凭证

(16) 4月25日,盘点现金。

审核记账凭证(图6-29),完成后将上述任务传递给出纳复核。

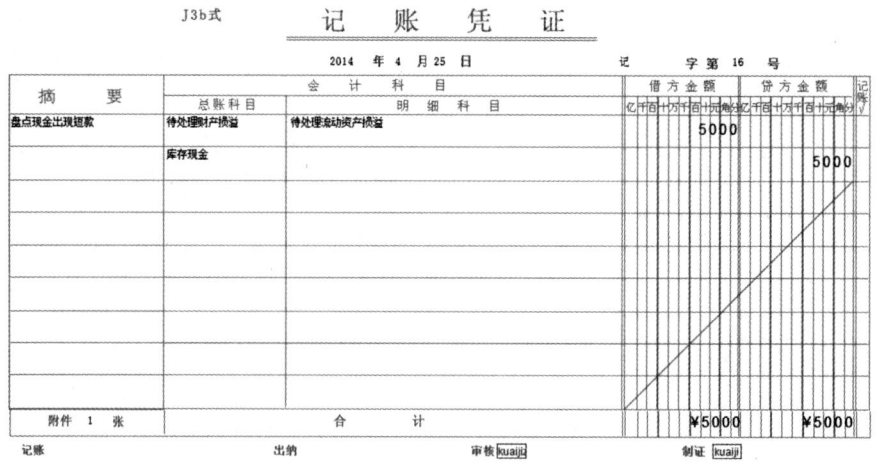

图6-29 记账凭证

(17)4月28日,用建行存款支付广告费。

根据审核过的原始凭证填制记账凭证(图6-30),完成后将上述任务传递给出纳复核。

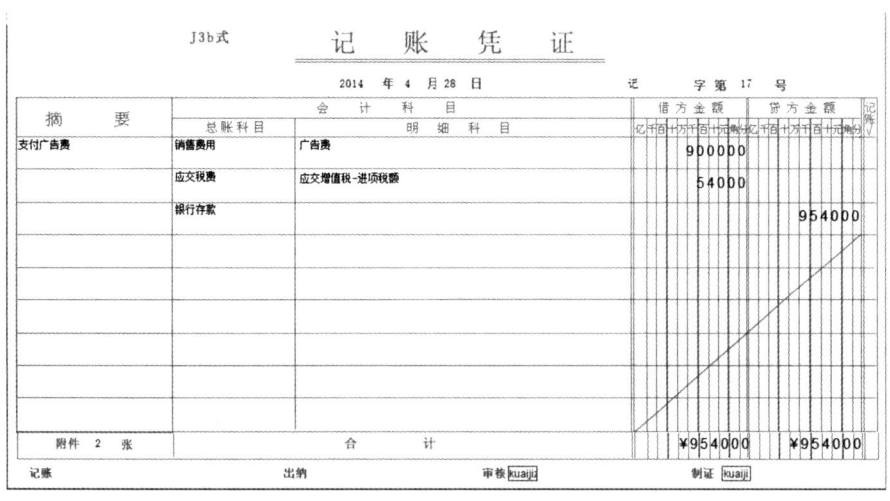

图6-30 记账凭证

(18)4月30日,分配本月工资费用。

根据审核过的原始凭证填制记账凭证(图6-31)。

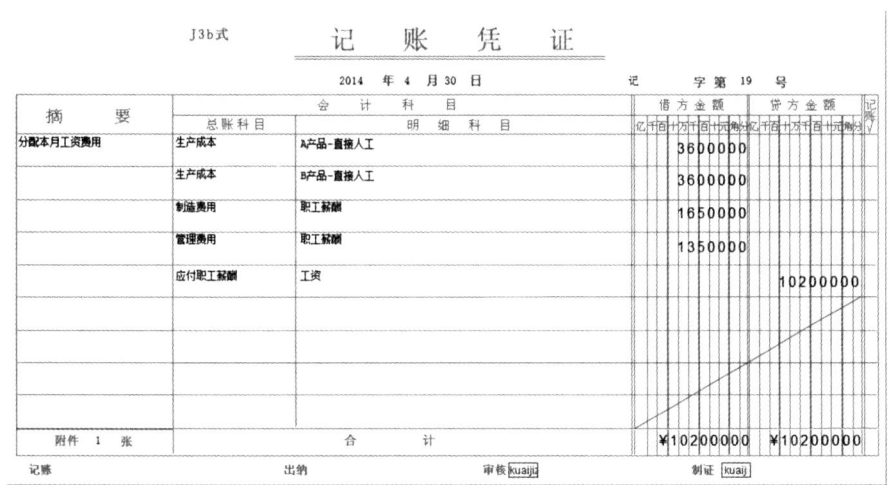

图6-31 记账凭证

(19)4月30日,结转发出材料成本。

1)会计将原始凭证(图6-32~图6-34)传递给会计主管审核。

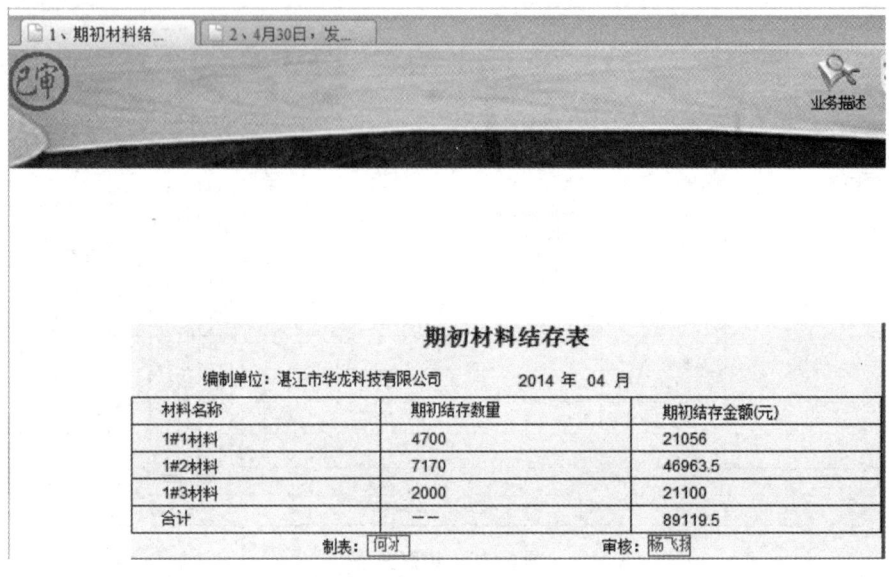

图6-32 期初材料结存表

图6-33 发出材料成本计算表

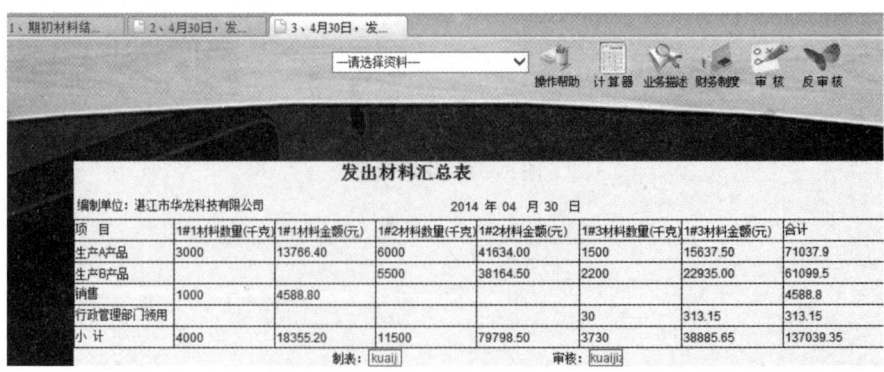

图6-34 发出材料汇总表

2) 审核记账凭证(图6-35)。

记账凭证 J3b式
2014年4月30日 记字第20号

摘要	会计科目		借方金额	贷方金额
	总账科目	明细科目		
结转发出材料成本	生产成本	A产品-直接材料	7103790	
	生产成本	B产品-直接材料	6109950	
	管理费用	其他	31315	
	其他业务成本		458880	
	原材料	1#1材料		1835520
	原材料	1#2材料		7979850
	原材料	1#3材料		3888565
附件 2 张	合计		¥13703935	¥13703935

记账   出纳   审核 kuaiji   制证 kuaiji

图6-35 记账凭证

(20) 4月30日，分配本月电费。

根据审核过的原始凭证填制记账凭证(图6-36)。

记账凭证 J3b式
2014年4月30日 记字第21号

摘要	会计科目		借方金额	贷方金额
	总账科目	明细科目		
分配本月电费	生产成本	A产品-直接材料	3400000	
	生产成本	B产品-直接材料	3280000	
	制造费用	水电费	1200000	
	管理费用	水电费	960000	
	应付账款	湛江市供电公司		8840000
附件 1 张	合计		¥8840000	¥8840000

记账   出纳   审核 kuaiji   制证 kuaiji

图6-36 记账凭证

(21)4月30日,计提折旧。

根据审核过的原始凭证填制记账凭证(图6-37)。

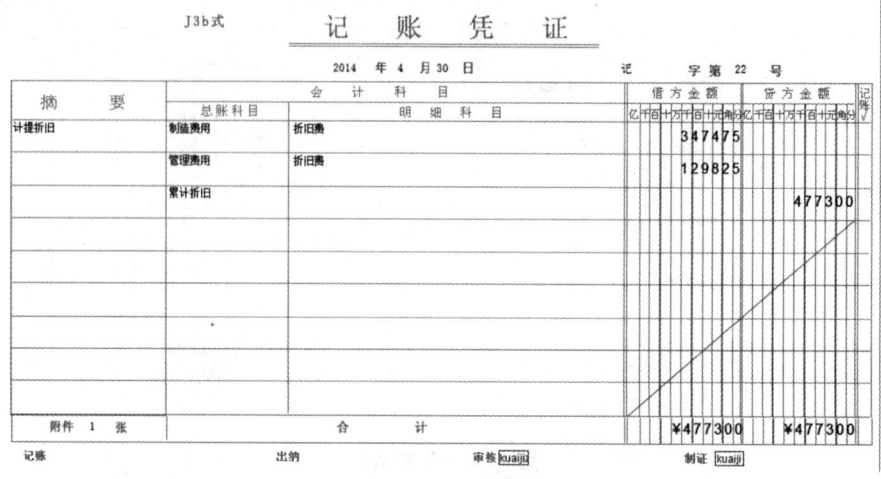

图6-37 记账凭证

(22)4月30日,分配制造费用。

1)会计将原始凭证制造费用分配表(图6-38)传递给会计主管审核。

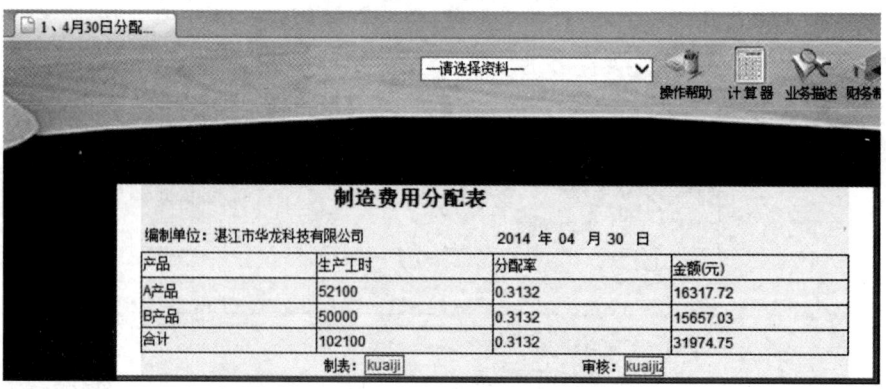

图6-38 制造费用分配表

2)审核记账凭证(图6-39)。

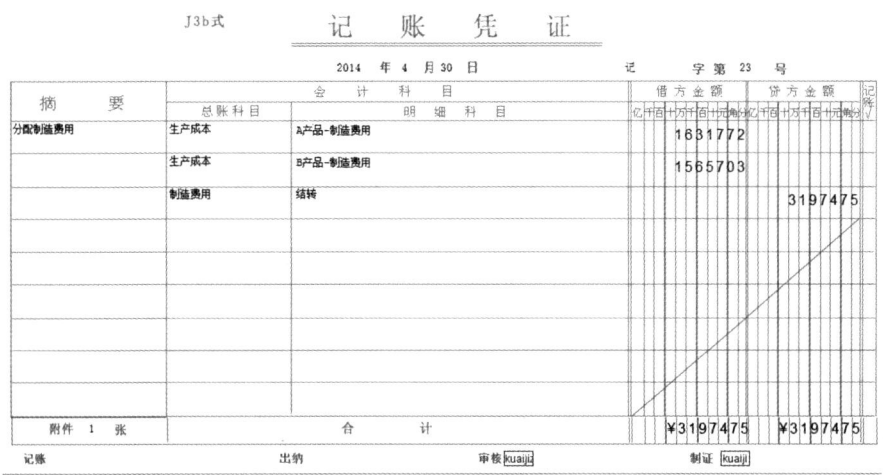

图6-39 记账凭证

(23)4月30日,现金短款无法查明原因,经董事会决议作为管理费用处理,审核记账凭证(图6-40)。

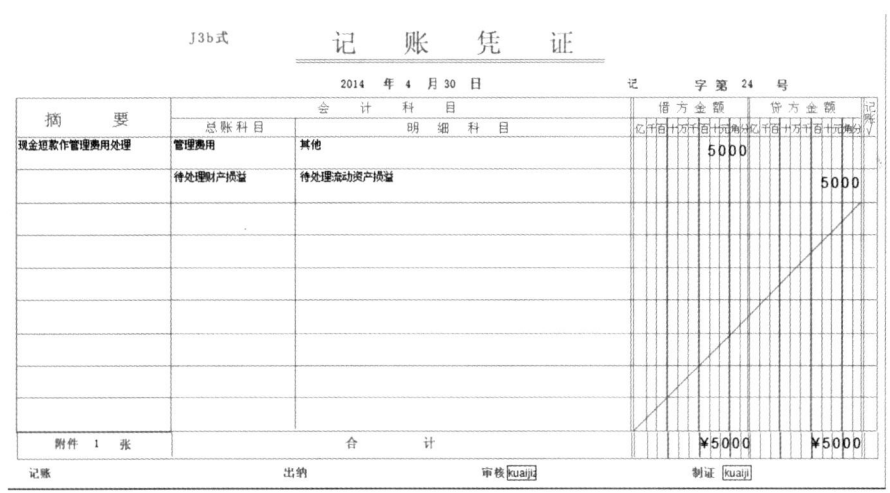

图6-40 记账凭证

(24)4月30日,月末没有在产品,结转完工产品成本。

1)会计将原始凭证(图6-41)传递给会计主管审核。

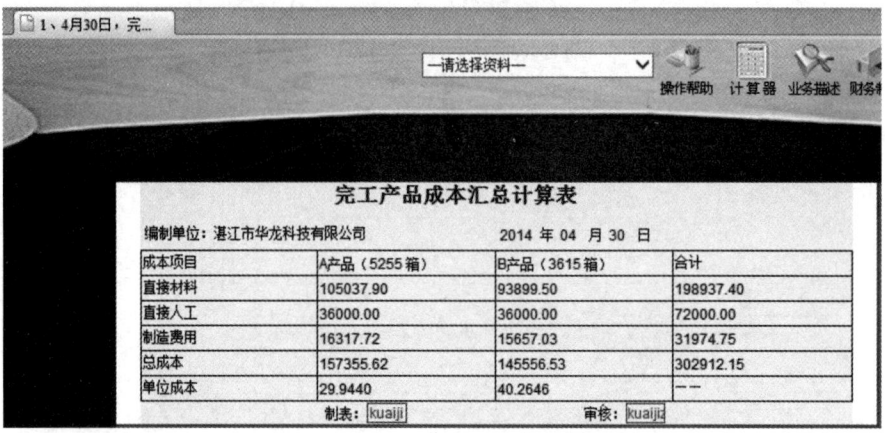

图6-41 完工产品成本汇总计算表

2)审核记账凭证(图6-42)。

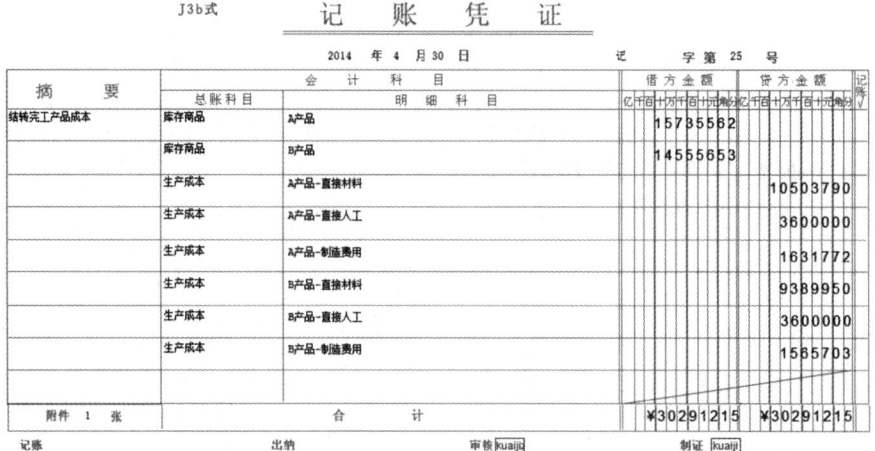

图6-42 记账凭证

(25)4 月 30 日,结转已销产品生产成本。

1)会计将原始凭证(图 6-43、图 6-44)传递给会计主管审核。

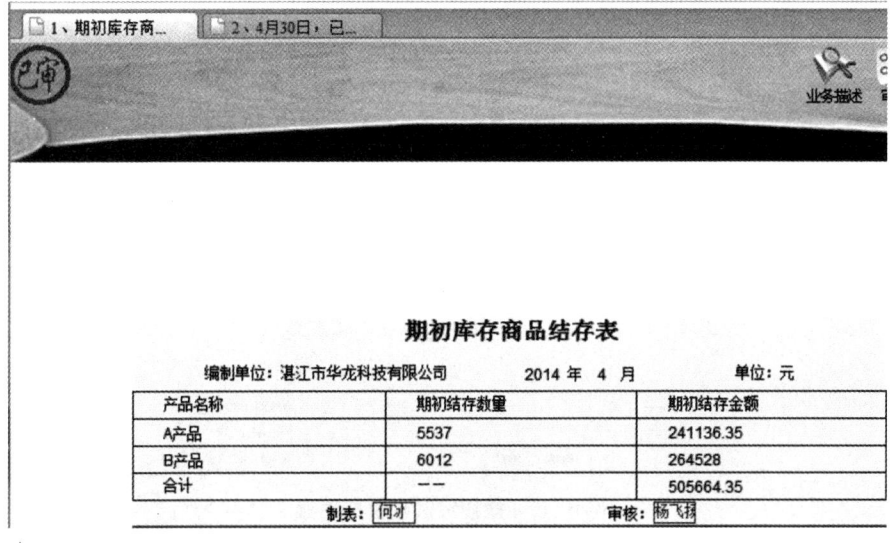

1、期初库存商... 2、4月30日，已...

已审

业务描述

期初库存商品结存表

编制单位：湛江市华龙科技有限公司　　2014 年 4 月　　单位：元

产品名称	期初结存数量	期初结存金额
A产品	5537	241136.35
B产品	6012	264528
合计	——	505664.35

制表：何刘　　审核：杨飞扬

图 6-43　期初库存商品结存表

已销产品成本计算表

编制单位：湛江市华龙科技有限公司　　2014 年 04 月 30 日　　单位：元

产品名称	期初结存数量	期初结存金额	本期完工入库数量	本期完工入库金额	期末结存数量	期末结存金额	加权平均单价	本期销售数量	本期销售金额
A产品	5537	241136.35	5255	157355.62	5392	199098.52	36.9248	5400	199393.45
B产品	6012	264528.00	3615	145556.53	4727	201357.44	42.5973	4900	208727.09
合计	——	505664.35	——	302912.15	——	400455.96	——	——	408120.54

制表：kuaiji　　审核：kuaijiz

图 6-44　已销产品成本计算表

2)审核记账凭证(图 6-45)。

J3b式　**记　账　凭　证**

2014 年 4 月 30 日　　记 字第 26 号

摘要	会计科目：总账科目	会计科目：明细科目	借方金额	贷方金额	记账√
结转已销产品生产成本	主营业务成本	A产品	19939345		
	主营业务成本	B产品	20872709		
	库存商品	A产品		19939345	
	库存商品	B产品		20872709	
附件 1 张	合计		¥40812054	¥40812054	

记账　　出纳　　审核 kuaijiz　　制证 kuaiji

图 6-45　记账凭证

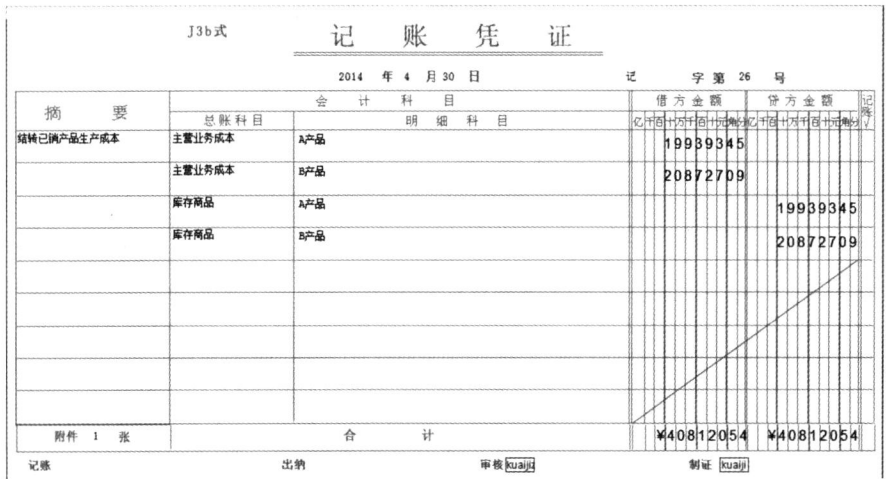

(26)4 月 30 日,计算结转本月税费。编制增值税计算表。

审核原始凭证(图 6-46、图 6-47)。

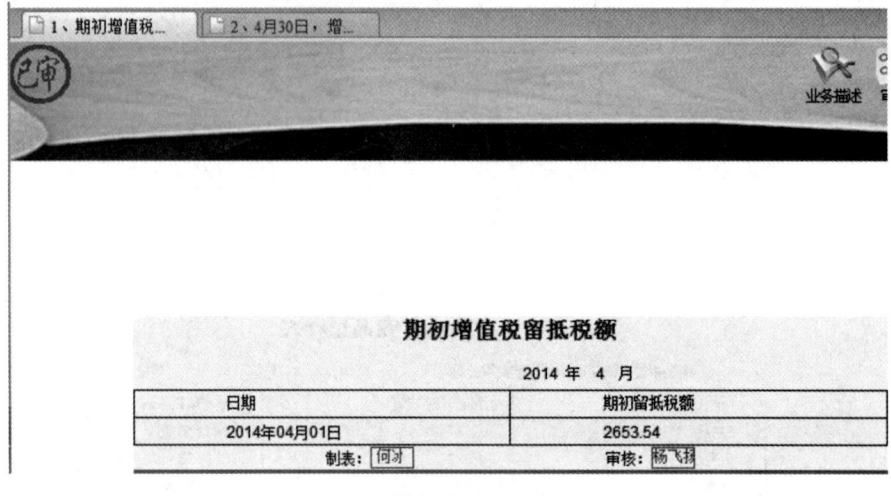

1、期初增值税... 2、4月30日,增...

已审

业务描述

期初增值税留抵税额

2014 年 4 月

日期	期初留抵税额
2014年04月01日	2653.54

制表:何对　　审核:杨飞扬

图 6-46　期初增值税留抵税额

增值税计算表

编制单位:湛江市华龙科技有限公司　　2014 年 04 月 30 日　　单位:元

项目	行次	金额
本月销项税额	1	97580.00
本月进项税额	2	23389.50
本月进项税额转出	3	
上期留抵税额	4	2653.54
本月未交增值税额	5	71536.96

制表:kuaiji　　审核:kuaijiz

图 6-47　增值税计算表

(27)4 月 30 日,计算结转本月税费。编制税费计算表。

1)审核原始凭证(图 6-48)。

税费计算表

编制单位:湛江市华龙科技有限公司　　2014 年 04 月 30 日　　单位:元

税(费)种	计税基数	税(费)率	税(费)额
城市维护建设税	71536.96	7%	5007.59
教育费附加	71536.96	3%	2146.11
合计	——	——	7153.70

制表:kuaiji　　审核:kuaijiz

图 6-48　税费计算表

2)审核记账凭证(图6-49)。

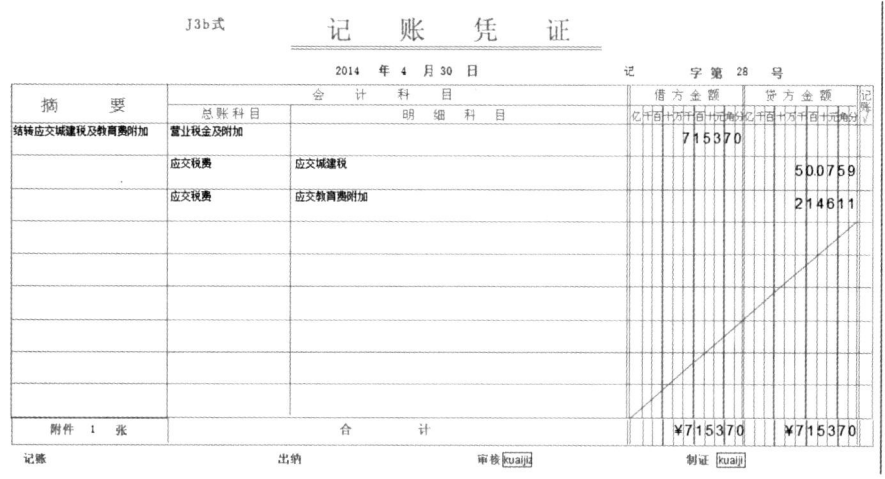

图6-49 记账凭证

(28)结转损益。

审核记账凭证(图6-50~图6-52)。

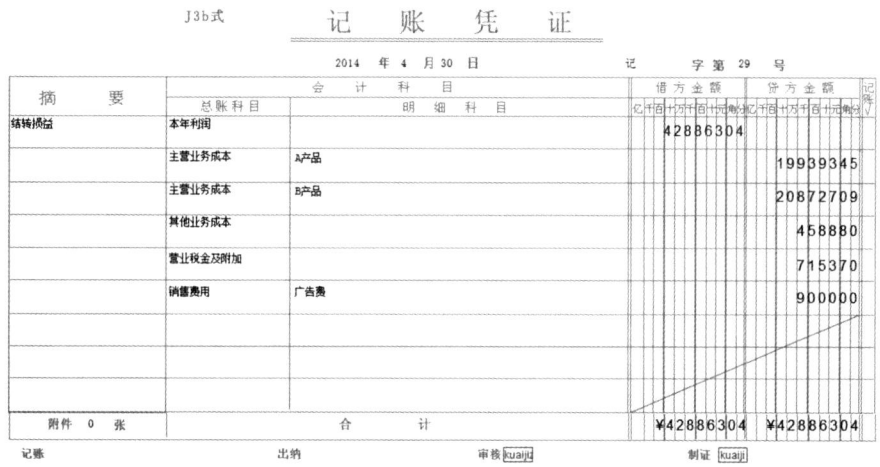

图6-50 记账凭证

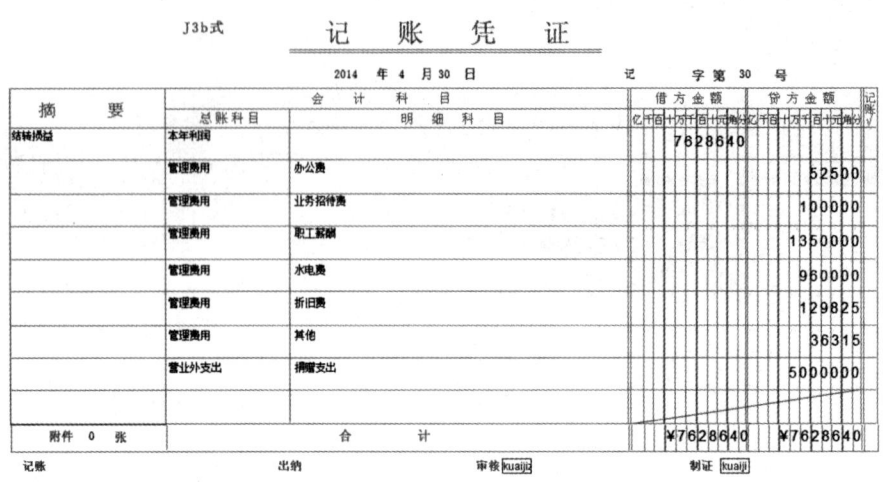

图 6-51 记账凭证

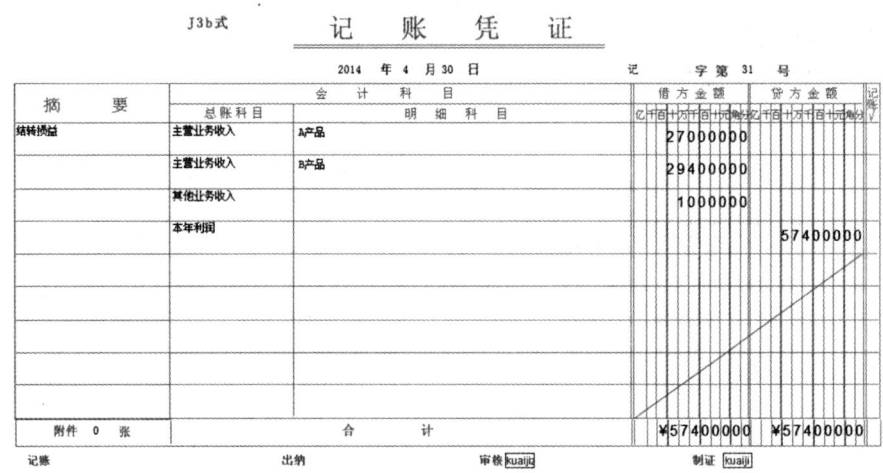

图 6-52 记账凭证

任务三 账簿的登记与报表的编制

一、编制科目汇总表

(1)鼠标光标移到科目汇总表中库存现金的位置后,点击"请选择资料",出现计算有关库存现金科目借贷方金额的记账凭证,如图6-53所示。

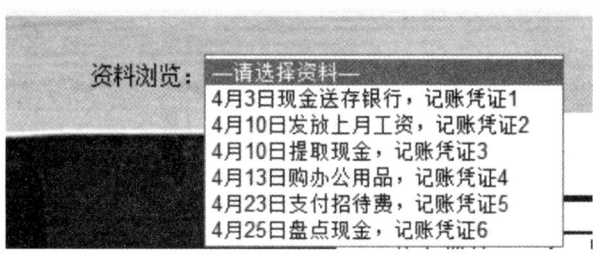

图6-53 库存现金背景资料

(2)鼠标光标移到科目汇总表中应收账款的位置后,点击"请选择资料",出现计算有关应收账款科目借贷方金额的记账凭证,如图6-54所示。

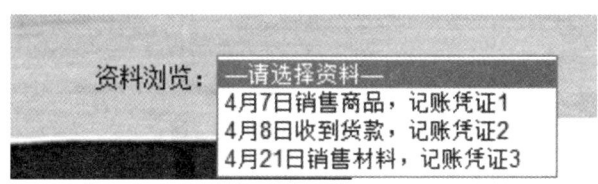

图6-54 应收账款背景资料

(3)鼠标光标移到科目汇总表中应付职工薪酬的位置后,点击"请选择资料",出现计算有关应付职工薪酬科目借贷方金额的记账凭证,如图6-55所示。

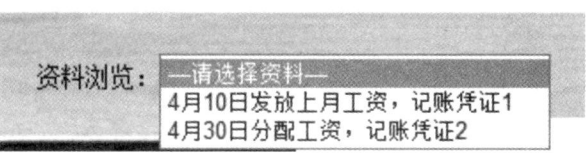

图6-55 应付职工薪酬背景资料

(4)编制科目汇总表(图6-56)。

科目汇总表

2014年4月1-30日

科目名称	借方金额	贷方金额
库存现金	102000.00	115575.00
银行存款	760296.60	384974.00
应收账款	671580.00	748296.60
原材料	63150.00	137039.35
累计折旧	0.00	4773.00
应付账款	128800.00	88400.00
应付职工薪酬	102000.00	102000.00
应交税费	32024.00	104733.70
库存商品	302912.15	408120.54
在途物资	55700.00	55700.00
待处理财产损溢	50.00	50.00
本年利润	505149.44	574000.00
生产成本	302912.15	302912.15
制造费用	31974.75	31974.75
主营业务收入	564000.00	564000.00
其他业务收入	10000.00	10000.00
主营业务成本	408120.54	408120.54
其他业务成本	4588.80	4588.80
营业税金及附加	7153.70	7153.70
销售费用	9000.00	9000.00
管理费用	26286.40	26286.40
营业外支出	50000.00	50000.00
合计	4137698.53	4137698.53

图6-56 科目汇总表

二、总账的登记

1. 库存现金总账

点击"请选择资料",出现背景资料如图6-57所示,据此登记库存现金总账(图6-58)。

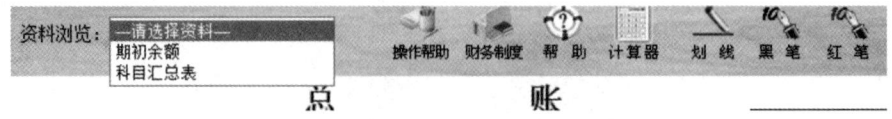

图6-57 背景资料

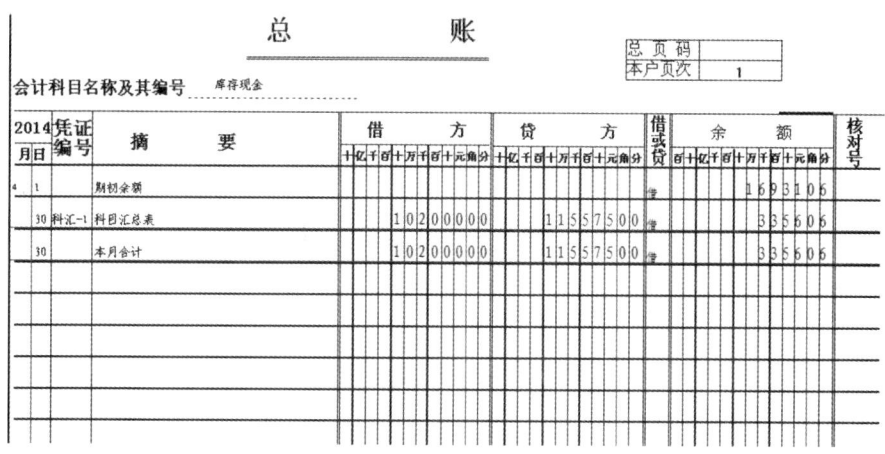

图 6-58 库存现金总账

2. 应收账款总账

点击"请选择资料",出现背景资料如图 6-59 所示,据此登记应收账款总账(图 6-60)。

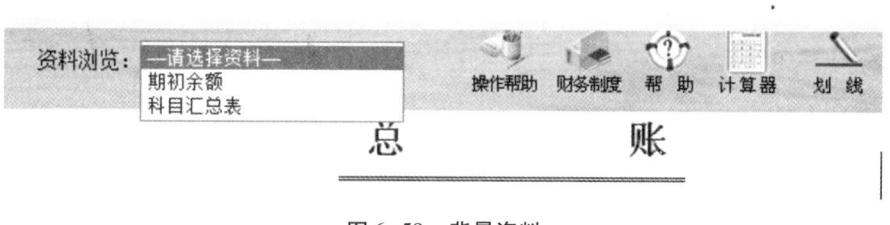

图 6-59 背景资料

图 6-60 应收账款总账

3. 应付职工薪酬总账

点击"请选择资料"，出现背景资料如图 6-61 所示，据此登记应付职工薪酬总账(图 6-62)。

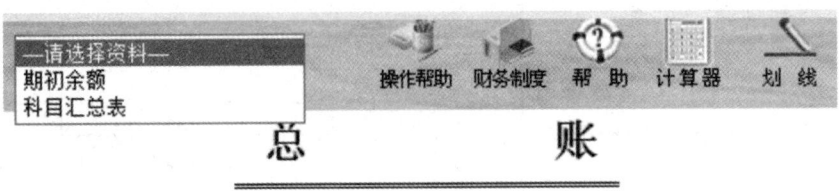

图 6-61 背景资料

总　　账

总页码	
本户页次	1

会计科目名称及其编号 应付职工薪酬

2014 月	日	凭证编号	摘要	借方	贷方	借或贷	余额	核对号
4	1		期初余额			贷	10200000	
	30	科汇-1	科目汇总表	10200000	10200000	贷	10200000	
	30		本月合计	10200000	10200000	贷	10200000	

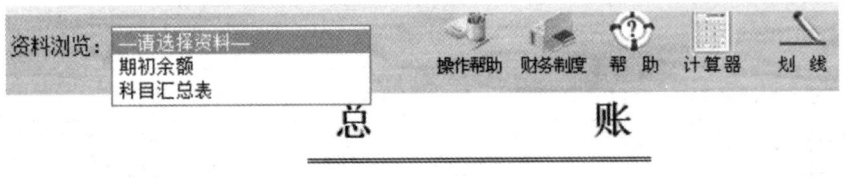

图 6-62 应付职工薪酬总账

4. 实收资本总账

点击"请选择资料"，出现背景资料如图 6-63 所示，据此登记实收资本总账(图 6-64)。

图 6-63 背景资料

总　　账

总页码	
本户页次	1

会计科目名称及其编号 实收资本

2014 月	日	凭证编号	摘要	借方	贷方	借或贷	余额	核对号
4	1		期初余额			贷	200000000	

图 6-64 实收资本总账

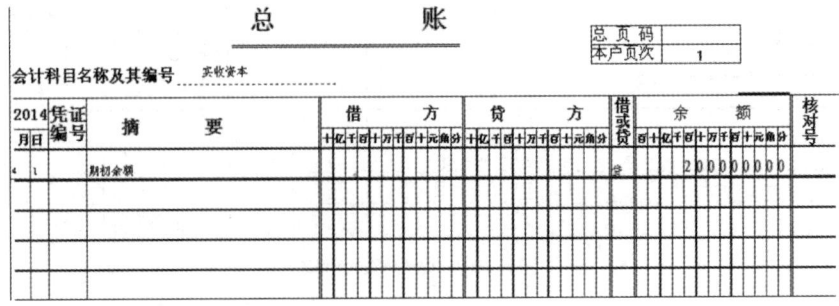

三、报表的编制

1. 资产负债表

点击"请选择资料",出现背景单据如图 6-65 所示,据此编制资产负债表(图 6-66)。

图 6-65 背景资料

资产负债表

2014 年 4 月 30 日

会小企 01表

企业名称:湛江市华龙科技有限公司　　　　　　　　　　　　　　　　　　单位:元

资产	期末余额	年初余额	负债和股东权益	期末余额	年初余额
流动资产:			流动负债:		
货币资金	1663508.93		短期借款	120000.00	
短期投资	0.00		应付票据	0.00	
应收票据	0.00		应付账款	97068.45	
应收账款	11700.00		预收账款	0.00	
预付账款	0.00		应付职工薪酬	102000.00	
应收股利	0.00		应交税费	78690.66	
应收利息	0.00		应付利息	0.00	
其它应收款	0.00		应付利润	0.00	
存货	415686.11		其他应付款	0.00	
其中:原材料	15230.15		其他流动负债		
在产品	0.00		流动负债合计	397759.11	
库存商品	400455.96		非流动负债:		
周转材料	0.00		长期借款	0.00	
其他流动资产			长期应付款	0.00	
流动资产合计	2090895.04		递延收益	0.00	
非流动资产			其他非流动负债		
长期债权投资	0.00		非流动负债合计	0.00	
长期股权投资	0.00		负债合计	397759.11	
固定资产原值	945600.00				
减:累计折旧	368303.08				
固定资产账面价值	577296.92				
在建工程	0.00				
工程物资	0.00				
固定资产清理	0.00				
生产性生物资产	0.00		所有者权益(或股东权益)		
无形资产	0.00		实收资本(或股本)	2000000.00	
开发支出	0.00		资本公积	27230.00	
长期待摊费用	0.00		盈余公积	19425.00	
其他非流动资产			未分配利润	223777.85	
非流动资产合计	577296.92		股东权益合计	2270432.85	
资产总计	2668191.96		负债和股东权益总计	2668191.96	

图 6-66 资产负债表

货币资金期末余额:期初余额表中库存现金和银行存款期初余额+科目汇总表中库

存现金和银行存款的借方发生额-贷方发生额

2. 利润表

点击"资料浏览",出现如图6-67所示背景资料,据此编制利润表(图6-68)。

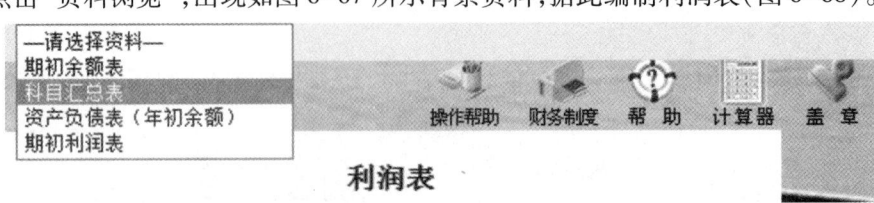

图6-67 背景资料

利润表

会小企 02表

2014 年 4 月

企业名称:湛江市华龙科技有限公司　　　　　　　　单位:元

项　目	本年累计金额	本月金额
一、营业收入		574000.00
减：营业成本		412709.34
营业税金及附加		7153.70
其中：消费税		
营业税		
城市维护建设税		5007.59
资源税		
土地增值税		
城镇土地使用税、房产税、车船税、印花税		
教育费附加、矿产资源补偿费、排污费		2146.11
销售费用		9000.00
其中：商品维护费		
广告费和业务宣传费		9000.00
管理费用		26286.40
其中：开办费		
业务招待费		1000.00
研究费用		
财务费用		
加：投资收益（损失以"-"号填列）		
二、营业利润（亏损以"-"号填列）		118850.56
加：营业外收入		
其中：政府补助		
减：营业外支出		50000.00
其中：坏账损失		
无法收回的长期债券投资损失		
无法收回的长期股权投资损失		
自然灾害等不可抗力因素造成的损失		
税收滞纳金		
三、利润总额（亏损以"-"号填列）		68850.56
减：所得税费用		
四、净利润（净亏损以"-"号填列）		68850.56

单位负责人：万勤　　会计主管：杨飞扬　　制表人：杨飞扬

图6-68 利润表

第七章 模拟实战

任务一 小企业会计制度与企业会计制度的比较

一、适用范围的比较

《企业会计制度》总则第二条规定:"除不对外筹集资金、经营规模较小的企业,以及金融保险企业以外,在中华人民共和国境内设立的企业(含公司,下同),执行本制度。"而《小企业会计制度》总说明第二条规定:"本制度适用于在中华人民共和国境内设立的不对外筹集资金、经营规模较小的企业。"但有以下两方面值得注意:

(1)属于以下三种情况的小企业,不执行或可以不执行小企业会计制度:①以个人及合伙形式设立的小企业。由于业主权益的特殊性决定了这类小企业既不适用《企业会计制度》又不适用《小企业会计制度》,目前只能比照执行;②企业公司内部的小企业。这类公司应与母公司采用的会计制度一致,否则无法标准合并会计报表;③选择执行《企业会计制度》的小企业。

(2)根据《小企业会计制度》的规定,符合条件的小企业可以按照《小企业会计制度》进行核算,也可执行《企业会计制度》,但应注意:①不能同时选择或随意变更;②如需要公开发行股票和债券应转为执行《企业会计制度》,如因经营规模的变化导致连续3年不符合小企业的标准,应转为执行《企业会计制度》。

二、会计制度总体设计的比较

与《企业会计制度》相比,《小企业会计制度》的设计充分考虑了小企业规模小、经济业务量少、交易简单和不对外筹资等特点和会计信息使用者相对单调的现实,始终体现了成本效益原则、税务兼容原则和管理效用原则,从而大大简化小企业会计核算。具体表现如下:

(1)简化会计科目体系。《企业会计制度》会计科目较多,共设置五类85个一级会计科目,二级及三级会计科目74个;而《小企业会计制度》充分考虑了小企业规模小、经济业务量少、交易简单的特点,较《企业会计制度》减少了25个一级会计科目、18个二级及三级会计科目,共设置五类60个一级会计科目,二级及三级会计科目56个,但是绝大多数科目的名称与核算内容与《企业会计制度》规定一致。

(2)简化会计核算制度。《企业会计制度》的会计核算与税法的差异较大,期末纳税调整工作量大面广,因而会计核算较为复杂,征纳双方成本较高;而《小企业会计制度》针对小企业不对外筹资且自有资金比重较大的现实因而重点简化负债的核算,同时充分考虑小企业的外部会计信息使用者主要为税务机关因而简化会计核算,使会计核算尽量与税法靠拢,方便企业申报纳税和国家税收征管,降低征纳双方成本。值得注意的是,由于小企业是相对的,可以与大中企业相互转换,因此《小企业会计制度》充分考虑了与《企业会计制度》的会计核算的衔接,而不是一味地求简。

(3)简化会计报表体系。大中型企业尤其是上市公司其会计目标是向其众多的会计信息使用者提供便于他们各自决策的相关信息,因此《企业会计制度》中会计报表体系较复杂,包括资产负债表、利润表、现金流量表三张基本报表和资产减值准备明细表、利润分配表、应交增值税表、股东权益增减变动表、分部报表五张附表。而小企业规模小、经济业务量少、交易简单和不对外筹资,其会计信息使用者相对单调,加之会计人员素质相对不高,因此《小企业会计制度》只要求提供资产负债表、利润表两张基本报表和应交增值税表一张附表,按需选择现金流量表。

(4)简化财务管理制度。《企业会计制度》要求企业一般应单独设置会计机构,对不相容会计职务应进行牵制而不允许一人统揽多项会计工作,且会计核算与财务管理相对分离。而《小企业会计制度》考虑到相当部分小企业会计机构不很健全,会计人员素质相对不高,管理制度不够规范,会计信息质量不高,对会计核算机构的设置要求比较灵活,要求小企业按需设置会计机构,或者在有关机构中设置会计人员并指定会计主管人员,允许一人统揽多项会计工作,会计核算与财务管理不相分离,并且允许不具备设置条件的小企业的会计机构由社会中介机构代理。

三、会计核算的比较

与《企业会计制度》相比较,《小企业会计制度》本质上和主要方面与其保持一致,但又简化会计核算。具体比较如下:

(1)财产清查的处理不同。《企业会计制度》规定企业财产清查中发生的盘盈或盘亏,在未查明原因前应先通过"待处理财产损溢"科目核算,而《小企业会计制度》中没有设置"待处理财产损溢"科目,小企业在财产清查中发生财产的盘盈或盘亏时直接进行处理。

(2)对资产减值准备核算不同。《企业会计制度》要求计提九大资产减值准备(原为八大资产减值准备,新增"工程物资—减值准备"),而《小企业会计制度》只要求对计提坏账准备、短期投资准备、存货跌价准备等三项资产减值准备。①对于计提坏账准备的方法,前者规定有三种方法:应收账款余额百分比法、销货百分比法和账龄分析法,而后者新增了个别认定法;②对于短期投资跌价准备,前者规定可分别采用按投资总体、投资类别或单项投资计提跌价准备,出售短期投资时应同时结转已提的跌价准备,而后者为简化核算手续,只按投资总体计提跌价准备,出售短期投资时不要求同时结转已提的跌价准备,但用于进行债务重组和非货币性交易时,应同时结转已计提的跌价准备;③对于存货跌价准备,前者规定在售出存货时同时结转已计提的存货跌价准备,而后者要求用于债务重组及非货币性交易外,售出存货时,不需要同时结转已计提的存货跌价准备,待期末一并调整。

(3)应收账款核算范围不同。《企业会计制度》未涉及应收债权融资或出售应收债权的核算,而《小企业会计制度》规定了以应收债权融资的会计处理,视与应收债权相关的风险和报酬是否转移确定。转移风险和报酬的视应收债权出售,按实收款项借记"银行存款",按银企双方协议中约定预计将发生的销售退回、销售折让和现金折扣借记"其他应收款",按售出债权已提取的坏账准备金额借记"坏账准备",按应付手续费借记"财务费用",按售出应收债权的账面余额贷记"应收账款";未转移风险和报酬的,视同以应收债权为质押取得银行借款,按实收款项借记"银行存款",按实付手续费借记"财务费用",按银行借款本金贷记"短期借款"。

(4)对应收股利、应收利息核算科目的不同。《企业会计制度》通过"应收股利""应收利息"核算股权投资应收取的现金股利和债权投资应收取的利息,而《小企业会计制度》将应收股利和应收利息合并为"应收股息"科目核算。

(5)长期投资的核算不同。①长期债权投资的不同:《企业会计制度》对债券溢价或折价,在存续期内可按直线法或实际利率法摊销,而《小企业会计制度》则采用直线法摊销;②长期股权投资的不同:如采用成本法,在股权持有期间内,按被投资单位宣告发放现金股利或利润中属于应由本企业享有的部分,《企业会计制度》严格区分投资成本的收回和投资收益两部分,而《小企业会计制度》不再区分,如采用权益法,《企业会计制度》单独核算股权投资差额,要求对被投资单位除净损益外的其他所有者权益变动进行处理,而《小企业会计制度》不单独核算股权投资差额,不要求对被投资单位除净损益外的其他所有者权益变动进行处理。

(6)融资租赁固定资产的计量不同。融资租赁固定资产的计量,《企业会计制度》要求区分融资租赁固定资产占企业资产总额的比重是否大于30%,并且取租赁固定资产原账面价值与最低租赁付款额现值中较低者或以最低租赁付款额作为融资租入固定资产的入账价值。而《小企业会计制度》不区分融资租赁固定资产占企业资产总额的比重是否大于30%,规定融资租入固定资产以合同或协议约定应支付的价款和使固定资产达到预定可使用状态前发生的其他有关必要支出,作为其入账价值,避免了计算最低租赁付款额过程中涉及的职业判断及对未来现金流量折现等较为烦琐的计算。

(7)借款费用的处理不同。《企业会计制度》规定借款费用的资本化起点应同时满足三个条件:①借款费用已经发生;②资产支出已经发生;③与资产有关的购建活动已经开始。而《小企业会计制度》规定在所购建的固定资产达到预定可使用状态前发生的,均可予以资本化,计入所购建的固定资产价值,而不需与资产累计支出加权平均数挂钩。

(8)企业所得税会计处理方法不同。《企业会计制度》规定企业可选择采用应付税款法或纳税影响会计法对企业所得税进行处理,而《小企业会计制度》规定小企业应采用应付税款法核算企业所得税。

(9)收到的增值税返还款的会计处理不同。《企业会计制度》将收到的先征后返的增值税作为补贴收入,而《小企业会计制度》则将其作为营业外收入。

(10)其他特殊交易和事项的不同。对于或有事项《企业会计制度》确认预计负债和损失,而《小企业会计制度》不确认预计负债和损失,损失于实际发生时确认。对于资产负债表日后事项,《企业会计制度》要求区分调整事项和非调整事项,调整事项较多且应调整账务,对非调整事项在报表附注中披露;而《小企业会计制度》则仅要求调整发生的报告年度的销售退回,其他具有重要性的事项(不论调整事项或非调整事项),均在报表附注中披露。

四、财务报告具体内容的不同

与《企业会计制度》相比,《小企业会计制度》只要求小企业提供资产负债表和利润表两张基本报表,而且报表的内容比较简单。如根据小企业业务比较简单,有些业务发生的可能性很少的情况,删除或合并了若干项目:①资产负债表中资产项目中减少了预付账款、应收补贴款、递延税款借项和固定资产减值准备等项目,将应收股利与应收利息合并为应收股息,负债中减少了预收账款、应付股利、专项应付款、预计负债、应付债券、递延税款贷项等项目,所有者权益中减少了已归还投资项目;②利润表中减少了补贴收入项目等,另外,《企业会计制度》规定的利润表的补充资料共有六项内容,而《小企业会计制度》规定的利润表的补充资料只有"当期分配给投资者的利润"一项;③虽然《小企业会计制度》没有要求编制现金流量表,但小企业可选择编制,其内容与《企业会计制度》相比,一是取消了"收到的税费返还"项目,二是取消了现金流量表的补充资料部分。

任务二 小企业会计准则与企业会计准则的比较

一、应收账款

《小企业会计准则》与《企业会计准则》关于应收账款的规定基本相同,不同点主要体现在,由于《小企业会计准则》规定,资产不得计提减值准备,因此两部准则在坏账损失方面的规定就有所差异。

《小企业会计准则》下,按照税法规定的资产损失税前扣除政策的条件确认,当资产减值损失切实发生时,采用直接转销法,直接借记"营业外支出"科目,贷记"应收账款"等科目,不得提前计提减值损失。

《企业会计准则》规定，当有客观证据表明该应收款项发生减值的,应当将该应收款项的账面价值与预计未来现金流量现值的差额确认为减值损失,计提减值准备,即采用备抵法,借记"资产减值损失"科目,贷记备抵科目"坏账准备"科目。

二、存货

1. 加工取得的存货成本

《小企业会计准则》规定,小企业通过加工取得的存货成本包括直接材料、直接人工和制造费用。《企业会计准则》规定,存货加工成本,由直接人工和制造费用构成,其实质是企业在进一步加工存货的过程中追加发生的生产成本,不包括直接由材料存货转移来的价值。

2. 存货的有关核算

（1）存货盘盈时所用的损益类科目不同。《小企业会计准则》下,存货盘盈通过"营业外收入"科目核算;《企业会计准则》下,冲减当期"管理费用"。

（2）生产用固定资产日常修理维护领用存货的处理不同。《小企业会计准则》下,记入"制造费用"科目;《企业会计准则》下,记入"管理费用"科目。

（3）关于存货减值的处理不同。《小企业会计准则》下,不计提存货跌价准备。《企业会计准则》下,如存货的可变现净值低于其成本,则需要计提存货跌价准备。

三、短期投资

1. 短期投资的初始计量

《小企业会计准则》下,设置"短期投资"科目计量企业取得的短期投资,取得投资时,应该采用历史成本计量,交易费用计入投资成本;而《企业会计准则》中,设置"交易性金融资产—成本"科目核算企业取得的短期投资,并规定取得资产须按照公允价值进行计量,相关交易费用在发生时直接计入投资收益。

2. 短期投资的后续计量

《小企业会计准则》下,设置"应收股利""应收利息"科目,核算小企业持有短期投资期间获得的收益,确认投资收益时,借记"应收股利"或"应收利息"科目,贷记"投资收益"科目。对于资产负债表日发生的短期投资的公允价值的变动,小企业会计准则下不做任何处理。

《企业会计准则》规定,在确认应收股利或利息时,应按照应收金额直接计入交易性金融资产成本,即借记"交易性金融资产—成本"科目,贷记"投资收益"科目;同时设置"交易性金融资产—公允价值变动损益"科目,核算持有的短期投资的公允价值变动,根据公允价值的变动额,借记或贷记"交易性金融资产—公允价值变动损益"科目,对应的损益类科目为"公允价值变动损益"。

3. 短期投资的处置

短期投资最终处置时,《小企业会计准则》下,只需按照出售短期投资金额与其成本的差额,确认投资收益,会计处理为借记"银行存款"等科目,贷记"短期投资"科目,差额借记或贷记"投资收益"科目。

《企业会计准则》除了上述处理之外,还需要将持有期间累计"公允价值变动损益"转入"投资收益"科目。

四、长期投资

1. 长期债券投资

(1) 长期债券投资初始计量。

核算科目及明细科目使用不同。《小企业会计准则》下,通过"长期债券投资"核算,长期债券投资科目下设有面值和溢折价二级明细科目。《企业会计准则》下,通过"持有至到期投资"核算。《企业会计准则》下需要区分成本和利息调整二级明细科目。

(2) 长期债券投资后续计量。

1) 确认利息收入的金额不同。《小企业会计准则》下,投资收益根据面值和票面利率计算确定;《企业会计准则》下,投资收益根据摊余成本和实际利率计算确定。

2) 减值损失的处理不同。《小企业会计准则》下,不需要考虑减值。《企业会计准则》下,若发生减值应借记"资产减值损失"科目,贷记"持有至到期投资减值准备"科目。

3) 长期债券投资处置。《企业会计准则》下,如果持有期间计提减值,处置时应同时转出原计提的减值准备。《小企业会计准则》不存在减值问题。

2. 长期股权投资

(1) 长期股权投资初始计量。

《小企业会计准则》下,设置"长期股权投资"科目,核算小企业取得的长期股权投资成本,取得长期股权投资时,以成本进行初始计量。

《企业会计准则》下,按照需要,在长期股权投资科目下设置"成本""损益调整""其他权益变动"二级明细科目。初始计量需要区分属于同一控制下企业合并还是非同一控制下的企业合并,如果属于同一控制下的企业合并,按照享有的被投资单位所有者权益的份额确认初始投资成本,其他情况下,按照支付对价的公允价值确认投资成本。另外,若后续计量采用权益法核算,如果初始投资成本小于享有被投资单位可辨认净资产公允价值的份额,两者之间的差额记入取得投资当期的营业外收入,同时调整增加长期股权投资的账面价值。

(2) 长期股权投资的后续计量。

长期股权投资持有期间被投资单位宣告发放现金股利或利润,《小企业会计准则》与《企业会计准则》下成本法核算一致。

《企业会计准则》权益法下,还需要根据被投资单位实现的净损益,以及净损益外所有者权益的其他变动的份额,确认"长期股权投资—损益调整"及"长期股权投资—其他权益变动"科目,同时确认"投资收益"及"资本公积—其他资本公积"科目。被投资单位宣告发放现金股利或利润时,冲减"长期股权投资—损益调整"科目,而不确认"投资收益"科目。《小企业会计准则》中不需要做此种处理。

（3）长期股权投资的处置。

处置长期股权投资时，《企业会计准则》下，企业若计提长期股权投资减值准备，需要转出"长期股权投资减值准备"科目；同时需要将权益法核算下，持有期间通过"资本公积"科目核算的其他权益变动转入"投资收益"科目。《小企业会计准则》下不涉及这两类核算。

（4）长期股权投资损失。

《小企业会计准则》下，损失金额与税法允许税前扣除的金额和条件一致，损失直接调整"长期股权投资"和"营业外支出"科目，不计提长期股权投资减值准备。

《企业会计准则》下，投资损失仅与按照会计准则确定的可收回金额有关，与税法规定的不同，投资损失调整长期股权投资减值准备和资产减值损失。

五、固定资产

1. 固定资产的初始计量

《小企业会计准则》和《企业会计准则》都要求，以固定资产取得时的成本作为固定资产的初始成本。

（1）外购固定资产。

在《小企业会计准则》和《企业会计准则》下，外购固定资产的成本，都是包括购买价款、相关税费以及相关的运输费、装卸费、安装费等，但不包括按照税法规定可以抵扣的增值税税额。

（2）自行建造固定资产。

1）自营建造的固定资产。自营建造的固定资产的核算，《小企业会计准则》和《企业会计准则》存在以下区别：

①固定资产成本的截止日期不同。《小企业会计准则》下，截止到竣工结算前。《企业会计准则》下，截止到达到预定可使用状态。

②建造过程中发生的借款费用的资本化条件和范围不同。《小企业会计准则》下，小企业为构建固定资产在竣工结算前发生的借款费用，应当记入"固定资产"的成本，而不记入"财务费用"。《企业会计准则》下，符合资本化条件的资产发生在资本化期间的有关借款费用应该资本化，资本化金额的计算需要区分一般借款和专门借款。符合资本化条件的资产是指需要经过相当长时间的构建或者生产活动才能达到预定可使用或者可销售状态的固定资产、投资性房地产和存货等资产。

2）出包建造固定资产。在《小企业会计准则》和《企业会计准则》下，出包建造固定资产的成本确定规则一致，都是按照应支付给承包单位的工程价款作为固定资产的成本，核算都要通过"在建工程"科目过渡到"固定资产"科目。

（3）投资者投入的固定资产。

《小企业会计准则》下，应当按照投资合同或者协议约定的价值确定。《企业会计准则》下，投资者投入的固定资产的成本，应当按照投资合同或协议约定的价值确定，但合同或协议约定价值不公允的除外。

2. 固定资产的后续计量

（1）固定资产折旧。

1）折旧范围不同。《小企业会计准则》下，房屋、建筑物以外未投入使用的固定资产不计提折旧。《企业会计准则》下，需要计提折旧。

2）折旧年限不同。《小企业会计准则》下，折旧年限有最低限制。《企业会计准则》下，是固定资产的预期使用年限。

（2）固定资产后续支出。

1）固定资产大修理支出不同。《小企业会计准则》下，符合税法规定的通过"长期待摊费用"科目核算。《企业会计准则》下，符合资本化条件的，记入固定资产，不符合资本化条件的应当记入当期损益。

2）固定资产日常修理费用处理不同。《小企业会计准则》下，生产车间发生的固定资产日常修理费用等后续支出，记入"制造费用"科目，行政管理部门等发生的固定资产日常修理费用等后续支出，记入"管理费用"科目。《企业会计准则》下，应当根据不同情况分别记入当期管理费用或销售费用。

（3）固定资产清查。

1）固定资产清查盘亏净损失的处理不同。《企业会计准则》下，如属于经营损失，借记"管理费用"科目；如属于非常损失，借记"营业外支出"科目。《小企业会计准则》下，不需要区分原因，全部记入"营业外支出"科目。

2）固定资产盘盈的处理不同。《小企业会计准则》下，通过"待处理财产损溢"科目过渡，盘盈净收益记入"营业外收入"科目。《企业会计准则》下，作为前期差错处理，在财产清查中盘盈的固定资产，在按管理权限报经批准前应先通过"以前年度损益调整"科目核算。盘盈的固定资产，应按重置成本确定其入账价值，借记"固定资产"科目，贷记"以前年度损益调整"科目。

（4）固定资产减值。

《小企业会计准则》下，固定资产不计提减值；《企业会计准则》下，要计提减值。

六、生物资产

1. 消耗性生物资产

消耗性生物资产的减值处理不同。《小企业会计准则》下，消耗性生物资产不计提减值。《企业会计准则》下，消耗性生物资产计提减值，按照《企业会计准则第1号——存货》确定消耗性生物资产的可变现净值。

2. 生产性生物资产

（1）折旧的处理不同。

《小企业会计准则》下，折旧年限采用与税法规定相同的最低限额管理，折旧方法采用直线法。《企业会计准则》下，折旧年限为预计生产性生物资产的使用寿命，折旧方法根据具体情况合理选择。

(2) 减值处理不同。

《小企业会计准则》下,生产性生物资产不计提减值。《企业会计准则》下,生产性生物资产计提减值,按照《企业会计准则第 8 号——生物资产》确定生产性生物资产的可回收金额。

七、无形资产

1. 两准则的相同点

无形资产后续计量中,《小企业会计准则》和《企业会计准则》均要求摊销额按不同的受益对象,分别计入相关成本、费用科目,且摊销起止点相同,均自无形资产可供使用当月起开始摊销,处置当月不再摊销。

2. 两准则的不同点

(1) 减值处理不同。《企业会计准则》规定无形资产发生减值时要计提无形资产减值准备,《小企业会计准则》中不用考虑减值。

(2) 摊销方法不同。《小企业会计准则》下,只能采用年限平均法计提摊销。《企业会计准则》下,可采用年限平均法、年数总和法等计提摊销。

(3) 对于不能可靠估计使用寿命的无形资产,《企业会计准则》中规定可以不摊销,但需每期进行减值测试,《小企业会计准则》中规定要按照不短于 10 年的期限进行摊销。

(4) 无形资产用于对外出租时,每期计提的摊销额,《企业会计准则》中记入"其他业务成本"科目,《小企业会计准则》中记入"其他业务支出"科目。

(5) 无形资产出售时,《小企业会计准则》和《企业会计准则》均规定处置净损益记入当期损益"营业外收入"或"营业外支出"科目。不同的是,《企业会计准则》中,应结转相应的"无形资产""累计摊销"和"无形资产减值准备"科目金额,而《小企业会计准则》中,需结转无形资产账面价值。

八、外币折算

1. 折算汇率

《小企业会计准则》涉及的折算汇率有即期汇率和交易当期平均汇率。而《企业会计准则》涉及的折算汇率为即期汇率和即期汇率的近似汇率。其中,即期汇率的近似汇率是"按照系统合理的方法确定的、与交易发生日即期汇率近似的汇率",通常包括当期平均汇率或加权平均汇率等。月加权平均汇率需要采用当月外币交易的外币金额作为权重进行计算。

2. 外币财务报表的折算

《小企业会计准则》规定,对外币财务报表进行折算时,应当采用资产负债表日的即期汇率对外币资产负债表、利润表和现金流量表的所有项目进行折算。

《企业会计准则》规定,资产负债表中的资产和负债项目,采用资产负债表日的即期汇率折算,所有者权益项目除"未分配利润"项目外,其他项目采用发生时的即期汇率折算。利润表中的收入和费用项目,采用交易发生日的即期汇率或即期汇率的近似汇率折算。产生的外币财务报表折算差额在编制合并财务报表时应在合并资产负债表中所有者权益项目下单独作为"外币报表折算差额"项目列示。

九、财务报表

1. 资产负债表的区别

（1）资产负债表项目。《小企业会计准则》和《企业会计准则》的资产负债表项目对比见表7-1。

表7-1 资产负债表项目对比

资产		负债和所有者权益	
小企业会计准则	企业会计准则	小企业会计准则	企业会计准则
流动资产	流动资产	流动负债	流动负债
货币资金	货币资金	短期借款	短期借款
短期投资	交易性金融资产		交易性金融负债
应收票据	应收票据	应付票据	应付票据
应收账款	应收账款	应付账款	应付账款
预付账款	预付账款	预收款项	预收款项
应收股利	应收股利	应付职工薪酬	应付职工薪酬
应收利息	应收利息	应交税费	应交税费
其他应收款	其他应收款	应付利息	应付利息
存货	存货	应付利润	应付股利
	一年内到期的非流动负债		
资产	其他应付款	其他应付款	
其他流动资产	其他流动资产		一年内到期的非流动负债
流动资产合计	流动资产合计	其他流动负债	其他流动负债
非流动资产	非流动资产	流动负债合计	流动负债合计
长期债券投资	可供出售金融资产	非流动负债	非流动负债
	持有至到期投资	长期借款	长期借款
	长期应收款		应付债券
长期股权投资	长期股权投资	长期应付款	长期应付款

续表 7-1

资产		负债和所有者权益	
小企业会计准则	企业会计准则	小企业会计准则	企业会计准则
固定资产原价	投资性房地产		专项应付款
减：累计折旧			预计负债
固定资产账面价值	固定资产	递延收益	递延所得税负债
在建工程	在建工程	其他非流动负债	其他非流动负债
工程物资	工程物资	非流动负债合计	非流动负债合计
固定资产清理	固定资产清理	负债合计	负债合计
生产性生物资产	生产性生物资产		
	油气资产		
无形资产	无形资产	所有者权益（或股东权益）	股东权益
开发支出	开发支出	实收资本（或股本）	实收资本（或股本）
	商誉	资本公积	资本公积
长期待摊费用	长期待摊费用		减：库存股
	递延所得税资产	盈余公积	盈余公积
其他非流动资产	其他非流动资产	未分配利润	未分配利润
非流动资产合计	非流动资产合计	所有者权益（或股东权益）合计	股东权益合计
资产总计	资产总计	负债和所有者权益总计	负债和所有者权益总计

（2）资产负债表项目填列。《小企业会计准则》和《企业会计准则》的资产负债表项目填制对比见表 7-2。

表 7-2 资产负债表项目填列对比

报表项目	小企业会计准则	企业会计准则
应收票据、应收股利、应收利息、其他应收款	科目的期末余额	科目期末余额减去对应的"坏账准备"的期末余额
应收账款	"应收账款"的期末余额	"应收账款"和"预收账款"明细账借方期末余额合计减去对应的"坏账准备"期末余额
预付账款（预付款项）	"预付账款"科目的期末余额	"预付账款"和"应付账款"明细账借方期末余额合计减去对应的"坏账准备"期末余额

续表 7-2

报表项目	小企业会计准则	企业会计准则
存货	多个科目期末余额之和	多个科目期末余额之和减去"存货跌价准备"的期末余额
长期股权投资	"长期股权投资"科目的期末余额	"长期股权投资"科目的期末余额减去"长期股权投资减值准备"
固定资产	分别以"固定资产原价"、"累计折旧"和"固定资产账面价值"填列	"固定资产"科目期末余额减去"累计折旧"和"固定资产减值准备"的期末余额
无形资产	"无形资产"科目的期末余额减去"累计摊销"的期末余额	"无形资产"科目期末余额减去"累计摊销"和"无形资产减值准备"的期末余额
应付账款	"应付账款"科目的期末余额	"应付账款"和"预付账款"明细账贷方期末余额合计
预收账款（预收款项）	"预收账款"科目的期末余额	"预收账款"和"应收账款"明细账贷方期末余额合计

2. 利润表的区别

《小企业会计准则》和《企业会计准则》的利润表项目对比见表 7-3。

表 7-3 利润表项目对比

小企业会计准则	企业会计准则
一、营业收入	一、营业收入
减：营业成本	减：营业成本
营业税金及附加	营业税金及附加
销售费用	销售费用
管理费用	管理费用
财务费用	财务费用
	资产减值损失
	加：公允价值变动收益（损失以"-"号填列）
加：投资收益（损失以"-"号填列）	投资收益（损失以"-"号填列）
二、营业利润（亏损以"-"号填列）	二、营业利润（亏损以"-"号填列）
加：营业外收入	加：营业外收入
减：营业外支出	减：营业外支出

续表 7-3

小企业会计准则	企业会计准则
三、利润总额（亏损以"-"号填列）	三、利润总额（亏损以"-"号填列）
减：所得税费用	减：所得税费用
四、净利润（净亏损以"-"号填列）	四、净利润（净亏损以"-"号填列）
	五、每股收益
	（一）基本每股收益
	（二）稀释每股收益
	六、其他综合收益
	七、综合收益总额

3. 现金流量表的区别

《小企业会计准则》和《企业会计准则》的现金流量表项目对比见表 7-4。

表 7-4　现金流量表项目对比

小企业会计准则	企业会计准则
一、经营活动产生的现金流量	一、经营活动产生的现金流量
销售产成品、商品、提供劳务收到的现金	销售商品、提供劳务收到的现金
	收到的税费返还
收到其他与经营活动有关的现金	收到其他与经营活动有关的现金
	经营活动现金流入小计
支付的职工薪酬	支付给职工以及为职工支付的现金
支付的税费	支付的各项税费
支付其他与经营活动有关的现金	支付其他与经营活动有关的现金
	经营活动现金流出小计
经营活动产生的现金流量净额	经营活动产生的现金流量净额
二、投资活动产生的现金流量	二、投资活动产生的现金流量
收回短期投资、长期债券投资和长期股权投资收到的现金	收回投资收到的现金
取得投资收益收到的现金	取得投资收益收到的现金
处置固定资产、无形资产和其他非流动资产收回的现金净额	处置固定资产、无形资产和其他长期资产收回的现金净额
	处置子公司及其他营业单位收到的现金净额
	收到其他与投资活动有关的现金

续表 7-4

小企业会计准则	企业会计准则
	投资活动现金流入小计
购建固定资产、无形资产和其他非流动资产支付的现金	购建固定资产、无形资产和其他长期资产支付的现金
短期投资、长期债券投资和长期股权投资支付的现金	投资支付的现金
	取得子公司及其他营业单位支付的现金净额
	支付其他与投资活动有关的现金
	投资活动现金流出小计
投资活动产生的现金流量净额	投资活动产生的现金流量净额
三、筹资活动产生的现金流量	三、筹资活动产生的现金流量
吸收投资者投资收到的现金	吸收投资收到的现金
取得借款收到的现金	取得借款收到的现金
	收到其他与筹资活动有关的现金
	筹资活动现金流入小计
偿还借款本金支付的现金	偿还债务支付的现金
偿还借款利息支付的现金	
分配利润支付的现金	分配股利、利润或偿还利息支付的现金
	支付其他与筹资活动有关的现金
	筹资活动现金流出小计
筹资活动产生的现金流量净额	筹资活动产生的现金流量净额
	四、汇率变动对现金及现金等价物的影响
四、现金净增加额	五、现金及现金等价物净增加额
加：期初现金余额	加：期初现金及现金等价物余额
五、期末现金余额	六、期末现金及现金等价物余额

《小企业会计准则》下，"现金"是指企业库存现金以及可以随时用于支付的存款。《企业会计准则》下，"现金"除了企业库存现金以及可以随时用于支付的存款外，还包括期限短、流动性强、易于转换为已知金额的投资。

任务三 "2015年全国职业院校技能大赛" 会计技能赛项规程

一、赛项名称

"2015年全国职业院校技能大赛"会计技能竞赛。

二、竞赛目的

通过竞赛,检验和展示中等职业学校学生会计基本技能、会计手工和会计电算化操作技能,引领和促进中职学校财会类专业教育教学改革,激发和调动行业企业关注和参与财会类专业教育教学改革的主动性和积极性,推动提升中职学校财经职业人才培养水平。

三、竞赛方式和内容

本赛项包括"会计手工"和"会计电算化"两个分赛项。

(一)选手参赛资格

参赛选手须为全日制正式学籍的中职在校生,年龄不超过21周岁(当年)。五年制高职的,一至三年级(含三年级)学生可报名参加中职组比赛。凡在往届全国大赛中获一等奖的学生,不再参加同一项目(同一组别)的全国大赛。

(二)竞赛方式

1. "会计手工"分赛项

"会计手工"分赛项为团体赛,以院校为单位组队参赛,不得跨校组队,每校限报1队。每支参赛队由3名选手和2名指导教师组成。3名选手分别担任出纳、会计、会计主管三个岗位角色,分别独立完成分岗位单项比赛内容,并协作完成团队协作比赛内容。

2. "会计电算化"分赛项

"会计电算化"分赛项为个人赛,每省(单列市、兵团)限报4名选手参赛(来自同一院校的选手不超过2名),每名选手限1名指导教师。每名选手必须全部参加该分赛项的翻打传票、点钞、会计电算化操作三项内容比赛。

(三)竞赛内容

1."会计手工"分赛项

"会计手工"分赛项包括分岗位单项比赛和团队协作比赛两个环节。

(1)分岗位单项比赛。

每一名选手按照确定的岗位分工,按要求独立完成比赛内容。

出纳岗位操作包括:办理现金、银行结算业务,登记现金、银行存款日记账,编制银行存款余额调节表,会计凭证的整理与装订等。

会计岗位操作包括:填制和审核原始凭证、编制记账凭证,登记三栏式、多栏式、数量金额式明细分类账,产品成本计算等。

会计主管岗位操作包括:登记总账,编制资产负债表、利润表,编制纳税申报表等。

比赛每一岗位30分,总计90分。限时90分钟。由竞赛平台和裁判人员分别评分。

(2)团队协作比赛。

三名选手按照岗位分工,按要求协作完成比赛内容。

资料模拟一家小型制造企业一个月的经济业务,执行《小企业会计准则》和现行税法,运用科目汇总表核算形式,完成40~50笔经济业务的会计核算。操作过程包括账簿的设置、原始凭证的填制和审核、记账凭证的编制与审核、科目汇总表的编制、账簿登记、会计报表编制等。要求参赛选手结合竞赛平台操作,由竞赛平台自动评分。

比赛总分210分,限时180分钟。

2."会计电算化"分赛项

"会计电算化"分赛项包括翻打传票比赛、点钞比赛和会计电算化操作比赛三个环节。

(1)翻打传票。

每20组数据为1题,按翻打传票专用设备的程序和方法进行,题目限时10分钟,不限量,比赛成绩由系统自动生成。

(2)点钞。

比赛采用佰元面额练功券,单指单张采用整把形式,多指多张采用散把形式。选手持钞采用手持式或手按式均可,多指多张和单指单张各限时5分钟,不限量。

(3)会计电算化操作。

资料模拟制造业企业一个月的40~50笔经济业务,执行《小企业会计准则》和现行税法,运用记账凭证核算形式,经济业务主要以原始凭证形式呈现,选手根据题目要求完成相关业务处理。

竞赛软件启用总账、财务报表、工资、固定资产等模块,业务处理按要求在相应的模块中完成。基本操作包括初始设置、填制和审核原始凭证、编制记账凭证、审核记账凭证、记账、对账并结账、编制资产负债表和利润表等。

比赛总分100分,限时180分钟。

四、竞赛规则

(一)"会计手工"分赛项

(1)竞赛现场按各参赛代表队设置竞赛台位,每一台位按出纳、会计、会计主管三个岗位标注操作位置,各参赛队在裁判人员的指导下,按抽签确定的竞赛台位号和出纳、会计、会计主管三个岗位指定的岗位位置就座。各队选手应检查台位号与抽签号是否相符。

(2)比赛统一配备竞赛中需要的证账表、用品用具及印章等。

(3)待比赛命令发布后,方可开始答题。竞赛过程中如有疑问或遇设备、软件等故障,参赛选手应举手示意,裁判人员、技术人员等应及时予以解决。确因计算机软件或硬件故障,致使操作无法继续的,经裁判长确认,予以启用备用工作台。

(4)分岗位单项比赛必须由每一名选手按照确定的岗位任务独立完成,团队协作比赛由三名选手根据岗位分工协作完成。

(5)竞赛时间终了,选手应全体起立,结束操作。将资料和用品用具整齐摆放在操作台上,经裁判人员清点后方可离开赛场,离开赛场时不得带走任何资料。

(二)"会计电算化"分赛项

1. 翻打传票

(1)比赛设现场裁判若干名,计时员 1 名。

(2)使用组委会统一提供的传票、铁制文件夹子及爱丁数码翰林提输入设备。

(3)比赛前选手按主裁判的提示要求检查、整理传票,在翰林提系统中选择比赛题库。

(4)比赛前,选手在主裁判口令提示下,先按照上述程序进行 5 分钟的练习,然后再按照上述程序进行比赛。

(5)按主裁判的"准备"提示进入翰林提系统的传票界面,并进行相关设置。

(6)按主裁判的"选题打本"和"页码"提示进行传票整理。

(7)按主裁判的"选题题号"提示做好准备。

(8)按主裁判的"开始"口令开始比赛。

(9)完成一题 20 笔数据的计算后,选手根据系统提示的起始页号和行(题号),进行下一题计算。

(10)按系统随机提示的页号、题号和数字,逐键进行录入计算,不得漏题、跳页,不得结合运用心算。

(11)比赛时间到,选手停止操作,并在裁判指导下按秩序退场。

2. 点钞

(1)比赛设现场裁判若干名,计时员 1 名。

(2)比赛使用组委会统一提供的比赛用佰元面额练功券、海绵缸(配甘油)、扎条、笔、印章(采用"万次章")、记录表、点钞机等。

(3)一律采用坐姿形式进行点钞。

(4)单指单张以整把形式进行,按不少于50%的比例设置差错,每把错张不超过±4张,并在每把练功券的第一张和最后一张上写上把次编号。

(5)单指单张无设错整把(即点验数为100张的把次),必须经过起把、点数、拆把、扎把、盖章等动作。设错把次必须经过起把、点数、在把条上记录差错张数等动作(用-4,-3,-2,-1,+1,+2,+3,+4等数字记录)。起把时不用拆把,无设错整把清点后需拆把并扎把,设错整把无须拆把,也无须扎把。

(6)单指单张比赛时,选手应按备用练功券序号顺序点钞,不得跳把。未经清点的把次不得作为已点把数(即不得甩把)。点钞要求一张一张点,不得一指多张,每一把必须点完最后一张,否则不计该把成绩。

(7)多指多张比赛必须经过抓把、点数、扎把、盖章等操作过程。清点的每一正确把为100张。

(8)扎把以提起任意一张不被抽出或散开为准。盖章既可点一把盖一章,也可以全部点完后一次性盖章,盖章以清晰可见为准。

(9)选手按顺序入场,待全部选手进入赛场后,在主裁判统一口令下在座位上就座,不得随意移动备点练功券和其他用具。在主裁判"请选手试点"口令下,选手可使用试点把次进行试点,在主裁判"试点时间到"口令下结束试点。

(10)在主裁判发出"请选手准备"口令后,选手可将备点练功券、把条、印章等进行检查和整理,并按个人习惯移动在合适的位置上。主裁判发出"预备"口令时,选手起第一把在手。当主裁判发令"开始"口令后,选手方可点钞。最后30秒时,由主裁判预告时间,以便选手准备结束。

(11)比赛结束前,主裁判进行五秒倒计时,主裁判发出"时间到"口令时,选手应立即停止点钞、扎把和盖章等动作,按要求填写成绩记录单,其中单指单张比赛应注明差错张数(-4,-3,-2,-1,+1,+2,+3,+4),并将已点完的钞把按顺序整理,放入筐内交裁判人员点验。

(12)裁判人员评分后,选手须签字确认后方可并离开赛场。

3. 会计电算化操作

(1)选手在工作人员的引导下进入考场,检查座位号与抽签号是否相符。在裁判人员指导下输入准考证号。待比赛命令发布后,方可开始答题,考试系统自动倒计时。

(2)比赛开始后30分钟内选手不得交卷。比赛只允许交卷一次,不能重复交卷,不能随意点击交卷退场按钮。

(3)依据《小企业会计准则》、现行税法和财政部会计基础工作规范处理经济业务。

(4)按照比赛系统操作要求,完成初始设置、审核或完善原始凭证、编制记账凭证、审核记账凭证、记账、对账并结账、编制资产负债表和利润表等。

(5)比赛结束时,将资料和工具整齐摆放在桌子上,经裁判人员确认后方可离开赛场。离开时不得带走任何资料。

五、评分标准和方法

(一)"会计手工"分赛项

1. 分岗位单项比赛参考评分标准(表7-5)

表7-5 分岗位单项比赛参考评分标准表

竞赛内容	分工	评分规则	参考分值	评分方法
办理现金、银行结算业务;登记现金、银行存款日记账;编制银行存款余额调节表;会计凭证整理、装订等	出纳	按照填制支票、银行汇票、商业汇票、汇兑、委托收款等银行转账结算凭证,登记现金、银行存款日记账,编制银行存款余额调节表,会计凭证整理、封皮填写和装订等的内容正确性和规范性评分	30	系统20分 人工10分
编制记账凭证;登记明细分类账;产品成本计算等	会计	按编制记账凭证,登记三栏式、多栏式、数量金额式明细分类账,产品成本计算等内容的正确性和规范性评分	30	系统20分 人工10分
登记总账;编制资产负债表、利润表;编制纳税申报表等	会计主管	按照登记总账,编制资产负债表、利润表、所得税、增值税、地方税申报表等的内容正确性和规范性评分	30	系统20分 人工10分
合计			90	

2. 团队协作比赛参考评分标准(表7-6)

表7-6 团队协作比赛参考评分标准表

竞赛内容	分工	评分规则	参考分值	评分方式
会计凭证编制与审核	会计 出纳 会计主管	按照编制会计凭证的正确性和规范性评分	150	系统
科目汇总表编制	会计主管	按照科目汇总表编制的正确性评分	10	系统
现金日记账、银行存款日记账的设置与登记	出纳	按照日记账登记的正确性和规范性评分	10	系统
明细分类账的设置与登记	会计	按照明细分类账登记的正确性和规范性评分	10	系统
总账的设置与登记	会计主管	按照总账登记的正确性和规范性评分	10	系统
资产负债表和利润表	会计主管	按照报表各项目指标的计算与填写的正确性评分	20	系统
合计			210	

(二)"会计电算化"分赛项

1. 翻打传票评分标准

(1)按系统提示的连续20页同一行的20个数字累加计算,未按数字顺序录入或录错任何一位数字的,该题不得分。

(2)正确1题得分20分。

(3)对于比赛时间到但没能完成一题全部20个数据的,由系统自动根据选手实际完成的正确录入数据计算小分。

(4)总分=20×正确的题数+最后一题小分。

(5)由评分系统自动评分。

2. 点钞评分标准

(1)正确一把计10分,错误一把扣10分。单指单张最后一把未完成的不计分,多指多张最后一把已点张数按比例计分(错误时按比例扣分),最后一把得(扣)分=已点张数×0.07。

(2)单指单张未设错把次没有拆把、扎把或扎把不符合要求的每把扣2分;多指多张没有扎把或扎把不符合要求的每把扣2分。单指单张未点完最后一张的该把为"0"分。

(3)没有盖章或盖章不清楚的每把扣1分。

(4)主裁判发出"开始"口令前点钞("抢点"),或者发出"时间到"口令后仍继续点钞("超时点")的,各扣去10分;未经点数扎成一把("甩把")的扣10分。

(5)单指单张得分=(正确把数-错误把数)×10-扣分合计;多指多张得分=(正确把数-错误把数)×10+(最后一把点数×0.07)-扣分合计。

(6)单指单张、多指多张最低分为0分。对已扣满10分的错误把次不再进行拆把、扎把、盖章等扣分。

(7)由裁判人员现场评分,选手签字确认。

3. 会计电算化操作评分标准(表7-7)

表7-7 会计电算化操作评分标准表

竞赛内容	技术要求	评分规则	参考分值	评分方式
初始设置	按照题目要求进行初始设置	根据初始设置的内容进行评分	15	系统
会计凭证填制	按照题目要求填制、审核或完善原始凭证、编制记账凭证	根据原始凭证填制和审核,记账凭证填制的内容(种类、日期、附件张数、借贷方科目、借贷方金额、辅助核算信息等)进行评分	70	系统
凭证审核	按照业务处理要求进行记账凭证审核	根据凭证审核过程进行评分	5	系统
记账	按照业务处理要求进行记账	根据记账的过程进行评分		
对账和结账	按照业务处理要求进行对账和结账	根据对账和结账的过程进行评分		
编制报表	编制资产负债表、利润表	根据报表项目的设置和生成的数据评分	10	系统
合计			100	

（三）总分计分方法

1. "会计手工"分赛项

各代表队"会计手工"分赛项比赛总成绩为该队三名选手的全部成绩之和。

2. "会计电算化"分赛项

（1）翻打传票按最高得分选手成绩折算为总成绩的20分，其他选手成绩按占最高得分选手成绩的比例折算。翻打传票折算分＝实际得分×20/项目最高分。

（2）点钞折算分按单指单张和多指多张分别计算，最高得分选手成绩折算为总成绩的10分，其他选手成绩按占最高得分选手成绩的比例折算。折算分＝实际得分×10/项目最高分。选手点钞折算分＝单指单张折算分+多指多张折算分。

（3）会计电算化操作按最高得分选手成绩折算为总成绩的60分，其他选手成绩按占最高得分选手成绩的比例折算。会计电算化折算分＝实际得分×60/项目最高分。

（4）"会计电算化"分赛项比赛每位选手总成绩按该选手折算后的三项成绩合计计算。

六、奖项设置

（1）"会计手工"分赛项设参赛选手团体奖，一等奖占比10%，二等奖占比20%，三等奖占比30%。

（2）"会计电算化"分赛项设参赛选手个人奖，一等奖占比10%，二等奖占比20%，三等奖占比30%。

（3）获得"会计手工"分赛项团体一等奖和"会计电算化"分赛项个人一等奖的参赛队或参赛选手指导教师，由组委会颁发优秀指导教师证书。

七、申诉与仲裁

（1）参赛队对不符合比赛规定的设备、工具、软件，有失公正的评判、奖励，以及对工作人员的违规行为等可提出申诉。

（2）申诉应在比赛结束后2小时内提出，超时不予受理。申诉时，应按照规定的程序由参赛队领队向相应赛项仲裁工作组递交书面申诉报告。报告应对申诉事件的现象、发生的时间、涉及的人员、申诉依据与理由等进行充分、实事求是的叙述。事实依据不充分、仅凭主观臆断的申诉不予受理。申诉报告须有申诉的参赛选手、领队签名。

（3）赛项仲裁工作组在接到申诉后的2小时内组织复议，并及时反馈复议结果。

（4）申诉人对赛项仲裁工作组复议结果仍有异议的，可由省（市）领队向赛区仲裁委员会提出申诉。

（5）赛区仲裁委员会在接到申诉后的1小时内组织复审，并及时反馈复审结果。赛区仲裁委员会的仲裁结果为最终结果。

第八章 手工竞赛软件常见问题及处理方案

(1) 未进行注销就退出软件,重新登录如何处理?

答:当未进行注销就退出软件时,再登录系统会弹出登录页面,在登录页面点"登录"按钮,提示"您上次登录后没有合法注销退出,是否现在注销?",选择"确定"按钮,回到竞赛系统办公区,如图8-1所示。

图8-1 软件注销

(2) 竞赛系统的最佳分辨率是多少?

答:会计竞赛系统最佳分辨率是1280×1024像素。

(3) 设置不了最佳分辨率怎么办?

答:1024×768以上分辨率都能正常使用。

(4) 输入登录学号、登录密码,点登录,IE窗口自动关闭了。

答:此种情况是由于启用了"弹出式窗口阻止程序"引起的,需要关闭弹出式窗口阻止程序或者允许来自"会计手工竞赛系统"站点的弹出式窗口。

方案1:如图8-2,打开IE浏览器,在菜单栏找到"工具"—"弹出窗口阻止程序",点击"关闭弹出窗口阻止程序"。

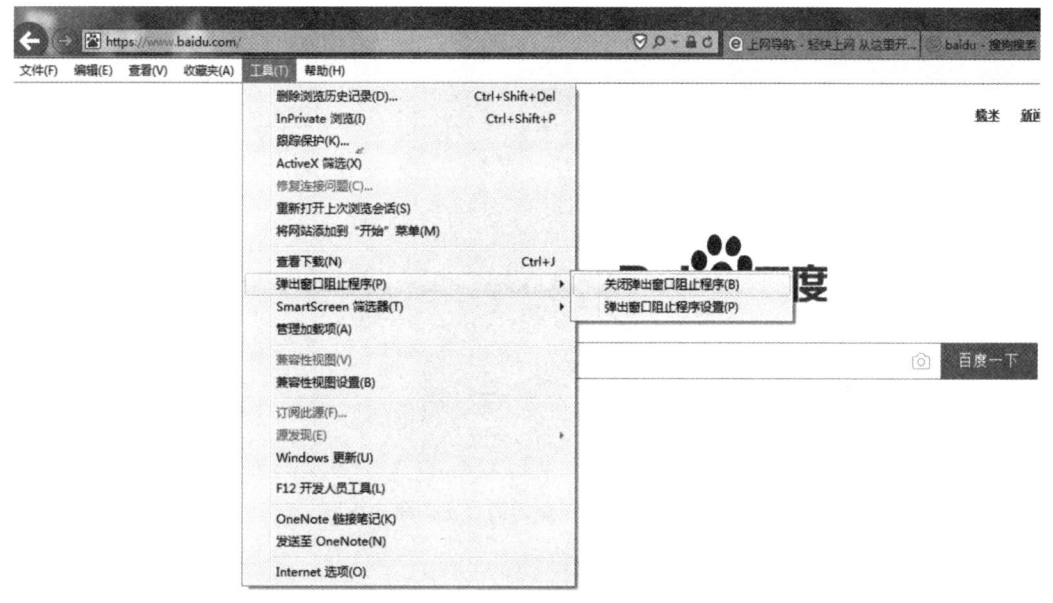

图 8-2　IE 关闭弹出窗口阻止程序

方案 2：使用腾讯 TT 浏览器上网的用户，可参照图 8-3 关闭弹出窗口拦截功能。点击浏览器菜单栏的"工具"—"智能屏蔽"，出现"TT 选项"，在"屏蔽设置"项上的勾选"完全显示模式"即可。

图 8-3　智能屏蔽

方案3:安装了上网助手的用户,可参照图8-4提示将"拦截弹出窗口"项上的钩去掉即可。

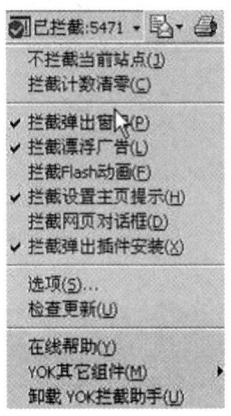

图8-4 上网助手关闭弹出窗口阻止程序

(5)推荐操作系统是哪个?

答:推荐操作系统,服务器Windows 2008(64位),客户端Windows XP或WIN 7。

(6)推荐的浏览器是哪个?

答:推荐的浏览器是IE 8(图8-5),不建议使用IE、360之外的其他浏览器。

图8-5 Internet位置

（7）推荐的 IE 版本是哪个？不同 IE 版本对软件的使用影响，主要描述主流的 IE 6、IE 7、IE 8、IE 9。

答：推荐使用 IE 8。IE 6、IE 8、IE 9、IE 11 都能正常使用。

（8）SQL Server 数据库使用哪个版本？

答：SQL Server 推荐使用 2005（64 位）。

（9）若软件中凭证和账簿显示不全或不正常，需要添加信任站点。

答：点击浏览器菜单栏的"工具"—"Internet 选项"，出现如图 8-6 所示对话框，点击"安全"，选择"可信站点"，点击"站点"按钮，在图 8-7 所示"将该网址添加到区域"内输入竞赛网址，把"对该区域中的所有站点要求服务器验证（https：）"前的钩去掉，点击"添加"即可。

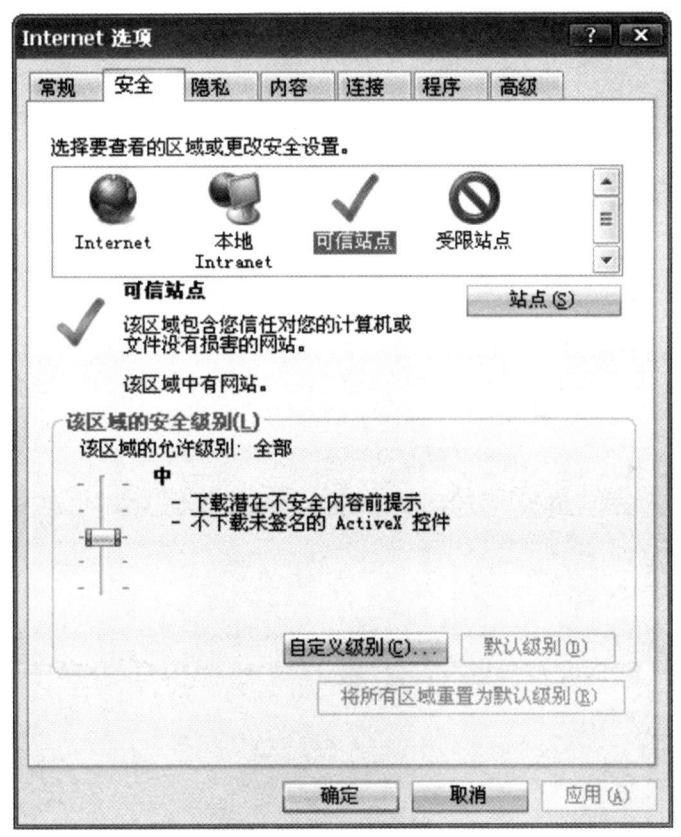

图 8-6　Internet 对话框

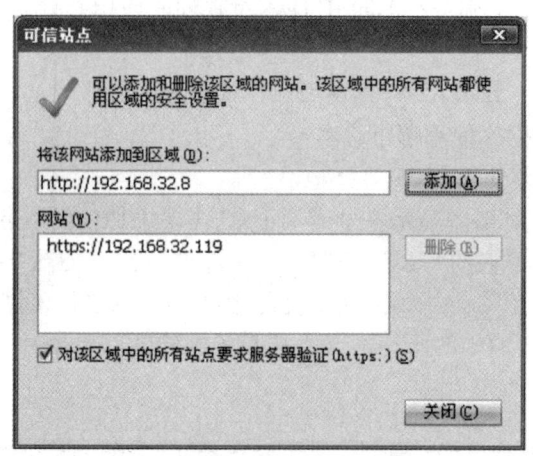

图 8-7　添加可信站点

（10）在使用会计手工竞赛系统一段时间后，发现 IE 变慢或卡住无反应的现象。

答：此种现象一般为浏览器插件或 IE 个性化设置引起的。点击浏览器菜单栏的"工具"—"Internet 选项"—"高级"选项卡，点"重置"按钮，在"删除个性化设置"前打钩，点重置按钮，按第 4 点关闭弹出式阻止程序即可。

（11）问题：在服务器上运行 ZyddBk 出现图 8-8 所示错误，一般是系统安装出现异常。这时默认网站下虚拟目录 ZyddBk 显示为文件夹的图标。解决方案：删除 ZyddBk 系统，重新安装。

图 8-8　应用程序中的服务器错误

（12）运行 ZyddBk 出现如下错误（图 8-9）：

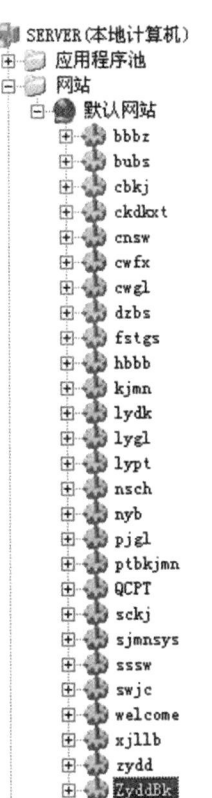

图 8-9　ZyddBk 错误

答：在 ZyddBk 上按右键，点"属性"，将虚拟目录中的执行权限改为"纯脚本"或"脚本和可执行文件"，点"确定"。

（13）网站出现乱码（图 8-10）。

答：把网站根目录 WEB.CONFIG 文件第一行改成<？xml version＝"1.0" encoding＝"gb2312"？>。

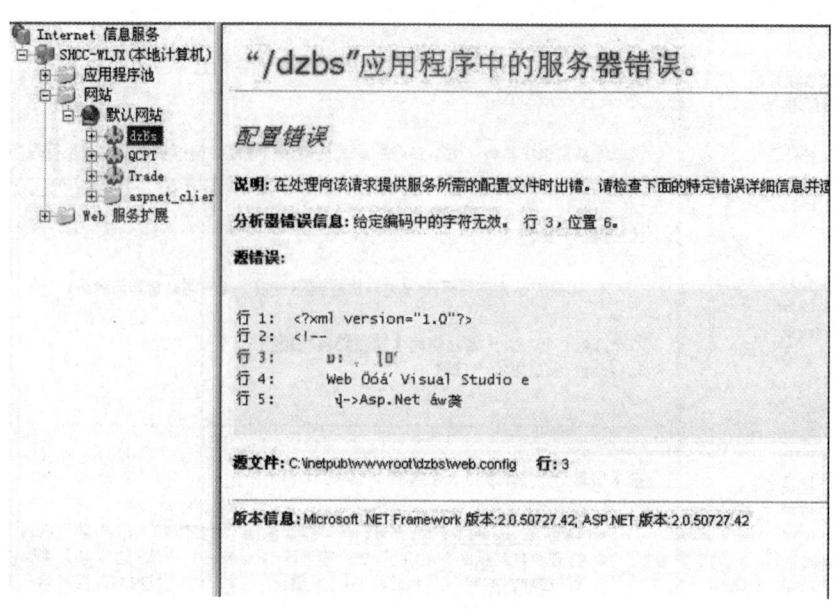

图 8-10　dzbs 服务器错误

（14）系统登录输入账号，鼠标点到密码输入框时，不自动显示账号对应的学生姓名，输入密码点击登录后直接返回登录界面，并且输入账号密码的对话框发生偏移，无法登录。

点击受信站点（图 8-11）—>站点，出现图 8-12：

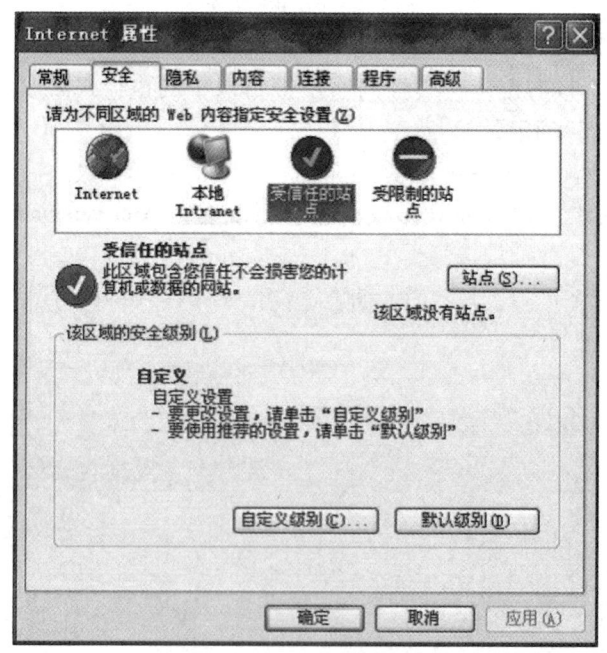

图 8-11　点击受信任的站点

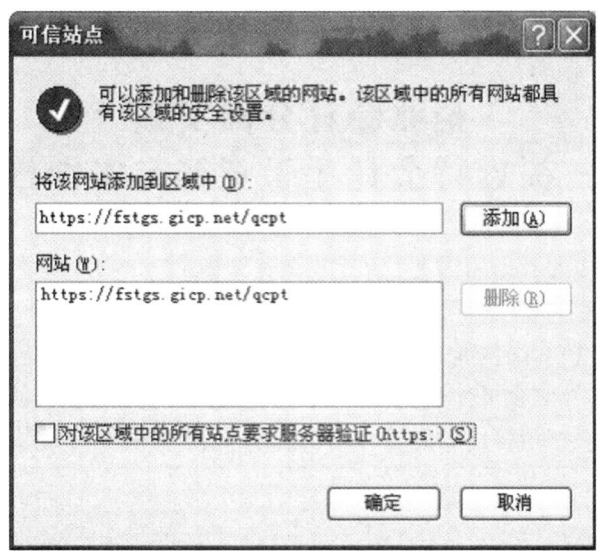

图 8-12　点击受信任的站点

在"将该网站添加到区域中"输入 ZyddBk 网址,点击添加,把"对该区域中的所有站点要求服务器验证(https:)"前钩去掉即可。

(15)不能播放动画。

答:将 flash.ocx 文件复制到 c:\,在 DOS 下运行 c:\regsvr32 flash.ocx,回车。

(16)打开系统出现"访问 IIS 元数据库失败"。

答:根据操作系统选择在 DOS 命令提示符窗口运行以下程序。

windows2000:

c:\WINNT\Microsoft.NET\Framework\v2.0.50727\aspnet_regiis.exe – i

windows Xp:

c:\WINDOWS\Microsoft.NET\Framework\v2.0.50727\aspnet_regiis.exe –i

(17)打开系统时出现"请检查是否正确插入软件狗"。

答:重启操作系统,在系统数据库安装目录找到 fstdog.exe,双击运行该文件,出现福思特狗安装、卸载程序界面,点击卸载,再点击安装即可。

(18)ASP.NET 的版本设置不正确。

答:本产品使用的 ASP.NET 的版本为 2.0.50727,如果版本设置不正确,也会导致系统不能运行。在 ZyddBk 上按右键,点"属性",在 ASP.NET 页选择 ASP.NET 的版本为 2.0.50727,点"确定"。

附录

企业会计分岗实训
——福思特会计手工竞赛与实训报告

  这是会计专业实践教学的需要,是改革会计实践教学的方法与手段,这是以会计实务为理论基础,以中小企业会计岗位典型业务为对象,培养学生会计职业岗位能力,包括出纳岗位能力、会计核算岗位能力、会计监督能力、会计管理能力。

  在实训过程中,你学会了什么,收获了什么,是否获得了作为一名会计专业学生应具备的会计岗位的能力? 请将你的经验和体会记录下来,并撰写实训报告(如下)。

学　　号：

班　　级：

姓　　名：

担任角色：

指导教师：

实训目的:通过分岗实训与竞赛,在实践中学习会计分岗的职责,掌握相对应岗位的能力。在实训和竞赛中积累经验,团结合作,提升处理实际工作的综合能力。

实训时间:

实训地点:

实训报告:

实训成绩:

教师签名:

_____年___月___日

 参考文献

[1] 傅丽. 出纳基础知识与技术[M]. 北京:中国财政经济出版社,2013.
[2] 傅丽. 出纳基础知识与技术习题集[M]. 北京:中国财政经济出版社,2010.
[3] 孟彩红,张红霞. 会计分岗实训教程[M]. 上海:立信会计出版社,2009.
[4] 吕永霞. ERP企业经营模拟沙盘实训指导教程[M]. 长春:东北师范大学出版社,2015.
[5] 孙雨南,宋玉章. 企业财务会计实训:分岗会计实训[M]. 北京:清华大学出版社,2011.
[6] 杨月梅. 会计综合实训[M]. 北京:中国财政经济出版社,2013.
[7] 刘雪清. 企业会计模拟实训教程[M]. 长春:东北师范大学出版社,2013.